Coca-Cola
Google™

AGE OF
YOU

당신의 시대가 온다

인터브랜드 지음
박준형 옮김

AGE OF
YOU

살림

모두를 위한 비즈니스는 없다

2006년 글로벌 시사주간지 〈타임〉은 올해의 인물로 '당신You'을 선정했다. 당시 블로그나 유튜브, 마이스페이스 등의 미디어를 통해 폭발적으로 성장하며 영향력을 키워가는 '당신'을 그해의 인물로 선정한 것이다. 그로부터 약 10년 후, 디지털의 무서운 성장과 스마트폰 등장과 함께 찾아온 변화는 우리 삶을, 우리 모습을 획기적으로 바꿔버렸다.

새로운 시대가 시작된 것이다. 끊임없이 세상은 발달하고 새로운 것이 등장하지만 지금 변화의 속도와 범위는 불과 몇 년 전에도 상상하지 못했을 정도로 빠르고 전 방위적이다. 그래서 해마다 전 세계 브랜드 100대 랭킹을 발표하는 인터브랜드가 2014년, 다가올 미래를 '당신의 시대Age of You'라 정의한 것이 그다지 새롭게 들리지 않을 수도 있다. 그러나 누적된 가치가 중요한 만큼 구축하는 데 오래 걸리는 브랜드 분야에서 일어나는 변화인 만큼 그 무엇보다 강력하다고 할 수 있다. 변화의 지속성과 영향력을 바탕으로 만물에 의미를 부여하는 역할을 담당하는 우리 인터브랜드가 예견하는 새로운 시대는 단기간의 트렌드보다 그 의미가 깊다.

실제로 20세기 초 자동차의 등장과 마찬가지로 디지털과 모바일은 우리 삶을 송두리째 바꿔놓고 있다. 디지털이 우리 생활 패턴과 정보처리 방식을 혁신적으로 변화시키면서 생산방식에 영향을 주고, 전통적인 작업 과정을 개선하면서 우리는 더 많은 일을 효율적으로 할 수 있게 되었다. 세상은 디지털 기술이 접목된 기기로 채워지고 있고, '빅데이터'로 대변되는 방대한 데이터를 어떻게 관리하는지에 따라 비즈니스 판도가 달라지고 있다. 사람들은 다양한 소셜미디어 플랫폼을 통해 라이프스타일을 공유하며, 개인의 필요에 한층 가깝게 맞춰진 제품 개발과 프로모션이 계획되고 있다. 즉 고객의 구매 기록과 위치 기반 서비스 등이 비즈니스의 기본이 되고 있다. 기업과 브랜드들은 개인들의 구체적인 정보 데이터를 관찰해 그에 맞는 제품과 서비스를 제공하는 등 개인화에 초점을 맞추고 있는바, 이는 개인 생활은 물론 비즈니스 흐름의 대세가 되고 있다.

당신의 시대가 시작됨에 따라 더 이상 대중화는 시장이 궁극적으로 지향해야 할 길이 아니며, 개인은 굳이 신경 쓰지 않아도 되는 소수가 아니다. 우리, 당신은 스스로 브랜드 가치를 창조하는 시대에 살게 된 것이다. 즉 과거에는 모두를 위한 비즈니스를 좇던 기업이 당신을 중심으로 개인화 전략에 집중하기 시작했다. 개인이 브랜드가 되는 시대에 발맞춰 기업들은 개인 취향과 개성을 돋보이게 하는 제품과 서비스를 개발, 판매하고 자신의 브랜드를 쉽게 노출할 수 있는 기술을 개발하고 있다. 즉, 기업이 '당신의 시대'에 성공하기 위해 비전, 브랜드 철학, 사업 전략보다 고객 개개인의 특성과 니즈를 파악하고 그것을 바탕으로 최적의 고객 경험에 초점을 맞추기 시작한 것이다.

결국 기업과 개인이 비즈니스를 키우거나 살아남기 위한 답은 개인, '당신You'에서 찾아야 한다. 개인은 스스로 브랜드가 되어야 하며, 기업은 명확한 '아이덴티티'와 핵심적인 '가치'를 담아 다양한 채널을 통해서 고객에게 매력적인 '경험'을 제공하는 브랜드가 되어야 한다. 사실 변화보다는 안정을 추구하고 안정에서 편안함을 느끼는 우리나라 사람들에게 '개인화'라는 과제는 결코 쉬운 일이 아니다. 하지만 이는 당신의 시대를 준비하는 브랜드들에게, 그리고 우리 개인들에게 주어진 도전 과제인 동시에 분명 매력적인 기회이므로 먼저 알고 대비해야 한다.

이 책은 2014년 10월 인터브랜드에서 발표한 〈베스트 글로벌 브랜드 리포트〉를 기반으로 인터브랜드 한국법인의 컨설턴트와 브랜드 전문가들의 기고를 더해 출간하는 것으로, 전 세계 인터브랜드 법인 중 한국에서 최초로 나온 단행본이라는 의미가 있다. 이 책에 담긴 다양한 전망과 인사이트, 세계 100대 브랜드를 이끄는 기업 임직원과 전문가 인터뷰가 트렌드를 넘어 새로운 시대를 맞는 독자에게 나아갈 방향을 설정하는 데 도움이 되기를 바라고 또 그럴 것이라 믿는다. 아날로그와 디지털이 공존하는 지금, 우리는 모두를 향한 비즈니스를 꿈꾸고 실현하려던 시절과 작별하고 대중화에서 개인화로 넘어가는 길목에 서 있다. 브랜드가 세상을 바꾸는 힘을 갖고 있다고 믿는 우리는 감히 새로운 세상의 도래를 선언한다. '당신의 시대'가 온다.

2015년 2월

인터브랜드 코리아 대표 문지훈

Ⅱ 당신의 시대의 비즈니스

"만약 당신이 어디로 가고 있는지 모른다면
어느 길을 선택해도 당신은 그곳으로
가지 못할 것이다."
데이비드 캠벨David Campbel

당신의
시대가
온다

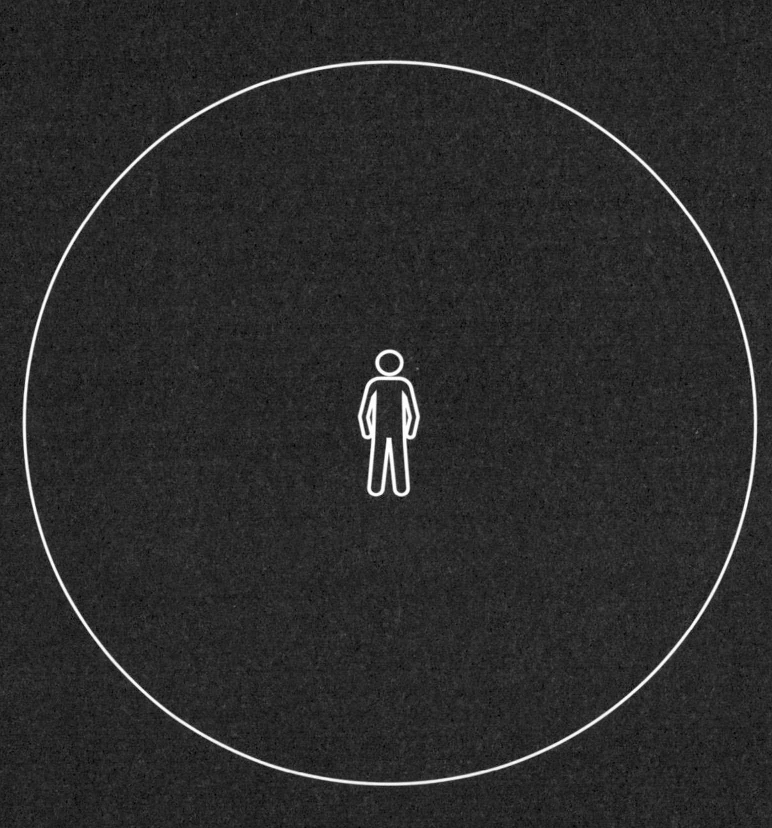

미래의 비즈니스는 개인적이다

역사적인 순간, 거대한 힘을 눈치채지 못할 때가 있다. 시대가 언제나 거대한 사건에 의해 정의되는 것은 아니다. 수천 번의 작은 떨림이 세상을 다른 모습으로 바꾸기도 한다.

우리는 말 그대로 새로운 시대의 시발점을 지나고 있다. 2013년 말, 미래학자 데이비드 브린David Brin은 모든 세기는 그 세기의 열네 번째 해에 비로소 시작된다는 이론을 폈다. 지난 세기에서 비롯된 압도적인 영향력과 기술이 여전히 남아 있지만 새로운 요소가 부상하면서 분위기가 바뀐다고 했다. 새로운 세기의 윤곽이 확실히 감지된다는 뜻이다. 만약 그의 말이 맞다면, 2014년은 절대 평범한 해가 아니었다.

비즈니스 세계에 몸담고 있는 우리 같은 사람들에게 2014년은 전환점이었다. 잠깐 멈춰야 하는 시간이고, 서로 떨어져 있는 점들을 연결하며, 더 폭넓은 관점을 얻어야 하고, 끊임없이 우리를 미래로 쓸고 가는 조류에 우리 비전과 계획을 맞춰야 하는 시기다.

이 조류는 무엇일까? 어떤 놀라운 발전과 아이디어가 비즈니스의 운명을 이미 결정해버린 걸까? 이것이 바로 이 책에서 탐구하려는 대상이다.

그렇게 지금 우리가 살고 있는 순간의 본질과 우리를 이곳에 이르게 만든 역사를 이해해야 한다.

말과 자동차

20세기 초, 삶은 그 이전과는 전혀 다른 속도로 변화하기 시작했다. 전기의 발명을 비롯해 실내 배관, 냉장고, 세탁기, 전화, 생명을 살리는 의학적인 발견, 현대적 진보 등이 모든 면에서 삶의 기준을 크게 개선시켰다. 그다음에는 더 강력한 힘으로 현대 문명을 향상할 새로운 발전이 이루어졌으니, 바로 자동차의 등장이다.

수천 년 동안 말은 가장 효과적인 운송수단에서 빠지지 않았다. 자동차는 사람의 기동성을 완전히 변화시키면서 그 전에는 불가능했던 일들을 가능하게 만들었다. 사람들은 어디에서 살고, 어디에서 일하고, 누구 또는 무엇을 얼마나 자주 볼지를 선택하는 문제와 관련해 훨씬 더 많은 자유를 누리게 되었다. 자동차는 인간의 여행, 즉 탐험의 욕구에 불을 지폈다. 인간은 제한되고 정적인 상태에서 좀 더 역동적이고 확장된 상태로 변화했다. 자동차는 혁신적인 도약에 촉매가 되었다.

하지만 당시 사람들이 그런 사실을 알고 있었을까? 자동차가 처음 등장했을 때, 사람들은 자동차가 사회에 미칠 막대한 영향을 알고 있었을까? 아마 몰랐을 것이다. 역사적 관점에서 변화가 아무리 빨리 온 것 같아도 당시에는 점진적으로 진행되는 데에다 새로운 변화가 여전히 낡은 것과 섞여 있기 때문에 눈치채지 못하곤 한다. 하지만 대부분 사람의 인식에서 미래로 향하는 궤적과 지속적인 문화적 변화의 강도가

분명했던 '말과 자동차'의 순간은 확실하게 확인할 수 있다.

그런 과도적 공간에서 도로에는 말과 자동차가 공존했고, 그 후 말이 자동차에게 자리를 내주었다. 인간의 삶을 오랫동안 정의하고 통제했던 오랜 농경시대가 끝나고, 인간의 경험에서 완전히 새로운 장이 막 시작되는 순간이었다.

시대 변화

산업화가 시작된 후 목격했던 변화의 속도와 거대함—그리고 이들이 다양한 영역에서 삶과 비즈니스 방식을 바꾼 정도—을 생각해보면, 근대의 역사는 확실한 특성과 사건으로 확인되는 몇 가지의 분명한 시대로 나뉜다. 인터브랜드Interbrand는 브랜딩branding이라는 렌즈를 통해서 비즈니스를 정의하고 변화시킨 네 가지 시대를 알아냈다. 정체성의 시대와 가치의 시대, 경험의 시대, 그리고 곧 다가올 당신의 시대이다.

비즈니스 세계의 사람들은 '브랜딩'이라는 용어가 원래 소유권을 표시하기 위한 조악한 인증이었다는 사실을 알고 있다. 말 그대로 달군 도장을 소가죽에 찍는 것이었다. 이는 사소한 이야깃거리에 지나지 않지만 브랜딩의 기술과 과학이 얼마나 먼 길을 걸어왔고, 얼마나 발전되었는지를 깨닫게 한다.

제2차 세계대전 이후, 소유권을 나타내던 도장은 '정체성의 시대Age of Identity'라고 이름 붙인 시기를 지나면서 차별화와 인증의 강력한 상징으로 발전했다. 이 시대의 특징인 TV, 라디오, 광범위하게 유포되는 인쇄물 등 대중매체로 인해 소비자들과 기업 소유자들 사이에서 브랜드의 지위와 중요성이 높아졌다. 관계가 강화되고, 신뢰가 쌓이며, 유기적인 혁신이 가속화된 것은 바로 이때부터였다.

1980년대 말부터 시작된 '가치의 시대Age of Value'에는 브랜딩의 무형적 요소에 대한 의구심이 완전히 사라지면서 브랜드가 분명한 가치를 갖게 되었다. 또 선도적 기업들은 브랜드를 비즈니스 자산으로 받아들였다.

상품과 서비스가 기하급수적으로 증가했고, 소비자들에게 만족스럽고 차별화된 경험을 제공하는 과정에서 브랜드가 담당하는 역할을 기업들이 깊이 공감하면서, 새로운 시대—경험의 시대Age of Experieuce—가 시작되었다. 경험의 중요성을 깨달음과 동시에 세상을 되돌릴 수 없게 바꿀 새로운 현상이 동반되었는데, 바로 인터넷의 발명이다. 처음에는 디지털 기술, 그다음에는 모바일 기술의 도움을 톡톡히 받아 애플 같은 스마트한 브랜드는 더 강해지고 구글, 아마존, 페이스북과 같이 영역의 경계를 파괴하는 브랜드는 소비자의 기대치를 재정립하며 브랜드 경험의 수준을 크게 높였다.

오늘날, 채널의 다양화로 인해 제품, 서비스, 정보, 오락 등을 통합하

AGE
OF
YOU

는 생태계를 만들 필요성이 생겼으며 브랜드들은 다양한 접점에서 명확성과 일관성을 드높이려고 노력 중이다. 게다가 판도를 완전히 바꾸고 있는 소셜미디어에서 소비자는 전보다 더 막강한 힘을 갖고 영향력을 과시하며, 끊임없는 상호작용, 반응, 하루 24시간 접근성, 맞춤형 옵션, 높은 수준의 개인화를 기대하게 되었다. 브랜드가 소비자를 인식해야 한다는 기대 역시 커지고 있다.

당신의 시대 Age of You

디지털 기술이 지속적으로 우리 삶의 모든 부분을 새롭게 만들고 서버와 하드웨어가 사람들을 더 많이 사로잡으면서, 경험의 시대는 새로운 유비쿼터스 컴퓨터 시대로 바뀌었다. 이런 방향의 변화는 거의 모든 곳에서 확인되고 멈출 수가 없다. 말하자면 인간은 또 다른 '말과 자동차'의 순간에 다다랐다고 할 수 있다. 일례로 요즘 사람들이 기차나 커피숍에서 무심코 글을 읽는다는 사실을 떠올려보자. 어떤 이는 책을 읽고, 또 어떤 이는 잡지를 읽는데, 스마트폰과 태블릿PC, 노트북, 전자책을 읽는 사람들이 계속 늘고 있다. 이런 변화의 영향력은 보이는 것보다 훨씬 크다.

과거 정보의 시대를 촉발한 600년간의 혁신, 즉 인쇄―인류 역사에서 가장 영향력 있는 사건 중 하나라고 생각한다―의 전성기가 지나가고 디지털 인터페이스를 통한 텍스트가 그 자리를 대체하는 중이다. 자동차가 오랜 농경시대를 효과적으로 종결시키고 현대의 편안함과 편리함, 놀라움으로 안내했던 것처럼, 디지털 기술은 지식의 저장고인 책의 오랜 통치를 끝내고 신속함과 효율성, 즉각적 접근, 상호작용, 컴퓨터, 방대한 데이터 세트data set, 강력한 알고리즘의 세계로 안내하고 있다.

과거 인쇄 기술이 그랬던 것처럼, 디지털 기술은 우리의 삶과 정보처리 방식을 혁신적으로 변화시키고 생산방식에 영향을 미치며, 전통적인 작업 과정을 개선한다. 또 기기가 사람 대신 할 수 있는 일이 많아져 기기에 대한 수요가 더 늘고 있다. 기기가 더 많은 일을 할 수 있는 핵심 요소는 바로 우리의 정보다.

각종 기기가 넘쳐나고, 기기(웨어러블을 포함해)를 하나 이상 가진 사람이 더 많아지면서, 세상은 또 하나의 기기, 즉 센서sensor로 가득 차고 있다. 생태계가 더 완전하게 통합되면서 이들 센서(우리 몸과 집, 기기에 장착된 센서)는 새로운 방식으로 서로 소통한다. 이미 기기는 우리 맥박을 재고, 몸에서 태워버려야 할 칼로리를 측정하고, 목표한 운동량에 얼마나 가까워졌는지 계산해준다. 집에서는 센서가 온도계와 전등을 조절해 에너지 소비를 줄여주고, 공과금 납부를 도와주며, 고지서들이 날아올 시기를 알려준다. 센서는 우리가 있는 곳을 추적할 수 있고 우리 위치를 기반으로 여러 가지 제안을 한다. 또 우리가 가장 중요하게 생각하는 모든 사람, 모든 것과 지속적으로 연결되도록 해준다.

이 모든 활동은 당연하게도 방대한 데이터를 만들어 내는데, 그 데이터를 적절하게 분석한다면 브랜드가 진심으로 소비자와 소비자 욕구를 이해하는 데 필요한 통찰력을 제공할 수 있다. 온라인을 데이터 저장고로 찾는 사람이 늘고, 기계는 전보다 더 똑똑해지고, 모든 기기가 서로 협력하면서 작동하면 공급망은 개인을 중심으로 재조직될 것이다. 생태계는 사람을 중심으로 순환하고 사람을 배려하는 '미코시스템Mecosystems'으로 변화할 것이다.

우리가 다양한 소셜미디어 플랫폼을 통해 퍼스널 브랜드personal brand를 관리하고 자신의 일부를 공유하는 방식에서부터 날로 개인화되는 비즈니스의 세계—우리가 누구이든 어디에 있든, 구매 기록과 위치 기반의 서비스를 활용해 맞춤형 제품, 이벤트, 서비스를 제공하는 세계—에 이르기까지 우리의 데이터는 삶의 매순간 우리 자신과 브랜드, 시스템을 위한 가치를 창조하고 있다.

미코시스템이 적용되는 '당신의 시대'를 선도하려는 브랜드는 데이터 속에서 사람을 인식하고 그를 꿰뚫어 보고 그야말로 개인화되고 조직된 경험을 창조해야 할 것이다.

간단히 말해 미래의 비즈니스는 개인적이다.

제즈 프램턴Jez Frampton, 인터브랜드 글로벌 CEO

Age of
Identity

브랜딩의 4대 변천

정체성의 시대

　원래 '브랜딩'은 소유권과 신뢰, 품질을 나타내는 일종의 표시였는데 제2차 세계대전 후부터 차별화와 정체성 확립을 목적으로 하는 정교한 상징으로 발전했다. 당시 비즈니스가 글로벌화되기 시작했고 시장은 상품과 서비스로 포화 상태에 이르렀다. 그 결과 그것들을 알아보고 선택함에 소비자에게 도움이 필요했던 것처럼 기업들에는 차별화가 요구되었다. 기업들은 슬로건과 마스코트를 채택하고 라디오와 TV를 통해 그 존재감을 드러냈다. 1970대와 1980년대에 들어서면서 기업들은 소비자들이 어떻게 브랜드와 관계를 형성해가는지를 십분 이해하게 되었다. 또한 분명한 명제와 가치, 특별한 품질로 브랜드의 매력을 증폭하는 방법도 배웠다. 정체성의 시대에 브랜드는 특정 비즈니스와 제품을 시각적으로나 언어적으로 다른 비즈니스, 다른 제품과 구별해 시장의 포지셔닝^{positioning}을 확인해주는 꼬리표 역할을 했다. 뛰어난 브랜드의 근본적 특성은 지금도 전혀 달라지지 않았다. 다만 지금 세계는 전보다 더 많은 것을 요구할 뿐이다.

Age of
Value

가치의 시대

1988년, 인터브랜드가 최초로 브랜드 가치를 가늠한 그해, 가치의 시대가 열렸다. 기업은 브랜드를 비즈니스 자산으로 인식하기 시작했다. 즉 브랜드는 경제적 성과를 도출하기 위한 선택과 고객의 충성도 확보에 도움을 주고 소유자에게 추가적 프리미엄을 제공하는 것으로 여겨졌다. 서서히 마케팅 지출이 '비용'이 아니라 '투자'의 개념으로 받아들여졌다. 동시에 커뮤니케이션만으로는 브랜드를 만들 수 없고 제품과 서비스와 관련된 다양한 비즈니스 활동, 환경, 문화, 커뮤니케이션의 조합으로 브랜드를 만들어야 한다는 인식이 형성되었다. 그 모든 것이 직원과 소비자에게 동일한 총체적 브랜드 인식을 만들어 낸다. 데이터가 꾸준히 증가하자 브랜드 관리 방식은 더욱 정교해졌고 경제적 가치와 연결되었으며, 궁극적으로는 견고하면서도 전략적인 방법을 기반으로 하는 성장이 화두로 떠올랐다. 더 이상 브랜드 전략은 부차적인 대상이나 마케팅 부서만의 책임이 아니라 비즈니스 전략, 특히 실제 적용되는 비즈니스 전략이 되었다.

Age of Experience

 tv

경험의 시대

브랜드가 가치 있고 전략적 자산으로 인식된 이후, 만족스럽고 차별화된 경험을 소비자들에게 전달하는 과정에서 브랜드가 수행하는 역할에 관해 심도 깊은 이해가 이루어졌다. 디지털과 모바일 기술의 발달로 인해 구글, 아마존, 페이스북, 애플 등 산업의 경계를 파괴하는 브랜드가 소비자 경험customer experience을 송두리째 바꾸었고 브랜드 경험brand experience에 대한 눈높이를 놀라울 정도로 높여놓았다. 끊임없이 진행되고 연계되는 상호작용이 물질적으로 또는 디지털상에서 형성되는 제품, 서비스, 정보, 엔터테인먼트가 통합된 생태계를 기반으로 이루어지고 있다. 오늘날과 같은 정보의 포화 시대에는 빅데이터big data만으로는 충분하지 않다. 폭넓은 통찰력과 공감, 직관, 대화를 위해서는 광대한 데이터 세트를 발굴해야 한다. 커뮤니케이션이 빈번하고 그 기회가 방대한 오늘날, 시장의 변화 속도에 뒤처지지 않고 조직의 일관성을 유지하기 위해서는 조직 내부에서 명확성의 수준을 높이고 브랜드에 전념해야 한다. 게다가 경험의 시대에 소셜미디어로 큰 힘을 얻은 소비자들은 전보다 더 강력한 통제권을 갖게 되었다. 양방향 대화, 공개 지지, 영향력, 참여 등이 가능한 지금 시대에는 브랜드 수립을 위한 새로운 규칙이 요구된다.

Age of You

당신의 시대

　디지털 기술은 우리 삶의 각 부분을 새롭게 엮고 서버와 컴퓨터 하드드라이브에는 우리 모습을 더 많이 담을 수 있게 되었다. 그 결과 경험의 시대는 유비쿼터스 컴퓨팅ubiquitous computing의 시대로 바뀌고 있다. 생태계가 완전히 통합되고 (우리 몸, 집, 각종 기계에 있는) 센서들이 새로운 방식으로 서로 소통할 수 있다면 공급망supply chain은 개인을 중심으로 재조직되고, 생태계는 미코시스템으로 변모하게 될 것이다. 브랜드는 비즈니스를 사람과 연결하면서—또한 사람과 사람을 연결하면서—비즈니스와 개인의 가치 창출을 가능하게 한다.

　이제는 퍼스널 브랜드 관리와 다양한 소셜미디어 플랫폼을 통해 우리는 우리의 일부를 공유하게 되었다. 한편 비즈니스는 개인화되어서 사용자가 누구든 또 어디에 있든 이력과 위치를 기반으로 제품과 이벤트, 서비스를 맞춤형으로 제공하고 있다. 덕분에 우리의 데이터 창고는 노출되고 서로 교류하며 날마다 불어난다. 당신의 시대에서 앞서 나가기 위해 브랜드는 데이터 속 인간을 확인하고 진정으로 이해하며, 그야말로 개인화되고 조직된 경험을 창조해야 한다. 이것이 바로 미코시스템을 만족시키는 새로운 생태계다.

당신의 시대는 진정한 혁명이 올 것을 약속한다.―모든 것이 서로 연결되고, 선호도를 예측하고, 사람들이 원하는 방식으로 경험이 최적화되고, 기기가 개인의 성격과 습관을 이해하도록 소프트웨어가 기기를 변환하는 세계가 될 것이다―그리고 이 모든 약속을 실현할 수 있는 열쇠는 바로 사람들의 데이터이다.

이 새로운 시대에 발맞춰 변화를 꾀하는 브랜드들은 시장성 높은 제품과 서비스에서 전망을 찾아줄 최첨단 도구 (그리고 사고)를 필요로 한다. 하지만 어떻게 브랜드가 빅데이터를 인간처럼 만들고, 또 사물인터넷Internet of Things을 활성화할 수 있을까?

디자이너들은 비주얼 언어를 창조하는 것을 넘어, 연결되지 않은 것들을 연결하고 복잡한 것은 단순명료하게 만들며, 즐거우면서도 간단하고 사용자 친화적인 경험을 할 수 있게 하라는 요구를 받을 것이다. 미래를 상상하고 그 원형을 만들기 위해서는 디자이너와 브랜드 소유자가 함께 지금의 도전 과제를 마주하고 머지않은 미래에 대해 혁신적인 사고를 해야 할 것이다.

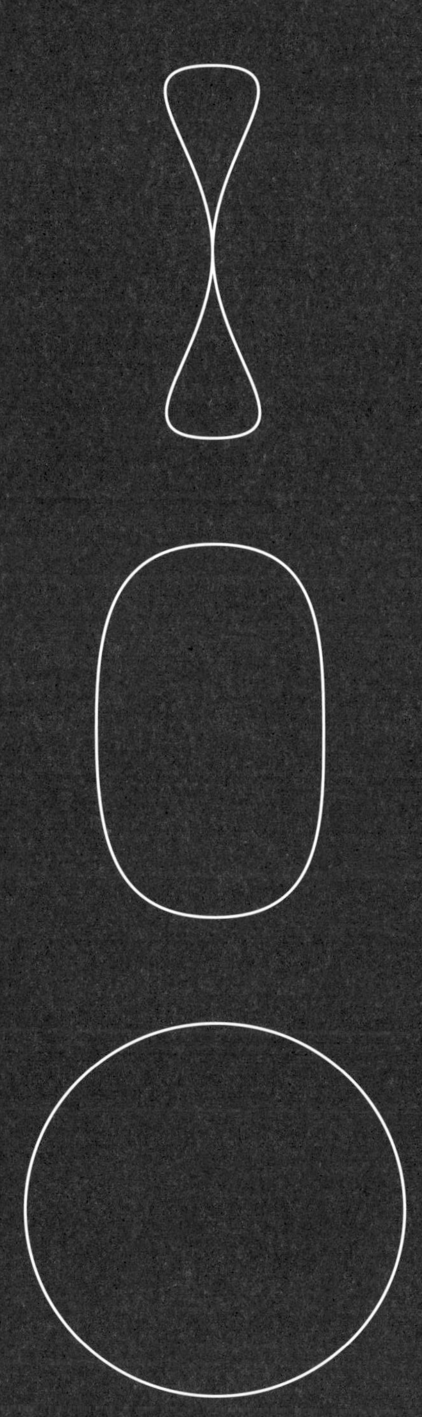
AGE
OF
YOU

왜곡의 시대

지금 우리가 살고 있는 경험의 시대에는 구글, 아마존, 페이스북, 애플 같은 플랫폼 중심의 거대 브랜드가 큰 성공을 거두었다.—그 기업들은 유용성이 커 보이는 데이터를 다량으로 수집하는 중이다—하지만 사용자에 대해 왜곡된 초상화 역시 갖고 있다. 그들은 그림의 한 조각을 갖고 있을 뿐 온전한 그림을 갖고 있지 않다. 구글은 사람들이 무엇을 검색하는지 알고, 아마존은 소비자가 구매한 것과 선호하는 배송법이 무엇인지 알고, 페이스북은 사용자의 친구와 '좋아요'를 누르는 선호도를 알고 있으며, 애플은 사용자들이 기기를 사용하는 방식과 선호하는 온라인 경험의 유형을 알고 있다. 그렇다면 이 그림의 문제점은 무엇일까? 돈으로 환산하거나 거래할 수 있는 실질적인 데이터가 반영되지 않았다는 점이다.

만약 현재의 데이터 소스가 확장되고 브랜드 생태계가 서로 '이야기'하면서 정보를 공유한다면, 소비자 요구와 욕구를 얼마나 정확히 예측하게 될지 상상해보라. 예컨대 페이스북에 여행지를 적어놓으면, 해당 정보가 아마존으로 전달되어서 사용자에게 시의적절하고 연관성 있는 제안(예컨대, 방문하려는 지역에 관해 최고의 여행 책자)이 이루어진다면 어떨까? 부가가치를 만들 가능성은 엄청나다.

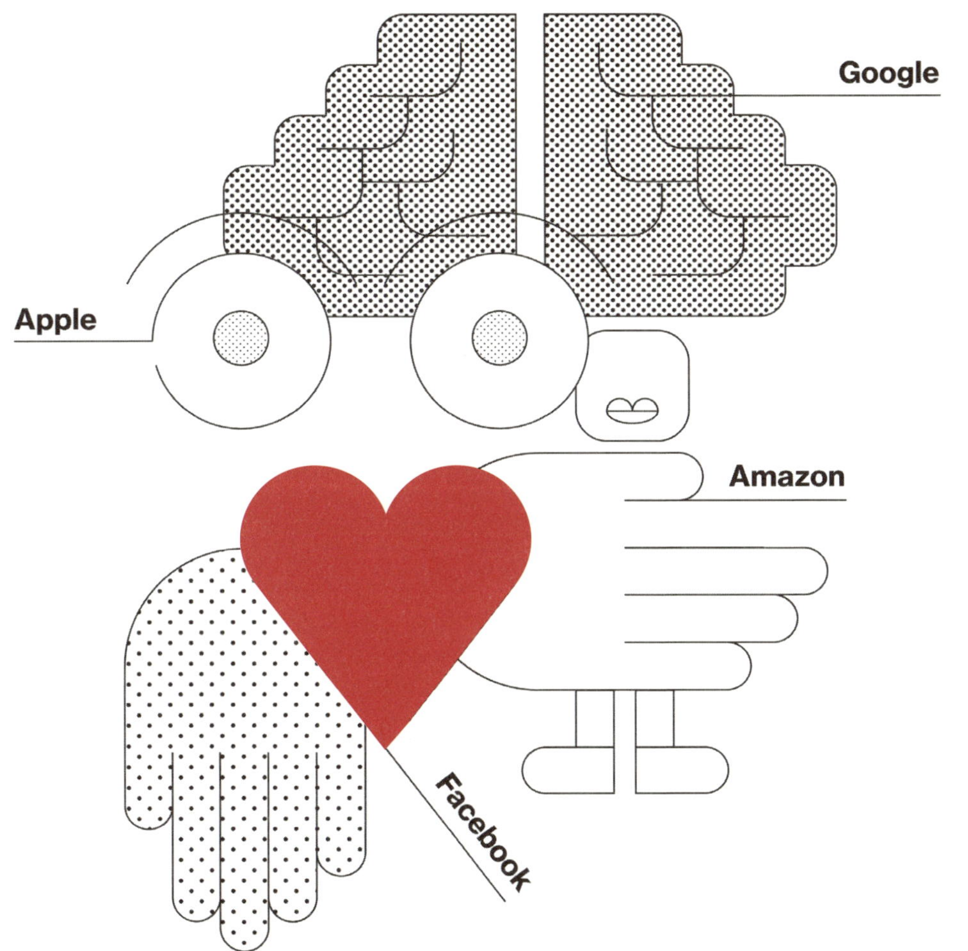

Google
Apple
Amazon
Facebook

빅데이터는 소비자의 선택을 돕는다

빅데이터는 브랜드가 소비자의 욕구보다 더 많은 것을 제공하고 (심지어 소비자가 깨닫기도 전에), 제대로만 된다면 소비자가 원치 않는 것은 제공하지 않도록 해줄 것을 약속한다.

선택이 폭발적으로 증가해 압도적으로 느껴지는 세상에서, 브랜드는 소비자들이 '어떤 것을 선택해야 할지 몰라서 마비된 상태'를 극복하는 데 중심적 역할을 한다.

당신의 시대에 브랜드는 다양한 구성과 모듈성(작은 단위로 쪼개는 방법-옮긴이)을 통해 소비자를 충분히 만족시킬 수 있는 다양성을 제공하지만, 수많은 소비자는 원하는 제품과 서비스를 찾는 과정 때문에 낙담하고, 결국 그 과정을 포기해버린다.

외식산업의 예를 들어보자. 어떤 소비자는 식당에서 파는 일품요리 중 하나를 선택하길 바라고, 어떤 소비자는 뷔페를 선호하며, 어떤 이는 일품요리를 하나씩 골라 먹기를 바란다. 누군가는 특별하게 선별된 경험을 원하기도 한다. 그래서 브랜드는 모듈 시나리오 속에서 연속성을 만들면서도 전반적으로 풍부하고 만족스러운 경험을 일관되게 제공해야 한다. 그러지 않으면, 소비자들은 마음에 맞지 않는다면서 그 브랜드를 배제할지도 모른다.

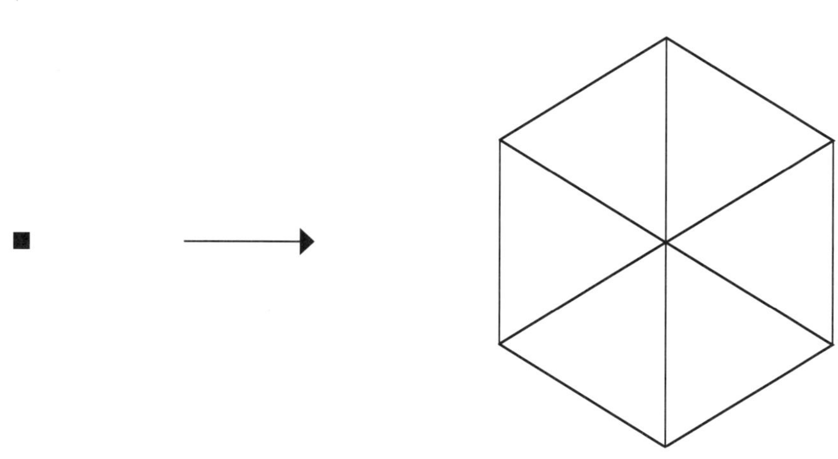

당신의 시대에 가장 중요한 것은 '당신'이라는 브랜드

소셜미디어상의 프로필에서부터 구매 기록과 온라인 행동에 이르기까지, 개인 데이터에는 그 개인이 누구인지 점점 더 많이 반영되고 있다. 이제 개인에 관해 더 많이 알게 된 브랜드는 소비자 각각을 위한 맞춤형 제품, 이벤트, 서비스, 혜택을 제공하고 있다. 개인화는 당연한 일이 되어버렸다.

이제는 소비자가 함께 창조한다. 소비자의 요구가 배급을 결정하고 소비자의 목소리는 전보다 더 많은 영향을 미치고 있다. 소비자는 원하는 사람 또는 기업과 언제든지 연결될 수 있기를 기대한다. 소비자는 이제 더 이상 단순히 선택하는 역할에 만족하지 않는다. 당신의 시대가 열리는 지금, 소비자들은 직접 만들고 디자인하고 설계할 뿐 아니라, 영향력 있는 평가를 통해서 기업과 브랜드, 경험이 자신을 중심으로 형성되기를 기대한다. 더불어 소비자 데이터는 패러다임을 더욱 개방적이고 소비자 중심으로 바꾸고 있다.

어디에서나 기계와 센서가 연결되는 세계가 코앞에 다가왔다. 곧 사람들은 더욱 연결되고, 공급망은 개인을 중심으로 재조직되고, 생태계는 미코시스템으로 바뀔 것이다. 그 결과 브랜드는 소비자들에게 무엇을 원해야 하는지를 말해주는 것이 아니라, 소비자의 요구를 듣고 그에 따라 적용할 것이다. 브랜드는 더욱 개방적인 시스템이 되어야 하고,

더 모듈화되며, 다른 브랜드와 연결되고 협력할 수 있는 능력을 갖춰야
한다.

소비자—블로거에서부터 비평가, 유튜브 스타까지—들은 이미 그
변화의 한가운데서 자신들의 콘텐츠가 얼마나 큰 가치를 가지는지 파
악하고 있다. 또는 자신들의 데이터가 갖는 가치를 곧 깨닫게 될 것이
다. 사람들이 '내 퍼스널 브랜드를 만들고 있고, 나도 누구 못지않게 중
요한 사람이야. 내 데이터가 다른 사람들에게 가치가 있다는 걸 알고
있어. 그러니까 이건 돈이나 마찬가지야. 내가 데이터를 주면 넌 뭘 줄
거지?'라는 식으로 생각할 날이 멀지 않았다.

사랑 이전에 신뢰

데이터 관계data relationship를 형성하기 위해서는 자기 브랜드에 대한 사
랑만으로는 부족하며, 반드시 신뢰가 필요하다. 젊은 세대 사이에서 사
생활에 대한 정의와 이해가 달라지는 가운데, 브랜드들이 더 민감한 문
제—모바일 거래, 헬스케어, 보안 등—를 맡게 되면서 신뢰의 중요성
은 매우 커지고 있다.

예컨대, 구글은 미국 국가안전보장국National Security Agency의 내부 고발자
에드워드 스노든Edward Snowden이 러시아에서 SXSW 인터랙티브 페스티

벌 2014$^{South by Southwest Interactive Festival 2014}$ 화상회의에 참석했을 때, 구글 행아웃의 보안력을 입증했다. (스노든이 망명 중인 러시아에서) 구글은 일말의 의심도 있을 수 없는, 암호화에 대한 의지를 입증함으로써 대중의 신뢰를 얻고 모바일 분야에 진출할 자격을 획득했다. 브랜드가 데이터 관계를 심화해 새로운 영역으로 확장하는 데 성공하려면 진보적인 개방(공유를 통해)을 추구하고 소비자가 중요하게 생각하는 영역에서 신뢰를 쌓아야 한다.

브랜드는 이처럼 몇 겹이나 강화된 보안 속에서도 유연성을 높여서 소비자들이 연관된 것을 선택할 수 있도록 해야 한다. 당신의 시대에는 무엇보다 브랜드의 명확성과 그 역할이 중요하다.

연결을 위한 힘으로서의 디자인

이제 사용자들은 전보다 훨씬 많은 접점에서 브랜드와 상호작용하고, 브랜드에 관해서 전보다 훨씬 더 많이 안다. 그렇다면, 디자인은 이 새로운 빅데이터의 세계—생태계가 개방되고 연결되며, 채널이 무수히 많고 보안에 대한 우려가 점차 증가하는—에서 어떤 역할을 하고 있을까?

이메일에서부터 전화 지원, 인터넷과 모바일까지 다양한 상호작용을 소비자들은 전반적인 브랜드 경험의 일부라고 생각한다. 따라서 기업과 조직은 다양한 채널을 통해 끊임없는 경험을 제공해야 하고, 디자이너들은 일회성 상호작용이 아니라 전반적인 소비자 경험을 고려해야 한다. 경험의 시대가 당신의 시대로 변화하고, 디지털 세계와 물리적 세계의 경계가 모호해지고 있다. 이때, 다양한 채널과 기기를 넘나드는 경험의 연속성이 무엇보다 중요하다. 하지만 디자인 언어의 수준과 풍부한 경험 역시 그 중요성이 더욱 커지고 있다. 특히 그 경험이 스마트폰과 태블릿PC, 데스크톱을 넘어 확장되고 있기 때문이다.

확장된 도구

대부분의 스크린은 인터넷과 연결되어 있다. 게다가 이제는 웨어러블 디바이스와 TV, 시계, 차세대 게임 시스템 등 다양한 기기에 인터페이스 디자인이 필요하다. 현재, 디자인에 대한 접근 방식은 홈페이지를 다양한 크기의 스크린에 맞추는 것에 집중되어 있다. 브랜드가 정말 신경 써야 할 점은 각 기기에 전반적인 사용자 경험을 적용하는 것이다. 브랜드는 소비자들이 다양한 기기를 어떻게 이용하는지 이해하고, 각 기기에 맞는 디자인 경험을 제공할 수 있다. 애플은 이미 이런 방식을 적용하고 있는 대표적인 브랜드다. 애플의 인터넷 홈페이지는 신상품 홍보 과정에서 사용자들과의 상호작용을 한 단계 강화하기 위해서 일반적 방식이 아닌 비선형적 스크롤nonlinear scrolling 방식을 채택하고 있다. 그런데 그보다 더 깊이 있는 상호작용을 할 수는 없을까? 스크린에서 벗어날 수는 없을까?

You Jij Tú Du Jy
Anda 당신 あな
Sa Vy You Jij Tú
Vi Te Anda 당신
אתה أنت Sa Vy
Tu Vy вы Vi Te
た 您 Ty אתה أنت
Tú Du Jy Tu Vy
당신 あなた 您 Ty אתה أنت Sa
Vy You Jij Tú Du Jy Tu Vy
вы Vi Te Anda 당신 あ
なた 您 Ty אתה أنت
Sa Vy You Jij
Tú Du Jy Tu Vy
вы Vi Te Anda
당신 あなた 您
Ty אתה أنت Sa
Vy You Jij Tú
Du Jy Tu Vy вы
Vi Te Anda
당신 あなた 您

Tu Vy вы Vi Te
た 您 Ty אתה أنت
Du Jy Tu Vy вы
あなた 您 Ty
You Jij Tú Du Jy
Anda 당신 あな
Sa Vy You Jij
вы Vi Te Anda

You Jij
Tú Du Jy Tu Vy вы Vi Te Anda
당신 あなた 您 Ty אתה أنت Sa Vy You Jij
Tú Du Jy Tu Vy вы Vi Te Anda 당신 あなた 您 Ty
אתה أنت Sa Vy You Jij Tú Du Jy Tu Vy вы Vi Te Anda
당신 あなた 您 Ty אתה أنت Sa Vy You Jij Tú Du Jy Tu Vy
вы Vi Te Anda 당신 あなた 您 Ty אתה أنت Sa Vy You Jij Tú Du
Jy Tu Vy вы Vi Te Anda 당신 あなた 您 Ty אתה أنت Sa Vy You
Jij Tú Du Jy Tu Vy вы Vi Te Anda 당신 あなた 您 Ty אתה أنت Sa
Vy You Jij Tú Du Jy Tu Vy вы Vi Te Anda 당신 あなた 您 Ty אתה
أنت Sa Vy You Jij Tú Du Jy Tu Vy вы Vi Te Anda 당신 あなた
您 Ty אתה أنت Sa Vy You Jij Tú Du Jy Tu Vy вы Vi Te Anda 당신 あ
なた 您 Ty אתה أنت Sa Vy You Jij Tú Du Jy Tu Vy вы Vi Te Anda
당신 あなた 您 Ty אתה أنت Sa Vy You Jij Tú Du Jy Tu Vy вы Vi
Te Anda 당신 あなた 您 Ty אתה أنت Sa Vy You Jij Tú Du Jy Tu
Vy вы Vi Te Anda 당신 あなた 您 Ty אתה أنت Sa Vy You Jij
Tú Du Jy Tu Vy вы Vi Te Anda 당신 あなた 您 Ty אתה
أنت Sa Vy You Jij Tú Du Jy Tu Vy вы Vi Te Anda
당신 あなた 您 Ty אתה أنت Sa Vy You Jij Tú
Du Jy Tu Vy вы Vi Te Anda 당신 あ
なた 您 Ty אתה

You Jij Tú Du Jy
Anda 당신 あな
Sa Vy You Jij Tú
Vi Te Anda 당신
أنت Sa Vy You
Vy вы Vi Te
た 您 Ty אתה أنت
Du Jy Tu Vy вы
あなた 您 Ty
You Jij Tú Du Jy
Anda 당신 あな
Sa Vy You Jij Tú
Vi Te Anda 당신
أنت Sa Vy You Jij
вы Vi Te Anda
Ty אתה أنت Sa Vy
Tu Vy вы Vi Te
您 Ty אתה أنت Sa Vy You Jij Tú Du Jy Tu Vy вы Vi
Te Anda 당신 あなた 您 Ty אתה أنت Sa Vy You
Jij Tú Du Jy Tu Vy вы Vi Te Anda 당신 あ
なた 您 Ty אתה أنت Sa Vy You Jij Tú
Du Jy Tu Vy вы Vi Te

Tu Vy вы Vi Te
た 您 Ty אתה أنت
Du Jy Tu Vy вы
あなた 您 Ty אתה
Jij Tú Du Jy Tu
Anda 당신 あな
Sa Vy You Jij Tú
Vi Te Anda 당신
אתה أنت Sa Vy
Tu Vy вы Vi Te
た 您 Ty אתה أنت
Du Jy Tu Vy вы
あなた 您 Ty אתה
Tú Du Jy Tu Vy
당신 あなた 您
You Jij Tú Du Jy
Anda 당신 あなた

픽셀로부터의 해방

MIT 미디어 랩^{MIT Media Lab}의 히로시 이시이^{Hiroshi Ishii} 교수는 '키네틱 메모리^{kinetic memory}'를 이용한 로봇 조립 세트에서부터 실제 물건의 색깔을 확인해서 '디지털 잉크'를 이용해 캔버스에 그림을 그리는 화필까지, 디지털 경험이 스크린을 벗어나 실질적인 상호작용으로 발전할 것이라고 예측했다.

2013년 3월, 영국 〈와이어드^{Wired}〉지와의 인터뷰에서 이시이는 상호작용에 인체가 개입되어야 한다고 설명했다. "지금은 컴퓨터가 압도적이다. 모든 것이 픽셀이고 무형이다……. 볼 수는 있지만 만질 수는 없다." 이시이가 진행하는 연구의 목적은 정보를 '물의 표면'까지 끌어올려서 디지털 정보를 실제로 구현해 노출하는 것이다. 이시이는 이를 두고 '유형의 조각'이라 일컬으며, 자신의 실험이 컴퓨터의 전산을 더욱 '분명'하게 만들어줄 수 있다고 믿고 있다.

물론 픽셀에서 해방된 세계는 디자이너에게 무한한 창의성의 기회를 제공할 것이다. 하지만 실질적이고 포괄적인 경험을 디자인하기 위해서는 고도의 감각, 일종의 육감이 필요할 것이다. 다양한 감각이 디자인에 포함되고, 어느 순간부터는 디자인의 크기나 규모의 수준이 아니라 우리 감각에 얼마나 근접했는지를 의미하게 될 것이다. 디자이너는 단순히 인간의 뇌가 감지하는 시각적 요소를 창조하는 것이 아니라—영화 〈마이너리티 리포트〉에서 정보를 사용자 중심으로 생생하게 보여주는 것처럼—소리, 음악, 느낌, 향기까지 창조하게 될 것이다.

'당신의 시대'와 시스템들의 연결, 기술의 놀라운 발전은 소비자, 디자이너, 브랜드 소유자 모두에게 지금까지와는 완전히 다른 새로운 창작의 가능성을 열어주고 있다. 앞으로 이 모든 상황이 어떤 발전으로 이어질지는 그저 추측할 수밖에 없다. 하지만 앞으로 인터페이스 레이아웃이 어떻게 정해지든, 현재의 디자이너들은 새로운 기준을 정하게 될 것이고, 브랜드는 전보다 더 적극적으로 참여해 이득을 볼 것이다.

앤디 페인^{Andy Payne} 인터브랜드 글로벌 크리에이티브 디렉터
크리스 캠벨^{Chris Campbell} 인터브랜드 북아메리카 크리에이티브 디렉터
포레스트 영^{Forest Young} 인터브랜드 뉴욕 크리에이티브 디렉터

버지니아 앤드루스^{V. C. Andrews}와 앤드루 니더만^{Andrew Neiderman}, 캐럴린 킨^{Carolyn Keene}, 낸시 드루^{Nancy Drew}, 그리고 이언 플레밍^{Ian Fleming}의 '제임스 본드^{James Bond}'와 킹슬리 에이미스^{Kingsley Amis}에게는 대필 작가가 있었다는 공통점이 있다. 스물네 살의 영국 유튜브 유명 인사 조 서그^{Zoe Sugg}의 첫 번째 책『인터넷의 소녀^{Girl Online}』역시 사실은 대필 작가의 작품이라고 한다.

서그의 팬들에게는 별로 놀랄 일도 아니지만, 펭귄북스^{Penguin Books}에는 첫 번째 YA^{Young Adult} 로맨스를 대필 작가에게 맡겼다는 사실이 상당히 치명적이다.

조 서그의 팬들은 전혀 개의치 않는 듯, 책은 첫 주에만 7만 8000권 이상 팔려 나가면서 J. K. 롤링^{J. K. Rowling}과 E. L. 제임스^{E. L. James}의 첫 주 판매 기록을 갈아치웠다. 팬들은 실제 작가가 알려진 뒤에도 서그를 지지했고, 논란은 계속되고 있다.

하지만 팬이 아닌 사람들은 어리둥절할 수도 있다. 그러니까, 조 누구라고?

팬들에게 젤라^{Zoella}라는 별명으로 더 잘 알려진 서그는 2009년에 첫 번째 비디오웹로그(비디오 블로그) '젤라'를 만들었다. 소셜미디어를

이용한 퍼스널 브랜딩이 새로운 세대의 특성으로 자리 잡은 요즘, 서그의 계속되는 인기(이번 사건에도 전혀 식지 않았다)는 '당신의 시대'에서 짚고 넘어가야 할 연구 대상이다.

어딘가 소년 같은 모습인 서그는 뷰티와 메이크업 안내 동영상으로 영국의 유명 비디오웹로거가 된 인스턴트 인터넷의 잇걸[It Girl]이자 진정한 스타다.

두 번째 유튜브 채널 '더 은밀한 젤라[More Zoella]'는 서그의 사생활과 친구, 남자 친구, 아는 사람, 새로 분양한 퍼그 강아지에 관한 내용이 주를 이루는데, 이는 서그의 인기를 더욱 확고하게 만들어주었다. 영상에 등장하는 인물들 역시 모두 비디오웹로그와 소셜미디어를 사용한다.

서그는 소셜미디어 속 드라마를 이어가는 한편 젤라 뷰티[Zoella Beauty]라는 뷰티 브랜드를 론칭했다. 2013년에는 BBC 라디오에서 주최한 1회 10대 시상식에서 최고의 영국 비디오웹로거상Best British Vlogger Award을 받았고, 니켈로디언 청소년 선택 시상식Nickelodeon Kid's Choice Awards에서는 상금도 받았다.

서그는 핵심 독자인 10대 소녀들 사이에서 한 달 평균 1200만 조회수를 기록하고 있으며, 그들이 중심이 된 유튜브 팔로어는 600만 명에 달한다.

하지만 서그의 소셜미디어 영향력은 유튜브를 훨씬 넘어서는데, 트위터 팔로어는 262만 명, 페이스북 팔로어는 196만 7000명, 인스타그램 팔로어는 360만 명이다.

또 소설―불안감을 잠재우려고 블로그를 시작한 열다섯 살 소녀 페니 포터Penny Porter의 이야기―덕분에 서그는 영국과 10대 소녀를 넘어 인지도를 높이게 되었다.

한편 YA 장르와 성인 소설 작가이고, 펭귄의 편집자로 알려진 대필 작가 시오브핸 커햄Siobhan Curham은 〈타임〉지와의 인터뷰에서 "정확한 사실은 조 서그가『인터넷의 소녀』를 쓰지 않았다는 것이다. 자신의 첫 작품인 이번 책을 쓰면서 전문 집필 팀과 협력해서 서그가 생각하는 인물과 경험으로 감동적이면서 설득력 있는 이야기를 만들었다"고 분명히 밝혔다.

이에 서그는 팬들에게 다음과 같은 트위터 글로 답했다.

2014년 12월 7일 16:45

『인터넷의 소녀』에 대한 긍정적인 피드백과 책을 의심하지 않는 분들에게 감사드려요. 물론 이야기를 쓸 때 펭귄북스 전문가들의 도움을 받았어요. 이야기는 처음부터 내 것이고요. 누구나 처음 해보는 일을 할 때는 도움이 필요하잖아요. 책 속의 이야기와 인물은 다 제 거예요. 책을 쓸 수 있게 도와준 분들 모두에게 감사를 드립니다.

한편 커햄(커햄은 블로그에서 토론을 계속할 수는 없다고 말했다)은 프로젝트 방식 자체에 문제가 있었다고 밝혔다.

다만 세부적으로는 설명할 수 없다면서 서그와는 관계가 없다고 덧붙였다. "서그와 함께 일하지 않겠냐는 제안을 받았을 때, 서그의 많은 팬들에게 중요하고 도움이 되는 메시지를 전달할 수 있을 것이라고 생각했다. 서그의 믿음과 걱정, 성생활, 아이러니하지만 악플 등에 관한 메시지 같은 것. 그래서 일을 하겠다고 했다."

베테랑 대필 작가인 커햄은 또 유명인의 출판에는 투명성이 필요하다고 강조했다.

서그는 언론의 질타에도 전혀 주눅 들지 않고 오히려 팬들과 직접 소통했다.

2014년 12월 9일 06:46

언론의 보도는 정말 말도 안 돼요! 유튜브는 절대 그만두지 않을 거예요. 게다

가 조회 수를 늘리려고 사실을 왜곡시키다니, 정말 딱하네요.

12,807 리트위트   40,044 좋아요

GAFA와
미코시스템

GAFA는 거대한 규모의 플랫폼 사고(platform thinking, 시스템의 핵심이 되는 공통 구조를 플랫폼으로 정해 다양한 분야에서 활용하는 것-옮긴이)의 대표 주자들인 구글^{Google}, 아마존^{Amazon}, 페이스북^{Facebook}, 애플^{Apple}의 맨 앞 글자를 따서 만든 단어이다. 이들 기업은 특정 비즈니스에서 시작되었지만—예를 들어 아마존은 온라인 책 판매로 시작했다— 이상적인 경험을 바탕으로 다양한 분야로 확장해 막대한 수익을 올리고 있다. GAFA 브랜드는 눈에 띄는 특징 한 가지를 공유하는데, 로그인 하나로 브랜드 공간 내에서 맞춤형 혜택의 생태계를 제공한다는 것이다.

IT 용어로 쓰일 때 생태계는 각종 기기들이 상호작용하는 복잡한 네트워크 또는 이들이 얽혀 있는 시스템을 뜻한다. 미코시스템은 개인의 복잡한 경험을 재조직하면서 IT 분야의 생태계 모델을 더욱 가다듬고 방향을 새로 정립해 만든 결과물이다. 미코시스템은 각 개인의 데이터를 활용해 그를 둘러싸고 있는 '현실'의 맥락을 고려하고, 각종 경험에서 시너지를 찾아내며, 개인과 연관성이 높은 서비스와 제품을 약속한다.

많은 브랜드가 비즈니스와 최종 소비자 간의 격차를 메우기 위해서 개별 제품과 서비스를 통합하는 과제로 고심하고 있으며, 개인의 요구와 선호에 꼭 들어맞는 경험을 제공하는 전략을 개발하고 있다. 당신의 시대에는 우리가 사용하고 말하는 인터페이스, 우리가 가진 하드웨어, 우리를 인식하는 소프트웨어, 우리와 직접적으로 연결된 환경에 최적화될 수 있도록 돕는 데이터 등 브랜드 경험은 더욱 사회화되고, 다양한 감각을 동반한다. 미코시스템은 이런 브랜드 경험을 측정하는 데 도움을 준다. 미코시스템의 패러다임에서는 사람이 시스템의 접점이다.

사람People

센싱 테크놀로지(sensing technology, 센서의 응용 기술-옮긴이)는 공통의 관심사를 기반으로 새로운 소셜미디어 친구를 맺는 것에서부터 적절한 답을 재빨리 얻어내기 위해 곧바로 네트워크에 접속하는 것까지, 인맥과 집단 지성collective intelligence을 십분 활용할 수 있도록 도와준다.

장소Place

모바일 시스템이 주변의 물리적 환경을 인식하고 그에 따라 행동을 적응할 수 있게 된 지금, 콘텐츠는 전보다 더 전후 상황에 연연하게 되었다. 상황을 인식하는 기술 덕분에 사람들은 장소와 과거 행동을 기반으로 언제 어디서나 원하는 것을 찾을 수 있고, 덕분에 사람들이 즉시 느끼는 만족감은 이제 새로운 의미를 띠게 되었다.

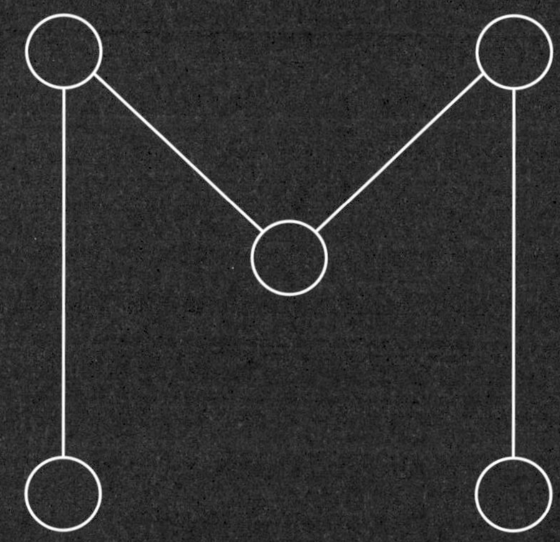

AGE
OF
YOU

열정Passion

우리 마음—문자 그대로의 의미인 심장박동 수에서부터 데이트의 고통까지—이 가상공간이라는 새로운 옷을 걸치게 되었다. 개인에 관한 수많은 데이터—이른바 자가 측정(quantified self, 건강뿐 아니라 감정 상태까지 실시간으로 측정하고 분석하기-옮긴이)—가 일상이 되면서 신체 단련, 헬스케어, 심지어 애정 생활에까지 새로운 방식의 접근이 가능해졌다.

이익Profit

이제 사람들은 개인의 데이터 자산에 대한 권리를 주장하고, 당연하게도 데이터 경제 전반에 걸쳐 투명성은 더욱 개선된다. '당신의 시대'가 가지는 힘을 제대로 활용하기 위해 사람들은 개인 데이터 저장고를 만들게 될 것이다.

개인 중심의 비즈니스 생태계를 만드는 방법

2014년 인터브랜드의 〈베스트 글로벌 브랜드 리포트〉가 발표되었다. 1위는 전과 마찬가지로 애플이 차지하고 구글이 세계 두 번째로 높은 가치를 지닌 브랜드로 뽑히면서 기술 브랜드가 압도적 우세를 보였다. 3위는 코카콜라이다.

2014년은 처음으로 1위와 2위 브랜드 가치가 모두 1000억 달러를 넘은 해였다. 애플은 2013년보다 브랜드 가치가 21% 상승해서 1189억 달러를, 구글은 15% 상승해 1074억 달러를 기록했다.

제즈 프램턴 인터브랜드 글로벌 CEO는 말했다. "애플과 구글의 가치가 1000억 달러를 넘어섰다는 사실은 브랜드의 힘을 반증한다. 선도적인 브랜드들이 각자의 성장 면에서나 베스트 글로벌 브랜드 역사 면에서도 새로운 정점을 기록했다. 끊김이 없으면서 맥락상 연관되어 있고, 오프라인 세계에서나 디지털 세계에서나 통합된 제품 및 서비스 생태계를 기반으로 하는 경험을 창조해 낸 덕분이다." 이것이 바로 인터브랜드가 말하는 '당신의 시대'이다.

세계 최고의 브랜드들을 공통으로 연결해주는 연결 고리는 소비자를 가장 우선시하면서, 글로벌 비즈니스 세계의 새로운 시대를 정의하고 있다는 사실이다. 이번 보고서에 대해 프램턴은 다음과 같이 덧붙였다. "사람들이 전자 기기와 연결되고 통합되면서 데이터가 소비자, 브랜드, 전 세계를 위한 가치를 창출한다. 그 결과 모든 카테고리와 분야가 더 똑똑해지고 있다.—다양한 공급망의 제품과 전자 기기가 서로 연동될 뿐 아니라, 개인의 데이터와도 연결된다—앞으로 실현될 당신의 시대를 이끌어갈 브랜드는 개인 한 명 한 명을 중심으로 구성된 진정한 의미의 개인화된 경험, 즉 '미코시스템'을 창조해야 한다. 선도적인 브랜드는 데이터에서 인간적 요소를 끌어내고, 진정한 통찰력을 찾아내며 개인의 바람, 요구, 욕망에 맞추어 서비스를 제공하는 브랜드다."

브랜드의 발전은 정체성의 시대에서 가치의 시대와 경험의 시대, 그리고 당신의 시대까지, 브랜딩의 네 가지 시대에 반영된다.

보고서에서는 이렇게 설명한다.

생태계가 완전히 통합되고 (우리 몸, 집, 각종 기계에 있는) 센서들이 새로운 방식으로 서로 소통할 수 있다면, 공급망은 개인을 중심으로 재조직되고 생태계는 미코시스템으로 변모하게 될 것이다. 브랜드는 비즈니스를 사람과 연결하면서—또한 사람과 사람을 연결하면서—비즈니스와 개인의 가치 창출을 가능하게 한다.

디지털 기술이 우리 삶의 모든 부분—건강을 포함—을 새로운 방식으로 엮음에 따라 사람과 브랜드의 관계가 변화하고 있다. 이런 상황에서 인터브랜드의 이번 보고서가 뽑은 최고의 브랜드 10개 중 IBM(4위),

마이크로소프트(5위), 삼성(7위) 등을 포함해 5개가 기술 브랜드라는 사실은 전혀 놀랍지 않다.

페이스북은 29위로 상승했는데(2013년에는 52위였다), 프램턴은 페이스북이 계속 성장하고, 트위터 역시 곧 순위권에 들 것 같다고 논평했다.

브랜드 순위와 가치는 소비자에 대한 영향력, 금융 실적, 프리미엄 가격을 받아내거나 수익을 창출하는 능력 등에 의해 결정된다. 2014년 보고서 작성 시 트위터는 브랜드의 힘을 보여주는 독점적 소셜미디어 데이터를 처음으로 제공했다.

트위터의 글로벌 브랜드 전략 부사장인 조엘 루넨펠드[Joel Lunenfeld]는 "브랜드와 개인이 공개적이고 상호적인 방식으로 소통하는 능력 덕분에 트위터의 데이터는 브랜드에 대한 소비자들의 인식을 확인할 수 있는 놀라운 기회를 제공한다"고 말했다.

프램턴은 "수년 동안 인터브랜드는 브랜드 가치와 인식에 관한 권위 있는 정보를 제공해왔다. 2014년에는 트위터 데이터를 사용해 인터브랜드의 베스트 글로벌 브랜드 순위 선정 방법을 더욱 개선할 수 있어 정말 기쁘다. 우리는 고객들에게 빅데이터가 매우 개인적이며, 그 결과 비즈니스의 미래 역시 개인적일 것이라고 강조해왔다"고 덧붙였다.

새로운 변화를 맞는 지역 전문가들의 자세

당신의 시대와 미코시스템이 도래하고 있다. 인터브랜드는 이 거대한 변화가 각 시장에 가져다줄 도전 과제와 기회에 관해 지역 전문가 네 명, 인터브랜드 유럽 CEO 사이먼 베일리Simon Bailey, 인터브랜드 라틴아메리카 이베리아 곤살로 부르호Gonzalo Brujó, 인터브랜드 북아메리카 CEO 조쉬 펠드메스Josh Feldmeth, 인터브랜드 아시아 태평양 CEO 스튜어트 그린Stuart Green과 이야기를 나누었다.

기술의 급속한 발달에서부터 달라지는 소비자 기대까지, 변화가 가속화하는 시대로 접어든 것은 부정할 수 없는 사실이다. 이 중요한 시점에 각 지역이 직면한 특정한 도전 과제는 무엇인가?

가장 어려운 도전 과제는 유산legacy이다. 유산은 변화에 포함시키기 어렵고, 유산 때문에 혁신이 위험하게 느껴질 수도 있기 때문이다. 현재의 급변하는 경제 속에서, 목적과 역할을 근본적으로 다시 생각하지 않는 브랜드는 가장 큰 어려움에 직면할 것이다.

또 다른 도전 과제는 무엇일까? 빅데이터가 가져온 의도하지 않은 결과로 모든 기업은 소프트웨어 기술을 활용할 수밖에 없게 되었다. 많은 기업이 이 새로운 환경에 허를 찔려 당황하고 있고, 앞으로도 그럴 것이다.

나이키는 이런 도전 과제를 정면으로 활용한 대표적인 제조기업이다. 나이키아이디(NIKEiD, 나이키의 맞춤형 신발 주문 서비스-옮긴이)는 소비자가 자신의 운동 능력, 방법, 스타일에 따라 맞춤형 제품을 구매할 수 있는 서비스를 제공한다. 나이키는 제품 디자인 스튜디오를 누구에게나 공개한다. 선수뿐 아니라 소비자와 긴밀한 협력을 통해서 진정한 성능의 제품을 디자인하는 것이다.

에어비앤비Airbnb나 우버Uber 같은 산업 전체를 흔드는 기업들의 시가 총액이 빠르게 증가하고 있는 현상은, 데이터 활용을 통해 비즈니스의 중심에 우뚝 선 소비자들이 재무제표 속에 있는 유형자산, 무형자산 같은 항목들보다 잠재적으로 더 큰 가치를 갖는다는 사실을 반증한다. 조시

라틴아메리카와 이베리아 반도의 시장에서 브랜드가 직면한 도전 과제는 시스템에서 수집한 데이터를 이용해 고객에게 최고의 혜택을 제공하는 최선의 방법을 찾는 것이다. 간단하게 말하면 단순히 빅데이터를 모으는 데 그치지 않고 최적화하는 것이다.

2014년 라틴아메리카에서 쓴 빅데이터 기술 관련 비용은 8억 2000만 달러인 것으로 추정된다. 2017년까지 스마트폰 보급률은 44%에 이를 것으로 예측된다. 그렇게 되면 이 지역의 연결성은 매우 높아질 것

이다. 하지만 라틴아메리카 문맹률이 유럽이나 미국보다 높은 점을 잊어서는 안 된다. 다행히 아동의 정보 접근성이 높아지면서 교육도 개선되고 있다.

도전 과제를 이겨내기 위한 비결은 기본에 충실하는 것이다. 즉 분명한 기업 가치와 투명성을 갖는 것이다. 브랜드가 똑똑하게 제품과 서비스를 간소화할 때, 소비자들이 브랜드를 기억하고 소비한다. **곤살로**

아시아-태평양 지역의 가장 큰 도전 과제는 탄탄한 대기업들 대부분이 서열과 통제 중심의 낡은 비즈니스 모델을 따른다는 사실이다. 당신의 시대에 발달하게 될 브랜드 특성과 맞지 않다.

게다가 이 지역의 브랜드 대부분은 빅데이터를 의미 있는 방식으로 활용하지 못하고 있다. 그저 수집할 뿐이다. 빅데이터가 통찰력, 전략, 활동 등에 활용되고 있다는 증거는 보이지 않는다. 다만 많은 브랜드가 빅데이터의 방대한 정보량에 혼란스럽고 압도된 듯한 모습이다.

아시아-태평양 지역의 도전 과제와 관련해 꼭 짚고 넘어가야 할 것이 '집단의식'이다. 이곳 소비자들은 무리 안에서 편안함을 느끼는 성향이 있다. 서구 국가들보다 개인적 성향이 덜하다. 이는 당신의 시대를 준비하는 브랜드에게 하나의 도전 과제이면서 기회이기도 하다.

스튜어트

유럽 시장의 많은 브랜드가 기존 비즈니스 모델을 뒤흔드는 새로운 브랜드들이 제기하는 도전 과제에 지속적으로 직면할 것이다. 다양한 가치가 중요시되면서 기존의 오래된 비즈니스 모델은 설 자리를 잃고 있다. 하지만 신뢰, 데이터 보호, 소비자 경험 개선 등이 경쟁을 어느 정도 막아준다.

B2B 기업, 몇 세대를 이어온 브랜드, 가족 경영 기업 등은 협력을 통한 창조와 개인적 요구 수용, 보수적인 내부 구조 완화가 필요하다고 생각한다. 그것들은 '당신의 시대'에 성공하는 데 중요한 요소이기 때문이다.

마지막으로 유럽 브랜드들은 뛰어난 브랜드의 소비자 경험에 맞게 소비자들이 겪는 과정을 조율하느라 여전히 애를 먹고 있다. 프낙(Fnac, 프랑스의 티켓 예매 서비스-옮긴이)과 다르티(Darty, 프랑스의 전자제품 대형 매장-옮긴이)는 이런 도전 과제를 효율적으로 헤쳐 나가는 대표적인 브랜드다. 두 브랜드는 물리적·디지털 소매 경험을 솜씨 좋게 접목해 상당한 성과를 얻었다. **사이먼**

지역마다 특별한 비즈니스와 문화적 특성이 있어서 브랜드들은 새로운 시장 진출 과정에서 현지화*localization*라는 도전 과제에 직면한다. 그렇다면 당신의 시대에는 이 도전 과제가 없어질까? 특정 국가를 대표하는 '국가 브랜드' 개념이 미코시스템 때문에 어느 정도는 사라지게 될까?

그 답은 아마 당신의 시대가 가져올 가장 흥미로운 부분 중 하나일 것이다. '국경이 허물어진다'고 할까? 사람들은 어떤 브랜드이건 찾아낼 것이고, 어떤 트렌드이건 활용할 것이다. 3D 프린터와 공유경제가 공급망을 뒤흔들 것이다. 세계 곳곳에서 다양한 조합combination이 가능해지고, 제품과 서비스가 놀라울 만큼 다양해질 것이다. **조시**

곧 끊김이 연결되는seamless 세계와 완벽한 커뮤니케이션의 컨버전스가 실현될 것이다. 물론 시장 개방을 거부하는 국가 브랜드도 있겠지만, 일부에 불과할 것이다. 대부분은 세계화의 필요성을 인식할 테니 말이다. **곤살로**

이론적으로 현지화의 어려움은 사라질 것이다. 내가 생각하는 미래는 브랜드가 훨씬 다재다능하고 놀라운 유연성을 갖는 것이다. 그렇다면 취향이나 소비자 선호도가 아주 다른 아시아 시장에서 큰 도움이 될 것이다. **스튜어트**

브랜드들은 더 이상 전 세계로 뻗어나가려고 애쓰지 않는다. 전보다 덜 제국주의적이고, 더 겸손해졌다. 여러 시장에서 역동적으로 배우려고 한다. 브랜드가 성공하는 열쇠는 시장에서 브랜드가 효과적으로 공존하는 법을 이해하고, 공통의 틀 속에서 지식을 얻고, 최고의 사례들을 공유하고, 혁신을 위해 협력하는 것이다. **사이먼**

"우리는 자동차 중심의 사회가 모바일 중심의 사회로
변화하는 것을 목격하고 있다."

레이철 구엔Rachel Nguyen, 닛산자동차 글로벌 업스트림 플래닝 디렉터

여러 분야가
만들어 내는 시너지

커넥티드 카(connected car, 정보통신기술과 자동차를 연결한 것-옮긴이)

2016년이 되면 자동차 운전대는 스마트폰으로 바뀔 것이다. 차량과 차량이 연결되면서 접촉 사고를 피하고, 모바일 인증으로 자동차 문을 열고, 시동을 걸게 될 것이다. 차량을 구매하려는 소비자들은 모양과 기능, 브랜드 인지도 등 전통적인 요소와 함께 차량의 기술 플랫폼을 고려하게 될 것이다.

"우리는 햇빛을 이용하고, 바람도 이용한다.
우리는 이 모두를 활용해서 하늘에 네트워크를 만들고 있다."

애스트로 텔러Astro Teller, 구글 X 총괄 디렉터

마지막 산업

　인터넷과의 연결이 일상이 되면서, 브랜드는 인터넷 연결과 보건, 에너지에 관한 새로운 요구를 만족시켜야 한다. 항공업계와 같은 전통 산업은 기술, 헬스케어, 에너지가 망라되는 최종 단계에 속하는 분야다. 예를 들어서, 미래의 항공기 예약은 스트리밍(기술), 원격 의료(헬스케어), 앉은 자리에서의 충전(에너지)을 지원하는 항공기 내 와이파이에 의존하게 될 것이다.

과거와는 전혀 다른 의사

곧 생체 정보의 정확성이 개선되고 네트워크 암호화가 HIPAA(건강 보험 양도 및 책임에 관한 법률) 규제를 만족시키게 되면 우리는 손안에 또는 손목에 의사를 두게 될 것이다. 이 획기적인 변화는 환자에게 집에서 검진받는 편리함과 편안함을 제공하고, 의사가 전통적 방식에서 발생하는 비용과 틀에 박힌 과정에서 벗어나게 해준다.

"입는 컴퓨터wearable에서 인식하는 컴퓨터aware-able로."
데이브 에번스Dave Evans, 시스코 수석 미래학자

새로운 시선

차량이 자동으로 운전을 한다면 무인 운전 기능이 작동하는 동안 사람들은 무엇을 보고 있을까? 기술을 통해 여과되지 않은 실제 세상은 과거나 지금이나 마찬가지다. 하지만 곧 디지털 증강 렌즈를 통해서 매일의 현실을 들여다봐야 하는 불가피한 압력이 생겨날 것이다. 스크린 속에 있던 전시물들이 증강현실을 통해서 스크린을 벗어나 우리 주위의 세계가 되면, 가상현실은 진정한 탈출구를 제공하게 될 것이다.

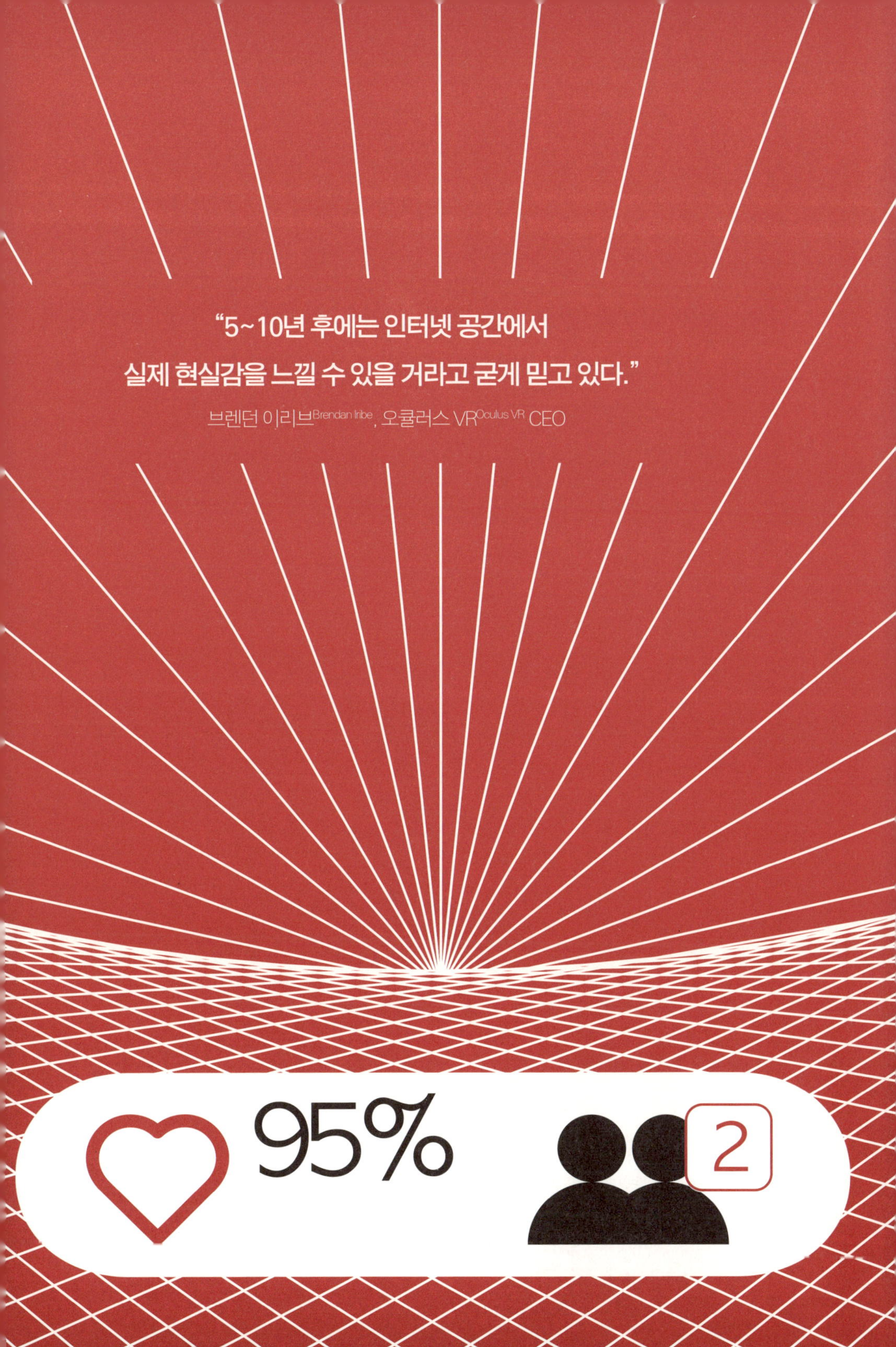

"5~10년 후에는 인터넷 공간에서
실제 현실감을 느낄 수 있을 거라고 굳게 믿고 있다."
브렌던 이리브Brendan Iribe, 오큘러스 VROculus VR CEO
95%
2

"이제는 보안, 사생활, 안전, 사랑, 결혼, 아이들, 신, 폭력, 국가, 힘, 정의, 돈을
둘러싼 다양한 아이디어가 재창조되고 있다.
수많은 아이디어가 우리 손길을 기다리고 있다."

제너비브 벨Genevieve Bell, 인텔 연구소 사용자 경험 디렉터

개인

당신 개인이 모든 판단의 중심이 될 것이다. 브랜드들은 당신 주위를 맴돌며, 이어지는 삶을 따라 연결되고 특별히 기억에 남는 일련의 사건을 창조하려고 노력할 것이다. 브랜드들은 당신의 선택을 받고, 그 배후가 되고, 아니면 당신의 선택에 함께하는 보이지 않는 네트워크가 되려고 경쟁한다.

당신의 이야기를 기록하라, 몰스킨

'당신의 시대'가 시작되었다. '당신의 시대'에도 브랜드의 힘은 여전할까. 하루에도 수십 개씩 새로운 브랜드가 생겼다가 사라지는 시대, 어떻게 해야 '당신의 시대'에 성공적인 브랜드로 살아남을 수 있을까. 아날로그 감성의 대표 주자이자 급격히 변하는 디지털 시대에 존재 자체를 걱정해야 했던 다이어리 브랜드 '몰스킨Moleskin'에서 그 답을 찾아보고자 한다.

전 세계에서 가장 크고 유명한 커피 브랜드인 스타벅스에서는 매년 연말이 되면 '다이어리'를 선물로 준다. 5천 원이 넘는 스타벅스 커피를 한 잔 살 때마다 주는 스티커를 10장 넘게 모아야 주는 프로모션의 일환이다. 많은 사람이 다이어리를 얻기 위해 커피를 구입하는 등 매년 화제가 되는데 스타벅스의 2015년 새해 선택은 몰스킨이었다. 다이어리를 자체 제작해오던 스타벅스가 몰스킨이라는 브랜드를 선택한 이유는 무엇일까.

매년 새해가 되면 반드시 생각나는 것들이 있다. 신년 목표 세우기, 새해 공휴일 확인하기, 운세 보기, 새 다이어리 구입하기 등. 그중 다이어리 구입은 메모를 좋아하고, 꼼꼼한 스케줄 관리에 신경 쓰는 사람에겐 즐겁고 의미 있는 새해 첫 활동이 되기도 한다. 무엇보다 그들에겐 어떤 다이어리를 쓰는지가 자신만의 중요한 정체성이나 다름없다. 오프라인 다이어리는 물론 다양한 온라인 스케줄러가 존재하는 '당신의 시대'에도 역시 무엇을 쓰느냐보다 무엇에 쓰는지가 더 중요하다고 할 수 있다. 그런 시대에 몰스킨은 수많은 다이어리 브랜드 중 가장 많은 '팔로어'를 거느린 슈퍼스타로 손꼽힌다.

몰스킨은 겉보기엔 아주 단순한 다이어리에 불과하다. 어떤 화려한 장식도, 디자인적 요소도 느껴지지 않는다. 검고 단단한 커버, 다이어리가 벌어지지 않도록 잡아주는 고무 밴드, 둥글게 처리된 모서리가 디자인의 전부랄까. 다이어리를 펼친다고 해도 별반 다르지 않다. 아무 내용이나 일러스트 없이 오로지 미색의 속지만 존재할 뿐이다.

원래 몰스킨은 1800년대 프랑스 제본업자들이 서점에 납품해서 팔던 수첩에 불과했다. 그 당시엔 특정한 이름도 없이 지금처럼 단순한 디자인이 전부였다. 몰스킨의 미학을 알아차린 건 그 당시 활동하던 저명한 아티스트들이었다. 어니스트 헤밍웨이, 빈센트 반 고흐, 파블로 피카소, 브루스 채트윈 등 내로라하는 아티스트들은 단순한 몰스킨에 자신의 생각과 그림을 기록했다. 특정 브랜드로서 관리되지 않던 몰스킨은 1980년대에 이르러 생산 공장이 문을 닫으면서 역사 속으로 사라질 뻔한 위기에 처했다.

몰스킨의 불씨를 살려낸 건 두 명의 이탈리아 사업가였다. 몰스킨을 둘러싼 흥미로운 역사와 이야기를 알게 된 그들은 1997년 몰스킨에 'The Legendary Notebook'이라는 슬로건을 내세우고 본격적인 브랜딩을 시작했다. 그렇게 몰스킨은 아티스트들이 썼던 전설적인 다이어리로 화려하게 부활했다. 몰스킨은 예나 지금이나 한결같은 디자인을 고수하고 있다. 작은 변화가 생긴 것이 있다면 검정으로 일관하던 커버에 빨강을 비롯해 다양한 색깔을 추가했다는 것과 크기가 다양해졌다는 점이다. 꾸준하고 오래된 디자인은 소비자들에게 익숙함이라는 친밀감을 느끼게 해주었다.

사람들이 다른 브랜드가 아닌 몰스킨을 선호하고 최고의 브랜드로 꼽는 이유는 무엇일까? 앞서 언급했던 오랜 전통과 역사성, 단순하면서도 강력한 디자인 등 여러 가지 이유가 있겠지만 무엇인가를 직접 기록하는 행위에 감성을 더했기 때문이다. 쓰고 싶은 내용을 몰스킨에 적는다는 것은 다이어리의 기능적 역할에 해당한다. 하지만 '몰스킨에는 창조적인 무엇을 표현한다'는 감성적 측면에 호소한 제품이다. 지적이고 유명한 아티스트들이 즐겨 사용했다는 사실이야말로 이 점을 증명하는 강력한 증거나 다름없다. 몰스킨은 단순히 스케줄과 메모를 관리하기 위해 사용하는 것이 아닌, 생각과 아이디어를 기록하는 '쓰이지 않은 책'으로서의 역할을 추구했다. 이를 위해 몰스킨은 처음엔 문구점이 아닌 서점에 제품을 공급하는 전략을 세웠고 심지어 일반 책에서 볼 수 있는 국제표준도서번호[ISBN]를 붙이고자 했다. 몰스킨의 광고 또한 그런 점을 강조했다. 피아노가 그려진 몰스킨, 사진 필름이 그려진 몰스킨, 노트북 자판이 새겨진 몰스킨 등 창조적인 어떤 행위를 하기 위

해서는 몰스킨을 사용해야 함을 암시적으로 전달하고 있다. 전 세계 유명 아티스트들이 몰스킨에 직접 적어 넣은 그림이나 글을 전시하는 것도 이런 맥락에서다.

몰스킨이 흥미로운 건 사용자 스스로 가치를 매길 수 있도록 만들었다는 점이다. 다이어리 앞쪽에는 몰스킨을 잃어버렸을 때를 대비해 누군가 주인에게 돌려줄 수 있도록 사례금을 적어놓는 'In Case of Loss' 제도를 마련했다. 자신에게 몰스킨이 얼마나 소중한지 알 수 있는 중요한 가치 척도가 되는 셈이다. 이런 모든 사실은 사람들에게 몰스킨을 자신만의 지적 생산 활동을 위한 도구로 인식시켰다. 결국 몰스킨은 과거부터 지금까지 자신만의 '이야기'가 살아 있는 브랜드가된 것이다.

그럼에도 디지털 시대, '당신의 시대'의 흐름에 따라 오프라인에 기반을 둔 몰스킨 역시 변화가 필요했다. 다이어리는 디지털 시대의 흐름에 역행하는 아날로그의 전형적 산물이기에 새로운 시대를 사는 사람들 관심에서 멀어져갔다. 변하지 않는 것을 가치로 여기는 몰스킨이라도 변화를 고민하지 않을 수 없었다. 그래서 몰스킨은 나름의 진화를 통해 작지만 새로운 창작 활동을 끊임없이 보여주고 있다. 매년 스타워즈, 어린왕자, 레고 등 다른 브랜드와 공동으로 작업한 특별 에디션을 판매하는 것부터 에버노트 에디션 등 스마트폰과 공유되는 애플리케이션도 출시했다. 최근엔 쓰기Writing, 여행Travelling, 읽기Reading 기능을 한데

모은 'WTR' 컬렉션을 선보였다. WTR 컬렉션은 펜, 연필, 가방, 안경, 독서대, 북라이트 등 기존 몰스킨 다이어리와 조화를 이룰 수 있는 라이프스타일 제품 성격을 띠고 있다. 사용하는 사람의 취향과 목적에 따라 몰스킨의 고유한 매력을 더욱 크게 느낄 수 있다는 얘기다.

'The Filling is You'는 몰스킨의 또 다른 슬로건이다. 처음엔 모두가 똑같은 제품을 사용하지만, 그 후의 변화는 자기 자신에게 달렸다는 말. '당신의 시대'를 맞아 몰스킨이라는 브랜드에 관심을 가져야 하는 이유가 아닐까.

우승우

인터브랜드 코리아의 비즈니스 개발과 마케팅 커뮤니케이션을 총괄하고 있는 우승우 수석부장은 국내 기업 중 외식, 주류, 매거진 분야의 마케팅과 브랜딩 전략 컨설턴트로서 다양한 프로젝트를 담당했다. 인터브랜드 코리아의 지속 가능한 성장을 위한 신규 클라이언트 발굴, 전사 차원의 브랜딩과 커뮤니케이션을 담당하고 있다,

더 쉽고 더 가볍고 더 개인적인
카카오톡

당신의 시대를 가장 잘 표현하는 브랜드는 소비자들 이름을 넣어 라벨링을 했던 코카콜라나 다양한 선진 마케팅 기법을 시도하고 성공을 이어온 월마트가 아니라 아마도 디지털 브랜드들일 것이다. 전통적인 브랜드들이 심혈을 기울여 이룩한 CRM 시스템에 기반을 둔 타깃 마케팅Targeted marketing이나 고객 맞춤 서비스customized service 등은 디지털 브랜드들이 시도했던 개인화 서비스personalized service—개인적으로는 'individual service라'고 부르고 싶다—에 비하면 여전히 군집을 대상으로 한 마케팅 브랜딩 활동이다.

디지털 브랜드들의 개인화 서비스의 대표적 사례로 거론되는 것이 아마존 고객의 불평과 사과 사례이다. 아마존은 어느 여고생이 아마존에서 주문한 내역들을 자동으로 분석한 결과를 바탕으로 그 여고생에게 임산부 물품을 사은품으로 보냈는데, 여고생의 아버지가 그 사실을 알고 아마존 고객 센터에 격렬히 항의했다. 당시 아마존에서는 죄송하다고 사과했다. 그렇게 일단락되는 듯했던 평범한 사건은 그 후 그 여고생이 실제로 임신했다는 사실이 밝혀지면서 디지털 브랜드의 강력한 개인 정보력을 알려주는 대표 사례로 꼽히고 있다.

이처럼 디지털 브랜드가 당신의 시대를 이끌고 있는 것은 자명하다. 그 대표적 브랜드로 포털사이트의 구글, 상거래의 아마존과 이베이, 커뮤니티의 페이스북이 자주 거론되는데 인터브랜드가 뽑은 100대 브랜드 랭킹에도 구글이 2위, 아마존이 15위, 이베이가 28위, 페이스북이 29위로 당당히 이름을 올려 지금이 그들의 시대임을 알 수 있다.

이렇게 구글, 아마존, 이베이, 페이스북이 세계적 브랜드로 인정받는데 개인적으로는 한국의 디지털 브랜드들도 그들 못지않은 고객 가치를 제공하고 한국인의 삶에 큰 변화를 일으키고 있다고 생각한다. 다만 가장 큰 차이라면 앞서 말한 브랜드들이 영어 기반의 서비스라면, 한국 브랜드들은 한국어 기반의 서비스로 시작해 글로벌화에 어려움을 겪었다는 점이다. 그러면 당신의 시대를 이끄는 한국의 대표 디지털 브랜드에는 어떤 것들이 있을까? 평가 기준에 따라 다르겠지만, 개인적으로는 포털사이트의 네이버, 상거래의 11번가, 커뮤니티의 카카오톡이 가장 대표적 브랜드라 생각한다. 그중에서도 우리 삶과 우리 사회에 가장 큰 파급력을 미치고 있는 브랜드는 카카오톡과 네이버라고 생각한다.

먼저 카카오톡부터 살펴보자.

2000년대 초반 컨설팅을 처음 시작했을 때 배운 것은 이메일을 적극적으로 사용하고 인터넷 검색을 생활화하라는 것이었는데 지금은 업무에서도 카카오톡을 적극 활용하고 있다. 비단 직업적 업무 영역에서뿐 아니라, 더 쉽고 더 가볍고 더 개인적인 SNS가 주목받고 있다.

카카오톡의 파급력을 증명하는 사례는 매우 많다. 심지어 개그 프로그램, 〈조선왕조실톡〉과 같은 웹툰 등 다양한 문화 장르에 카카오톡이

KAKAO
TALK

조연이 아닌 주연으로 등장한다. 또한 개인적인 사례인데, 최근에 컨설팅 프로젝트 중 TFT 구성원이 60명인 대규모 프로젝트에서 카카오톡 그룹 채팅을 활용해 효율적이고 효과적인 커뮤니케이션을 진행한 바가 있다.

카카오톡은 페이스북과 비교하면 더 쉽고 더 가볍고 더 개인적인 커뮤니티 서비스이다. 페이스북이 활성화된 것은 스마트폰의 대중화에 힘입은 바 크지만, 페이스북 자체는 PC 기반의 서비스로 시작했다. 반면에 카카오톡은 처음부터 모바일을 기반으로 시작했고, 모바일 기기가 지닌 지극히 개인적인 속성에 비추어볼 때, 당신의 시대에 더욱 맞는 브랜드가 아닌가 생각한다.

여타 브랜드가 개인을 번호(전화번호 등), 알파벳(아이디), 이메일 주소로 인식하고 그것을 가장 먼저 표현하는 데 반해, 카카오톡은 자신이 만든 자기소개가 맨 상단에서 자신을 표현하고 있다. 사람들은 번호가 아닌, 다른 사람들이 붙인 라벨이 아닌 자신이 만든 브랜드(자기소개)를 가장 상단에 띄우고 그것을 기반으로 네트워킹을 시작한다. 또 자신을 중심으로 네트워크가 매우 간단하게 정렬되어 있다. 또한 커뮤니티 측면에서도 일반적 커뮤니티 서비스들이 그룹을 만들고 사람을 초대하거나 또는 가입 신청을 한 뒤 가입되는 과정을 거치는 데 반해, 카카오톡은 매우 간단하게 사용자가 커뮤니케이션 그룹을 창조하고 커뮤니케이션을 주도해갈 수 있다.

네이버가 한국 사회에 미치는 영향은 사실 설명할 필요가 없을 정도다. '무엇이든 물어보세요'가 콘셉트인 지식인 서비스, 쇼핑 정보, 여행 정보, 세상사, 경제 상황, 사건 사고 등 모든 정보가 네이버를 통해 전달되고 있다. 한국인의 대부분이 무슨 일을 계획하거나 어떤 일을 구상할 때 항상 네이버를 통해 시작한다고 해도 과언이 아니다.

네이버의 다양한 서비스 중 당신의 시대를 표현하는 가장 대표적인 서비스는 LBS^{Location Based Service} 기반의 네이버 지도이다. 지독한 길치인 나에게 네이버 지도는 보배와 같은 존재다. 나는 4년 가까이 코엑스에 있는 회사를 다녔는데, 아직도 코엑스 지하 몰의 구조를 모른다. 또 어디를 가더라도 그곳을 아는 사람과 같이 가야지, 그러지 않으면 헤매기 일쑤다. 하지만 네이버 지도를 활용하고부터 상황이 완전히 달라졌다. 이제는 지하철에서 어느 칸에 타야 가장 빨리 환승할 수 있는지, 가까운 약국, 편의점, 병원 등이 어디에 있는지 알며, 약속 장소가 처음 가는 곳이라도 상대방에게 전화를 수십 통 하지 않고도 찾아갈 수 있게 되었다.

스마트폰 기반의 LBS가 당신의 시대를 가장 잘 표현하는 이유는 '지금의 나'를 중심으로 세계를 보여준다는 점이다. 내가 있는 이곳 주변의 상점, 식당, 병원을 보여주고, '지금의 나'가 갈 수 있는 최적의 길을 제안해준다는 점에서 고도로 개인화된 서비스 중 하나이다.

네이버는 카카오톡과 유사하면서 좀 더 글로벌한 서비스인 '라인'을 통해서 커뮤니티 서비스도 제공하고 있다. 한국에서는 카카오톡에 밀리고 있지만 일본이나 대만 등지에서는 압도적인 메신저 서비스로 자리 잡고 있다. 라인이 어떻게 글로벌화할 것인지, 또 한국에서는 어떤 추가적인 가치를 제공할지 자못 기대된다.

권영대

인터브랜드 코리아의 이사로, 전략 컨설팅 총괄을 맡고 있다. 서비스, 유통, 자동차 산업 등 브랜드 관련 산업을 중심으로 신사업 론칭, M&A, 마케팅 전략 구축 등 다양한 대형 컨설팅 프로젝트를 성공적으로 진행한 경험을 바탕으로 국내외 기업이 경쟁력 강화와 기업 가치 성장에 기여하고 있다.

"비즈니스의 참목적은 고객을 발견하고
유지하는 것이다."
시어도어 레빗Theodore Levitt

당신의
시대의
비즈니스

항공,
공간의 여행을 넘어서

　대부분 사람들에게 비행은 즐겁기는커녕 어쩔 수 없이 참아내야 하는, 심지어 견뎌내야 하는 곤혹스러운 과정이다. 일부 프리미엄 승객을 제외하고 많은 사람에게 여정은 당연히 목적이 아니다.

　이런 상황은 점차 심각해지는 항공 산업의 양극화가 미치는 영향 때문이거나 그 결과다. 현재, 편의 시설이 전무한 저가 항공사부터 호화스러운 항공사까지 다양한데, 실제는 이들 두 가지 중 하나인 경우가 대부분이다.

　에어버스^{Airbus}가 최근 특허받은 안장 모양 좌석은 미래 저가 항공기의 모습이 어떠할지를 가늠하게 한다. 가격만 싸다면 편의 시설이 없는 건 둘째 치고 약간의 불편함도 개의치 않겠다는 사람은 그다지 많지 않다. 저렴한 비용과 불편한 서비스의 관계, 그 속에서 균형 잡기가 저가 항공사들 사이에서 중요한 비즈니스 화두로 자리 잡고 있다.

　한편 고가 항공사들은 고객 경험을 새롭게 정의한다. 에티하드^{Etihad} 항공은 일등석 승객들에게 스위트룸과 집사 서비스를 선보이면서 초호화 비행 경험의 영역을 넓히고, 이를 새롭게 정의했다. 한편에서는 공항과 항공의 영역을 넘어서는 브랜드 확장도 계속 확인된다. 영국 런던 해러즈^{Harrods} 백화점에 들어선 카타르^{Qatar} 항공의 발권 사무소나 운동경기장에 만든 에미레이트^{Emirates} 항공사 라운지를 예로 들 수 있다.

하지만 대부분 항공사에서 고객과의 연계를 유지하고 산업의 양극화에서 벗어나기 위한 주요 전략으로 기술과 혁신에 집중해 고객의 비행 경험을 개선하고 있다. 지난 일 년 동안 에스파냐의 저가 항공사 부엘링Vueling과 이베리아Iberia 항공은 스마트워치를 이용한 탑승권을 만들었고, KLM 네덜란드 항공은 전자 수화물표, 추적 장치, 소셜미디어를 활용한 지불 방법을 제안했으며, 가장 최근에는 델타Delta 항공이 탑승객들의 전자 기기로 콘텐츠를 전송하는 서비스를 시작했다.

많은 항공사가 고객 맞춤형 서비스를 제공하기 위해 드디어 빅데이터를 활용하고 있다. 태블릿PC를 소지한 승무원들은 손끝 하나로 고객이 무엇을 좋아하고 싫어하는지, 여행 기록은 어떻고, 어떤 경험을 했는지 등 선호도를 곧바로 확인할 수 있다.

이 모두는 매우 혁신적인 조치이자 항공사를 유지하기 위해서도 꼭 필요한 일이다. 하지만 대다수 항공사에서 놓치는 핵심 요소는 브랜드 프러포지션brand proposition을 통해 혁신적 조치들을 정제하고, 소비자들에게 총체적 체험을 제공하는 것이다. 항공사들은 대부분 브랜드를 정의하지 못하고, 여타 경쟁사와 차별화하지도 못한 상황이다.

또한 항공 산업계에서는 가방이나 탑승 서비스 등에 추가 수수료를 부과하는 중급 항공사들에 대한 의구심과 불신이 증가하고 있다. 그러지 않아도 항공료의 투명성 문제—광고하는 항공료와 실제 항공료의 차이, 과도한 변경 수수료, 예고하지 않은 서비스 수수료—때문에 의

심받던 항공사들은 전보다 더 불신의 눈초리를 받게 되었다. 그 결과 구매 결정에 관해 투명성을 제공하는 제3의 온라인 도구에 의존하는 소비자가 늘고 있다.

어중간한 항공사들이 지속적인 압박 속에서 끊임없는 기술혁신을 유일한 해결책이라 보는 상황에서 가장 강한 브랜드가 장기간 승자로 떠오를 것이다. 승리를 위한 열쇠는 경쟁의 유일한 승자가 되는 것이 아니라, 다른 경쟁자들과 차별화되는 한편 투명하고 분명한 브랜드 경험을 제공하는 것이다.

이는 많은 항공사 브랜드가 스스로를 분명하게 정의하고, 그 정의를 중심으로 강하고 의미 있는 경험을 제공하는 데 집중하며, 인사이트를 소비자 요구에 집중할 수 있는 기회를 제공할 것이다. 모든 면에서 진정한 브랜드로 거듭날 때, 소비자의 오랜 신뢰와 충성도를 얻을 수 있다.

압력이 지속될수록 항공사들은 다양한 노력을 하게 된다.

스튜어트 그린, 인터브랜드 아시아 태평양 CEO

의류, 맞춤형 개인화와
브랜드 권한의 균형 유지하기

무한한 선택으로 점철된 세상에서 소비자들은 의류 브랜드를 소셜 미디어 친구로 추가하고, 다른 어떤 부류보다 이들에 대한 팔로우에 집착한다. 의류 브랜드 과잉과 패션의 끊임없는 변화 속에서, 이들 브랜드는 반드시 연관성을 유지하려고 노력해야 한다.

디지털 세계의 의류 산업을 개괄적으로 확인해보면 얼마나 많은 사람이 초대와 추가, 공유, 발표, 추천을 원하고 소비자의 삶에서 의류 브랜드가 얼마나 중심적 위치를 차지하는지 알 수 있다. 당신의 시대에 가장 강한 브랜드—나이키부터 자라, 반스부터 구찌, 레이밴부터 슈프림까지—는 지속적으로 제품과 소비자 경험을 브랜드 스토리로 만들어 내면서 남보다 앞서가고 있다.

당신의 시대 속 모순을 해결한다

의류 브랜드는 세계적으로 영향력을 얻으면서, 동시에 개인적인 차별화를 약속해야 하는 모순에 직면해 있다. 즉 '맞춤형 개인화'와 브랜드 권한 간의 균형을 맞추는 문제다.

브랜드는 전자 상거래, 소셜미디어, 콘텐츠, 제품, 그리고 매장 등에

서의 경험을 통합하기 위해서 일관된 스토리를 개발해야 한다. 당신의 시대에는 연관성과 존재감, 이해를 유지하는 것이 중요하다. 요점은 해당 분야의 핵심에 최대한 발자취를 남기면서 브랜드 일관성의 균형을 지지하되, 필요한 맞춤화와 개인화를 허용하는 것이다. 성공적인 의류 브랜드는 편집과 공동 창작, 후원, 참여, 소비자를 위한 흥미 제공 면에서 반드시 최고가 되어야 한다. 물론 과거에도 의류 브랜드는 도전 과제를 완벽하게 해결해야 했다. 하지만 지금 중요한 문제는 혁신과 스타일의 적용 가능한 혼합이다. 대표적인 사례로 애플 워치를 꼽을 수 있다.

브랜드 역할 증대로 성장 창출

랠프 로런Ralph Lauren은 "나는 옷을 디자인하지 않는다. 꿈을 디자인한다"라는 말로 뛰어난 인사이트를 보여주었다. 의류 비즈니스는 브랜드를 활용해 소비자들에게 영향력을 행사할 수 있는 기회가 상당하다. 브랜드는 소비자와 깊이 연결되고 제품, 커뮤니케이션, 비즈니스 플랫폼을 촘촘하게 통합함으로써 그 역할을 극대화한다. 반스Vans는 대표 상품만으로 핵심을 지켜내는 동시에 경험을 확대하면서 카테고리별 분류와 맞서 싸울 수 있다는 사실을 보여준 핵심 사례다. 가까운 미래에는 '연결된 의류connected apparel'를 보게 될 것이다. 인터넷에 연결된 의류부터 내장형 직물까지, 브랜드와 사람이 더 밀접하게 연결되는 데 기술의 역할이 더 커지고 있다.

경험을 최대한 확대

의류 브랜드는 고객을 기존과는 다른 방식으로 더 깊이 참여시키기 위해서 점차 확장하고 있다. 팝업 스토어 개장부터(노드스트롬Nordstrom과 사라 제시카 파커Sarah Jessica Parker 신발), 이벤트(롤레 화이트 투어LOLE White Tour), 커뮤니티(나이키 트레이닝 클럽), 협력 관계 개발과 프로그램 공동 브랜딩(오프닝 세리머니와 인텔Opening Ceremony & Intel)까지 의류 분야에서 범주(대량생산품, 럭셔리, 스포츠)가 모호해지고 있다. 이처럼 창의적이고 종종 협력적인 접근 방식은 보편성과 맞춤화, 대량생산과 개인화의 역설을 해결하는 데 도움이 된다.

갭Gap은 '평범한normal'이라는 단어가 실은 다른 모든 이들과 차별화된다는 뜻일 수도 있다는 인사이트를 바탕으로 가장 기본적인 또는 놈코어normcore 제품을 내놓고, H&M이나 자라 등의 화려한 브랜드와는 달리 '평범하게 입자'는 홍보를 진행했다. 선도적인 의류 브랜드들은 브랜드의 이미지를 명확하게 하고, 디지털 및 물리적인 모든 접점에서 벌어지는 소비자들의 이동을 파악하여 브랜드를 확장하면서 성공을 거두고 있다. 이들은 전반적인 경험을 제고하고, 소비자 요구를 발 빠르게 충족시키며, 브랜드로 자신만의 스타일을 표현하려는 더 많은 지지층과 개인 모두를 공략할 수 있는 특별한 방법을 찾고 있다.

베르트랑 쇼베 Bertrand Chovet, **인터브랜드 파리 전무이사**

소비재,
데이터의 힘을 활용하라

소비자들의 능력이 기술에 힘입어 놀랍게 확대되는 지금 상황에서 기술과 권력을 가진 소비자들 덕분에 가장 큰 혜택을 받는 분야는 소비재CPG, Consumer Packaged Goods이다.

그중에서도 가장 기본이자 여전히 폭넓은 영역을 차지하는 슈퍼마켓, 편의점, 여타 형태의 소매점이 우리 삶에서 상당한 역할을 담당하고 있다. 온라인 쇼핑이 일부 시장에 진출해 있기는 하지만 선반 위에 포장된 물건들은 아직 우리 삶에서 많은 부분을 차지한다. 게다가 인지과학에서 얻어낸 최근의 통찰력은 기본의 중요성을 더욱 강조한다.

매일 수십 억 소비자들이 행하는 쇼핑 습관은 상당한 데이터와 인사이트를 제공한다. 지금까지 이런 통찰력으로 무장한 소매점들은 상점 내에서의 경험을 최적화해왔다. 소비재 브랜드들은 소비자 참여를 위해 어떻게 기술을 활용하고 있을까?

디지털 참여의 기회가 쉽게 수용되는, 상점 밖 세계에서 그 답을 쉽게 찾을 수 있다. 레이즈Lay's는 소비자들에게 가장 좋아하는 감자칩 맛을 알려 달라고 요청했다. 밴드에이드Band-Aid는 증강현실을 이용해서 아이들에게 접착 밴드를 사용하도록 권했으며, 머펫Muppets(미국의 유명 어린이 프로그램 〈세서미스트리트〉에 나오는 캐릭터 인형-옮긴이)을 상처 위에 붙일 수 있는 상품을 만들었다. 영국의 아쿠아프레시Aquafresh는 게임 기반의 앱을 만들어 아이들이 2분 동안 양치질할 수 있도록 했다. 2014 월드컵은 역사상 가장 큰 소셜 이벤트였는데, 거기에서도 브랜드는 상당한 역할을 했다. 우리는 이제 대대적인 참여에서 벗어나 대대적인 개인화의 단계로 접어들고 있다. 코카콜라 병에 이름을 붙이는 '셰어 어 코크^{Share a Coke}' 캠페인이 큰 성공을 거둔 이유도 바로 이 때문이다.

기술의 경계가 허물어지면서 긴장된 상황이 연출될 수도 있다. 다이퍼스닷컴^{diapers.com}에서 팸퍼스^{Pampers} 기저귀와 아마존이 협력했을 때, 월마트 등은 달갑지 않은 기색을 보였다. 모든 혁명이 그렇듯이 소비자들 사이에서는 '이 모든 개인화는 진정한 콘텐츠를 지원받는 걸까? 아니면 대량생산된 제품을 구매하도록 만드는 속임수에 불과할까?'라고 의문을 제기하는 반발의 움직임이 포착되고 있다. 아마도 장인 정신을 추구하는 지금의 추세에서는 대대적인 개인화를 거부하고, 그보다는 개성과 인간의 기술로 유지되던 더 순수했던 시대와 역사적으로 이어진 진정성을 선호하기 때문일 것이다.

그렇다고 새롭게 오픈한 동네 커피 바^{bar}를 찾아온 손님들을 '기술 덕분에 많은 능력을 갖게 된 사람'에게 반기를 드는 극단적인 부류로 바라보는 것은 정확하지 않다. 새로운 커피 바에 대한 정보를 페이스북에서 얻었을 가능성이 크기 때문이다. 트위터에서 시장 상인들이 물건을 팔고, 유튜브에서 구식 손재주가 수백만 번 이상의 조회 수를 기록하고 있다. 이처럼 다양한 참여와 개인화가 가능해진 상황에서 드는 의문은

'나를 위한 가치는 어디에 있을까?' 하는 것이다.

이런 갈등 속에서 주류 브랜드가 한몫을 할 수 있는 기회가 생겨난다. 질레트Gillette는 모벰버(Movember, 11월에 콧수염을 기르는 남성의 건강을 위한 캠페인-옮긴이)와 모벰버보다 장기적인 '수염 기르기' 대회를 활용해 남성 외모에 관한 홍보를 시도하고 있다. 지금까지는 팝업 홍보 방식이지만 면도 기술과 요령 면에서 제 역할을 보여주는 방법이 될 수 있다.

실감 나고 훌륭하게 설계된 경험이 고객의 선택을 끌어내고 충성도를 만들어 내는 사례가 목격되는 지금, 모든 브랜드는 되도록 많은 경험을 제공하기 위해 노력해야 한다. 기술은 플랫폼을 얻기 위해 고군분투하는 브랜드에 상당히 요긴하다. 게다가 이제는 어떤 브랜드이건 스마트폰을 매개로 경험할 수 있는 시대가 되었다.

가장 큰 기회는 매장 내에 있을 가능성이 크다. 모바일 기술이 쇼핑 중인 고객에게 원하는 것을 찾도록 도와주고 제안하며, 제품 사용에 관한 아이디어를 제공한다. 소비자들은, 각자 가지고 있는 데이터를 이해하고 혁신적인 브랜드가 개인의 삶을 더 편하게 만들기 위해 데이터를 어떻게 활용하는지 확인하기 시작했다. 덕분에 변화가 일어나고 있다. 말하자면 "이봐, 브랜드. 나한테 어떤 맛을 만들어야 하느냐고 묻지 마. 난 데이터가 있다고! 내가 좋아할 만한 걸 제안해봐. 여기 내 데이터 있지? 그러니까 이제 빨리 날 만족시켜 보라고. 안 그러면 매장 밖으로 나갈 테니까"라고 압박하는 것이다.

당신의 시대 소비자들은 데이터가 제공하는 힘을 더 현명하게 사용할 것이고, 여기에 대응하는 방법을 알고 있는 소비재 브랜드가 경쟁의 승자로 부상할 것이다.

프레드 버트 Fred Burt, **인터브랜드 글로벌 전무이사**

예술과 문화, 브랜딩이 예술을 구할 수 있을까

역사적으로 예술단들은 그들 역시 브랜드라는 아이디어를 쉽게 수용하지 못했다. 브랜드는 상업적인 비즈니스로 인식되었고, 따라서 영혼, 정신, 문화 또는 지적인 콘텐츠가 결여되었다고 보았다. 그런데 2000년, 테이트^{Tate} 갤러리의 브랜드 혁신과 테이트 모던^{Tate Modern}의 개장은 전환점이 되었다. 그것은 다양한 이유에서 과거 예술 분야에서 진행된 여타의 브랜드 프로그램과는 달랐다. 테이트 측은 영감 제공과 혁신 면에서 예술 조직의 브랜드가 예술 작품이 의도하는 것보다 못하란 법은 없다고 생각했다. 그 생각을 바탕으로 테이트는 예술 브랜드의 역할에 관한 전통적 고정관념 중 상당 부분에 도전했다. 14년 후, 테이트의 성공은 문서로 기록되었다. 지금도 테이트 브랜드의 각본을 크게 벗어난 문화 기관은 거의 없는 실정이다.

현재 시각예술과 공연 예술 참여자들 대부분은 계속되는 어려운 도전 과제에 직면하고 있다. 개인과 공공 분야 모두 지원에 제약이 있고, 새로운 회원 가입뿐 아니라 기존 회원도 줄고 있다. 관객의 연령대가 높아지고 있지만 젊은 관객을 늘릴 수 있는 기회는 제한되어 있다. 뉴욕의 메트로폴리탄 오페라극장^{Metropolitan Opera House}처럼 선망의 대상인 시설들마저 늘어나는 비용과 줄어드는 관객 때문에 미래가 암울하다. 심지어 대중에게 잘 알려져 있을 뿐 아니라 어디서나 쉽게 찾아볼 수 있는 고화질 영화관을 이용한 생방송 프로그램 역시 신규 오페라 관객 형성 면에서는 거의 효과가 없다.

이런 상황이다 보니 냉철한 의문들이 생겨난다. '메트로폴리탄 오페라극장을 비롯해 심각한 도전 과제에 직면한 기관들이 왜 브랜드를 최우선순위로 생각하지 않는 걸까? 이것보다 더 중요한 문제가 있을까?' 의아한 것도 당연하다. 하지만 예술 조직들은 여전히 각자의 로고만 만지작거릴 뿐이고, 그 주변에서 실질적 문제들은 활활 불타오르고 있다.

불만족스러운 상황이 한동안 지속될 테지만, 브랜딩 프로그램은 아직도 조직 홍보와 커뮤니케이션에 갇혀 있다. 브랜드 프로젝트가 성공하기 위해서는 조직의 여타 부분과 일관적으로 연계되어야 한다. 브랜드 전략이 조직의 전략과 연계될 때 조화를 이뤄야만 일관된 경험이 전달되어 사람들이 계속해서 예술 행사를 찾도록 만들 수 있다. 테이트 갤러리는 2000년에 이미 이런 사실을 이해하고 있었다. 최근에는 여타 조직들도 비슷한 방식으로 브랜드를 더욱 효과적으로 사용하기 시작했는데, 성공적인 접근 방식들의 공통점은 다음 세 가지다.

결합된 생각

각 공연과 전시는 투자를 받은 만큼 조직과 브랜드를 위한 성과를 내야 한다. 걱정스럽게도 이런 투자가 관객 사이에서 브랜드에 대한 인식으로 이어지는 경우는 매우 드물다. 그런데 일부 조직은 행동과 연계가 높은 접근 방식을 통해서 대응하고 있다. 예를 들어, 브루클린 음악아카데미BAM, Brooklyn Academy of Music에서는 축제를 다양한 행사와 공연의 접점으로 삼았는데, 덕분에 더 효과적인 마케팅 방법이 활용되었을 뿐 아니라 BAM과의 거리를 좁히는 임계질량이 만들어졌다. 인터브랜드와 수년째 협력 관계를 유지하고 있는 시드니의 그리핀 시어터 컴퍼니Griffin Theatre Company는 로고와는 관계없는 브랜딩 시스템을 통해서 브랜드 연계와 관련된 문제를 성공적으로 극복했다. 그리핀 시어터 컴퍼니는 새로운 극본에 집중해 스토리를 개발하고 생산하는 극장이다. 따라서 디지털 또는 물리적인 접점에서 모든 작품에 대해 일관적인 언어 체계를 짜내는 것이 해결책이었다.

경험의 재구성

호주 태즈메이니아 주의 주도 호바트Hobart는 세계적인 전통문화 센

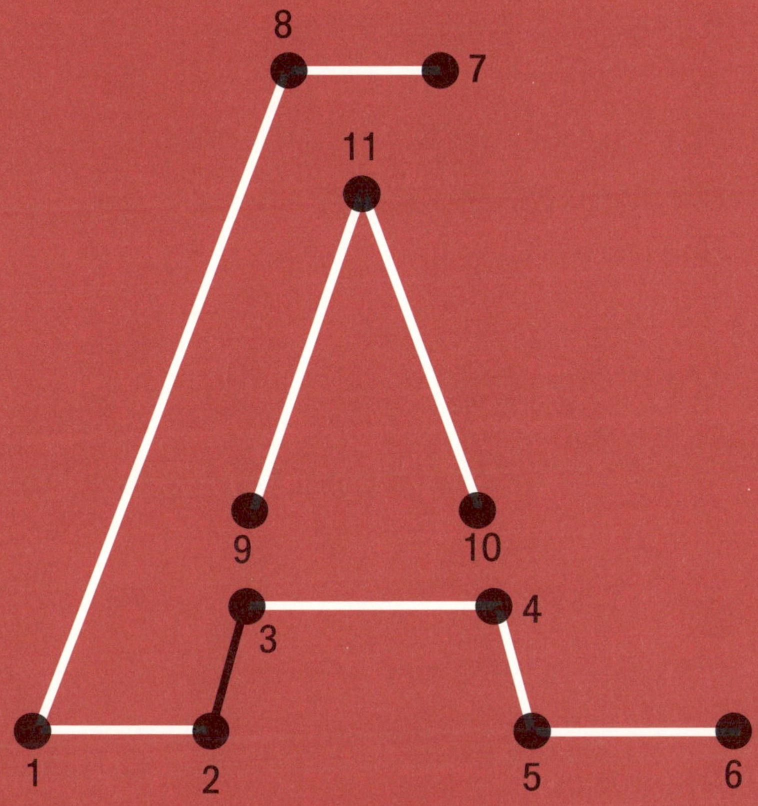

터에서 상당히 멀리 떨어져 있다. 그런데 그 덕분에 호바트의 모나박물관MONA, Museum of Old and New Art이 전통의 강력한 제약을 피할 수 있었는지도 모를 일이다. 모나박물관의 갤러리는 배를 타고 강을 따라 올라간 다음, 99개의 계단을 걸어 올라갔다가 다시 지하 입구로 내려가야 접근이 가능하기 때문에 관람객들에게 이동을 해야 도착한다는 개념과 함께 기대감을 심어준다. 모나박물관은 전형적인 박물관 색깔인 깨끗한 흰색을 거부하고 어두운 공간을 지향한다. 또, 직원들은 관람객들에게 예술품을 만지면 안 된다고 주의만 주는 것이 아니라, 박물관에 대한 열정을 표현하는 전도사들이기도 하다. 전시품 옆에는 작은 명판 하나 찾아볼 수 없다. 그 대신 'O'라고 불리는 모바일 기기가 관람객의 위치를 확인한 후, 어렵고 도발적일 수도 있는 예술 작품들을 다양한 시각에서 설명한다. O는 관람을 돕고, 사람들이 좋아하고 싫어하는 작품의 비율을 확인하며, 각 관람객의 의견을 비교한다. 이 모두가 아주 특별한 예술과 브랜드 경험으로 이어지고 있다. 그 결과, 2012년 여행 잡지 〈론니플래닛Lonely Planet〉은 모나박물관이 있다는 이유 하나만으로 호바트를 꼭 방문해야 하는 세계 10대 도시로 선정했다.

돈으로 개선되는 관계

기금이 전보다 훨씬 줄어든 예술 조직들은 몇 가지 도전 과제에 직면하게 되었다. 오페라 오스트레일리아Opera Australia는 오페라를 전통적인 극장이 아니라 쿨랑가타Coolangatta 해변이나 시드니 항구 등 친숙한 장소로 옮겨 와 호주 시민들이 오페라를 더 자주 보러 오도록 설득하는 데 성공했다. 따라서 매출 역시 증가했다. 일부에서는 창의적 형태의 지원을 얻기 위해 노력하고 있다. 공공의 지원과 재원을 얻기 위한 새로운 방법으로 크라우드펀딩(crowdfunding, 소셜미디어나 인터넷 등을 활용해 자금을 모으는 행위-옮긴이)이 있다.

어려운 운영 환경에서 일부 조직들은 과거 규칙을 다시 쓰거나 버리는 중이다. 그들은 개별적으로 또는 서로 힘을 모아 예술과 문화의 새로운 미래를 보여주고 있다.

데이미언 보촉 Damian Borchok **, 인터브랜드 호주 · 뉴질랜드 CEO**

자동차, 커넥티드 모빌리티의 새로운 시대를 맞다

2015년이 되면 멋지고 반짝이는 은색의 미래형 옷을 입은 사람들이 자동차를 타고 빛나는 유리로 덮인 도시를 날아다닐 거라고 생각했던 유년 시절을 기억하는 사람들이 있을 것이다. 그런 상상이 앞으로 1년 내에 실현되지는 않겠지만, 지금의 자동차 산업은 1913년 헨리 포드가 자동차 생산 시설을 발명한 이후로 가장 혁신적인 변화를 겪고 있다. 다양한 요소가 현재의 변화를 이끌고 있는데, 그 덕에 사람과 전 세계 자동차 브랜드의 관계가 크게 영향을 받고 있다.

그중 하나는 도시화로 인한 교통 체증과 대기오염이다. 더 깨끗하고 효율적이며 스마트한 이동 방식에 대한 요구가 자동차 산업의 혁신을 가속화하고 있다. 공해를 전혀 배출하지 않는 새로운 내연기관을 만들려는 노력은 각종 문서에도 잘 기록되어 있다. 거의 모든 제조업체가 대안적이고 깨끗한 추진 장치로 전기차나 연료전지를 개발 중이다.

무엇보다 자율주행자동차autonomous vehicles 경쟁이 가장 흥미롭다. 자율주행자동차 기술은 차량의 안전을 크게 제고하고, 통합적인 교통관리 시스템과 연계해서 교통 체증을 줄일 수 있으며, 고속도로를 달리는 차량들 간의 안전거리를 유지하는 데도 도움이 된다. 자율주행은 사람들의 운전 방식과 차량 사용법을 바꿀 것이다. 아침 조깅을 한다면? 정해진 장소에 차를 대기시키면 된다. 오늘 차가 필요한데, 파트너 역시 차가 필요하다면? 차에게 직장까지 갔다가 혼자 집으로 돌아오라고 시키면 된다. 미래의 자동차는 주인이 불러주기를 기다리면서 도시를 혼자서 다닐 수 있게 될 것이다.

또 밀레니엄 세대는 예전 세대와 달리 차가 사회적 지위를 반영한다고 생각하지 않는다. 이런 상황에서 자동차 제조업체는 차량 판매를 지속할까? 아니면 이동을 위한 솔루션 제공자로 바뀌어야 할까? 공유경제의 인기 덕분에, 원할 때마다 자동차를 사용할 수 있는데 굳이 차를 사야 할까? 자동차 브랜드는 필요한 시기에 적절한 차량을 제공하는 유연한 대여 조건을 내놓거나, 단독 소유권이 아닌 사용별 지불 옵션을 제공함으로써 소비자 경험을 진화시킬 필요가 있다. 기업들은 산업의 공급망 속에서 자사의 입지를 확인하고, 소비자를 중심으로 차별화된 이동 생태계를 제공해야 한다.

이처럼 자동차 비즈니스에서 브랜드의 역할은 빠르게 변화하고 있다. 20년 전, 자동차 전문가에게 어떤 차를 사야 할지 물어보면 "저 차는 엉망이에요. 전기장치가 형편없죠"라고 하거나 "피아트Fiat 문들이 녹슬지 않았는지 주의해서 봐야 해요"라는 식의 기능에 관한 이야기를 들을 수 있었다. 이제는 모든 자동차가 믿고 의지할 수 있을 만큼 품질이 좋아졌다. 소비자들은 관계 맺을 수 있는 브랜드를 선택해서 자동차를 결정한다. 무엇보다 강조되는 것은 브랜드의 부드러운 면으로서, 그것은 고객과 강력한 정서적 고리를 형성한다. 기업에게 포지셔닝과 커

뮤니케이션은 어려운 문제이다. 그래서 소비자 경험이 더 중요해지고 있다. 만약 자동차 기능에 큰 차이가 없다면 온라인이나 영업소에서 얻은 경험의 질이 더욱 결정적 요소가 된다.

커넥티드 카의 시대가 바로 코앞으로 다가왔다. 벌써 몇 년째 스마트폰과 태블릿PC를 사용하고 있는데, 그에 비해 자동차는 우리의 기대에 훨씬 미치지 못하고 있다. 자동차의 사물인터넷이 가능해지면, 자동차와 다른 사물 간의 끊임없는 연결이 더욱 중요해질 것이다. 구글은 벌써 자동차 산업 분야에서 한몫을 노리고 있다. 삼성과 애플, 마이크로소프트가 구글의 뒤를 따르기까지 얼마나 오랜 시간이 걸릴까? 그 기업들은 자동차가 소비자 정보로 향하는 문이며, 커뮤니케이션 방법으로서 새로운 기회를 제시한다는 사실을 모두 인식하고 있다.

자동차를 통한 데이터 수집 때문에 가능해진 정보의 개인화는 앞으로 계속 늘어날 수밖에 없다. 이는 잠재적으로 자동차 브랜드 정체성의 오랜 특성을 변화시키고 있다. 사람이 어디에서 속도를 높이고, 어디를 가는지 자동차가 알게 된다면, 무엇보다 중요해지는 것은 신뢰다.

중산층이 꾸준히 늘고 있는 중국, 인도, 브라질 등의 신흥 시장은 향후 몇 년간 자동차 기업들의 치열한 격전지가 될 것이다. 자동차 비즈니스 모델이 하루아침에 달라지지는 않을 것이다. 하지만 사람을 중심에 두는 자동차 개발은 이미 시작되었다. 모양이나 맞춤형 기술 측면에서 자동차의 개인화가 늘고 있다. 또 한발 더 나아가 자동차 기업들이 자동차가 아닌 전체 이동 중에서 차지하는 몫을 늘리기 위해 경쟁하고, 사람을 중심으로 만들어진 브랜드 생태계를 제공하기 위해 노력하는 모습을 보게 될 것이다. 따라서 자동차는 젯슨Jetson 만화처럼 하늘을 날지는 못해도 A 지점에서 B 지점으로 더 자유롭게 이동하게 될 것이다.

대니얼 빈스Daniel Binns, 인터브랜드 뉴욕, 글로벌 브랜드 엔지니어 전무이사

비즈니스 서비스, 제품은 서비스의 미래일까

스파이크 존즈Spike Jonze 감독은 오스카 시상식에서 〈그녀Her〉로 각본 상을 수상하면서 이렇게 물었다. "언제 기술은 인간이 될까요?" 영화에서 호아킨 피닉스Joaquin Phoenix는 사만다라는 이름의 최첨단 운영체계와 깊은 관계를 맺는다. 이 영화는 아이튠즈에서 '디지털 시대의 친밀함과 진정성에 대한 포괄적 고찰'이라는 평가를 받았다. 또 어쩌면 이 영화는 비즈니스 서비스의 미래에 대한 비전일지도 모른다.

비즈니스 서비스 분야에 대한 평가는 만물의 이치를 따른다. 가치의 시대 동안, 기업 컨설팅과 자문은 그 깊이를 더하고 전문성을 쌓으며 성장했다. 한때는 금본위제도에 비유될 정도로 강력한 컨설팅과 자문 업체가 출현했고(아서 앤더슨Arthur Andersen), 그다음에는 CEO들의 컨설턴트가 인기를 끌었다(매킨지McKinsey). 그 후 이 업체들은 거대한 기업으로 거듭났다(예컨대 베이커 앤드 매켄지Baker & McKenzie). 시간이 흐르면서 시장 진입이 이루어졌고, 차별화는 더욱 어려워졌다. 비즈니스 서비스는 경험의 시대를 맞게 되었고, 그 핵심은 새로운 방향과 서비스로 확대되었다. 매킨지는 비즈니스 전략에 리스크를 더했고, 액센츄어Accenture는 비즈니스 프로세스 아웃소싱(Business Process Outsourcing, 경쟁력 강화를 위해 핵심 역량을 제외한 회사 업무 처리의 전 과정을 외부 전문 업체에 맡기는 전략적 차원의 아웃소싱 방식-옮긴이)을 덧붙였다. 세계 4대 회

계 기업들은 역량을 확대하고 새로운 경험을 만들어 내기 위해서 열 댓 개에 달하는 작은 회계 기업들을 합병했다.

2014년에도 통합은 계속되었다. 가장 눈에 띄는 사건은 프라이스워터하우스쿠퍼스[PwC, PricewaterhouseCoopers]가 전략 컨설팅 업체인 부즈앤컴퍼니[Booz & Company]를 인수해서 스트레티지앤드[Strategy&]로 이름을 바꿨다. PwC의 CEO는 인수를 발표하면서 그 이유를 "기업들에게 외부적인 전략 조언을 제공하는 데서 끝나는 것이 아니라 실행 결정을 내리도록 돕겠다는 진정한 바람에서"라고 언급했다. 즉 구경만 하는 게 아니라 실질적 결과를 얻도록 돕겠다는 뜻이다.

그러더니 영화 〈그녀〉 속 사만다와 비슷한 아멜리아[Amelia]가 비즈니스 서비스에 소개되었다. 아멜리아는 클라우드 속에 있지만 영화가 아닌 진짜이다. IP소프트[IPSoft]가 개발한 아멜리아는 '인지적 지식을 가진 근로자'로 설명되었으며, 사람들이 일하는 콜센터와 같은 일상적인 비즈니스 자동화 노력에 인지과학 이론을 접목해 창조되었다. IP소프트에 따르면 아멜리아가 사람처럼 배울 수 있고, IQ와 EQ를 모두 가지고 있으며, '반복적이고 영감을 제공하지 않는 일상의 잡무'로부터 '높은 가치를 지닌 인간의 능력'을 해방시킬 수 있다고 한다. 〈월스트리트저널[Wall Street Journal]〉은 '아멜리아의 데이터에 답이 있는 문제는 모두 해결할 수 있다'고 보도했다.

아멜리아는 제록스[Xerox]처럼 서류 관리나 수수료 징수 등의 비즈니스 절차를 관리하고 자동화하는 서비스 기업들에게 놀라운 가능성을 제시하는 기술이다. 하지만 수준 높은 조언과 컨설팅 서비스는 어떨까? 기술이 사람 사이의 비즈니스에서 사람을 대체할 수 있을까? 가능하다.

비즈니스 서비스에는 두 가지 불변의 진실이 존재한다. 첫째, 고객이 언제나 능력곡선capability curve을 따라 이동한다. 둘째, 기업은 언제나 덜 소비하길 원한다.

두 번째 진실은 더 이상의 설명이 필요 없으므로, 첫 번째를 자세히 살펴보자. 해가 지날수록 대부분의 기업 고객은 경험을 쌓고, 능력을 개발하고, 사외 컨설턴트를 풀타임으로 고용하면서 더 똑똑해진다. 하지만 기업들의 경험이 쌓이는 속도는 다양한 분야에서 벌어지는 혼란에 따라 느려지기도 하고 빨라지기도 한다. 적시 제조Just in time (JIT) manufacturing, 전사적 자원 관리ERP, enterprise resource planning, 순수추천 고객지수 NPS, Net Promoter Scores, 디지털 기술, 세계화, 규제 개혁 등의 혼란은 모두 기업의 능력 개발을 더디게 만든다. 하지만 결국 기업들은 능력을 회복한다. 이처럼 고객은 언제나 더 똑똑해진다.

이 두 가지 진실 때문에 향후 모든 비즈니스 서비스 브랜드는 존즈 감독과 똑같이 '사람을 대체할 수는 없는 걸까?' 하는 까다로운 의문을 제시하게 될 것이다. 성장하기 위해서는 '대체할 수 있다'는 답이 필요하다. 기술은 비즈니스의 모든 분야를 변화시키고 있다. 그리고 결국에는 사람이 기반인 분야 역시 파괴되고 변화할 것이다. 고객은 더 빠른 속도와 효율성, 혁신을 요구한다. 서비스 브랜드는 사람이 가진 제약을 발견하고 기술에서 답을 찾게 될 것이다. 그러지 않는다면 도움을 제공하지도 못하고 결국에는 연관성을 잃어버릴 위험에 놓일 수밖에 없다.

그냥 하는 소리가 아니다. 기업에 전략을 제공해온 매킨지는 자체적인 제품 플랫폼인 매킨지 솔루션McKinsey Solutions을 개발했다. 매킨지 측 설명에 따르면 85년에 걸친 매킨지 산업과 기능적 전문성을 데이터, 분석, 툴과 결합해서 복잡한 문제를 더 분명하게 이해할 수 있도록 돕는 솔루션이라고 한다. 그냥 구경꾼이 아니라 진짜 제품, 진짜 결과물이다.

기술로 가능해진 제품화는 비즈니스 산업의 미래이다. 그리고 이제 그 미래가 가까워졌다. 다만, 악몽이 될지 성공 스토리가 될지는 아직 두고 볼 일이다.

조시 펠드메스Josh Feldmeth, 인터브랜드 북아메리카 CEO

헬스케어, 행복 추구에 주목하다

헬스케어 분야에서는 당신의 시대를 가장 분명하게 확인할 수 있다. 우리는 편안하게 소파에 앉아 핏빗Fitbits 홈페이지에서 자가 측정을 공유하고, 병원 진료를 예약한다. 하지만 21세기의 선호에 자극받은 다른 산업과 달리 헬스케어 분야에서 나타나는 소비자의 수요 증가와 필수적인 최첨단 기술, 혼란은 독특하면서도 규모가 크다. 대대적인 변화가 일어나고 있고, 우리가 원하든 원하지 않든 이제는 헬스케어를 무시할 수 없게 되었다.

우리는 각자의 건강과 의학적 치료에 관해 알아야 할 필요가 있다. 그런데 그 과정에서 브랜드가 아주 큰 부분을 담당하게 된다. 헬스케어 산업의 각 분야는 이런 변화를 어느 정도 인식하고 있고, 기업은 소비자를 참여시키고 그들에게 정보를 알리는 방법을 찾고 있다. 발 빠르게 움직이고 소비자 경험을 제고하기 위해 노력하는 브랜드는 성공을 향해 달리고 있다. 그들은 시장의 혜택을 분명하게 밝히고 사람들이 삶을 통제하도록 도우면서 궁극적으로 다른 어떤 분야보다 더 큰 충성도를 만들어 낼 수 있다. 옵션이 많아지면 사람들은 유행이나 할인보다는 정확성과 신뢰성, 명료성을 선택하게 되고, 그 결과 음료수를 살 때와 달리 혈당측정기를 사기 위해서 가격을 검색하는 일은 줄어들 것이다.

환자보호 및 부담적정보험법^{Patient Protection and Affordable Care Act, 오바마케어}은 헬스케어 분야에 큰 영향을 미치는 정도에서 그치지 않는다. 오바마케어로 인한 변화는 세계적이다. 또 이 변화는 새로운 헬스케어 기술의 적용(전자 헬스케어 기록과 3D 프린터), 인구 고령화, 그리고 국가 헬스케어 비용을 감소하려는 정부의 종합적 노력 등 다양한 요인에 따라 진행되고 있다. 이 모든 의미를 소비자—공식적으로는 환자라고 한다—는 스스로 알아내야 한다. 전략적 사고에 적응한 브랜드는 다른 경쟁자들을 앞서 나가게 될 것이다. 헬스케어 분야에서 일어나는 변화의 강도를 알아챈 브랜드와 그러지 못한 브랜드의 격차는 더욱 벌어질 수밖에 없다.

소비자 중심

헬스케어 브랜드는 스스로를 B2C 기업으로 생각해야 한다. 전통적인 B2B 기업들도 마찬가지다.

일례로 미국의 생명보험회사 시그나^{Cigna}는 'Together, all the way'라는 제목의 권한 플랫폼을 기반으로 보험을 제공하고 있다. 과연 효과가 있을까? 그 결과는 시그나가 소비자, 그중에서도 특히 직장의료보험 대신 시그나를 선택하는 소비자들과의 상호작용이 일관적인지 여부에

달려 있다.

투명성

사람들을 검사하고, 진단하고, 헬스케어 기록을 모으는 기업들은 정보를 안전하고 완벽하게 공유하는 방법을 배우지 않으면 유전자분석 서비스업체 23앤미23andMe와 같은 개인화 기업들에게 소비자를 빼앗길 것이다. 더 나은 치료와 의약품에 대한 개별화된 접근을 위해 빅데이터를 사용하기 시작한 지금, 전자 헬스케어 기록과 의학 정보 공유는 이제 시작일 뿐이다.

개인화

요즘 병원들이 환자를 위해 무엇을 하고 있을까? 병원들은 소비자를 만족시킬 비즈니스 모델을 받아들이기 시작했다. 경쟁이 심화되면서 병원은 저렴한 가격으로 더 나은 서비스를 제공하기 위해 합병을 통해 몸집을 불리고 있다. 게다가 이제는 소비자 경험 면에서도 앞서 나가야 한다. 사생활이 철저하게 보장되는 안락한 병실과 훌륭한 식단, 함께 치료받는 환자들이나 간병인의 태도는 병원을 선택할 때 고려해야 하는 중요한 요소가 될 것이다.

거대한 블록버스터 급 시장에서 기하급수적으로 성장했던 제약 회사들은 이제 더 발 빠르게 움직여 자가면역 장애와 같이 전체 환자 수가 적은 틈새시장에 집중하고 있다. 제약 회사들이 거대 시장 밖에서 해답을 찾아 더 빠른 성장을 기대하고 비용을 줄이기 위해 틈새시장에 집중하면서 각 개인에 맞는 의약품을 제공하는 접근 방식이 시장을 이끌어갈 것이다.

편의성

소비자의 요구를 충족하고 종합적인 의료 서비스를 제공하는 의사의 부족을 메우기 위해서 약국, POC(point of care, 한 곳에서 모든 의료 서비스를 제공할 수 있는 현장 진단-옮긴이), 컨시어지 메디신(고소득층 사이에서 시행되는 서비스로 환자가 추가 비용을 지불하고 즉시적인 대응을 기대할 수 있다-옮긴이) 등이 지역 헬스케어 센터로 발전하고 있다. CVS(미국의 거대 약국 체인-옮긴이)는 담배 판매를 중단하기로 결정해 파장을 일으켰지만, 그보다 더 중요한 것은 월마트를 포함한 약국 체인들이 현장 임상 서비스를 확대할 것이라는 사실이다.

소비자와 헬스케어의 크로스오버

소비자 영역에서 활동하던 거대 기업들이 지속적으로 신뢰를 쌓으면서 새로운 헬스케어 서비스를 통제하게 될 것이다. 하지만 소비자 영역에서 성공했다고 무조건 헬스케어 영역에서 성공하는 건 아니다. 구글와 노바티스Novartis의 스마트한 파트너십, 또는 나이키의 새로운 피트니스 보상 기계 같은 발 빠른 캠페인 등이 그 브랜드들이 성공할 수 있는 방편이다.

이 모든 상황이 어떤 결과로 이어질지는 확신할 수 없다. 다만 어떤 헬스케어 브랜드가 당신의 시대를 이끌어가게 될지 기대할 뿐이다.

제인 파커 Jane Parker, **인터브랜드헬스 CEO**

럭셔리,
이다음을 알고 싶으면
별을 보라

럭셔리 산업을 정의하기는 어렵다. 정확한 개념을 잡기 어렵고, 어느 정도 타협을 해야만 정의를 내릴 수 있기 때문이다. 럭셔리의 개념은 특정 제품과 서비스에 제한되지 않는다. 그것은 극단적인 정점에서 만들어진 관계를 의미한다. 럭셔리 기업의 시각에서 럭셔리를 제공하는 과정은 타협할 수 없다. 소비자의 마음과 생각 속에서 럭셔리는 의식적인 만족감을 약속한다. 과거 항해에 도움을 주던 밤하늘의 별자리처럼 럭셔리 산업은 앞으로의 트렌드를 점칠 수 있는 분야다.

럭셔리 브랜드는 뛰어난 스토리텔링을 비즈니스 세계에 처음 선보인 브랜드 중 하나였다. 럭셔리 브랜드는 정확한 타깃 소비자를 공략하고, 그들이 정체성을 드러낼 수 있도록 도왔으며, 지위를 표현할 수 있도록 상징적인 표시를 제공했다. 럭셔리 브랜드는 제품 구매와 판매를 드라마처럼 극적이면서도 일관적인 경험으로 바꾸었다. 여타 산업의 기업들에서 마케팅은 하나의 부서가 담당하는 일이었지만 럭셔리 브랜드는 공급망 관리에서부터 핵심 역량까지, 기업의 모든 면을 브랜딩에 포함시켜야 한다는 사실을 증명했다. 전 세계가 어디에서나 통하는 브랜드 정체성을 정립하려고 노력할 때, 그와 반대로 럭셔리 브랜드는 갖고 싶다는 욕망을 대표하는 럭셔리 브랜드의 상표를 과소포장하기 시작했다.

전보다 더 폭이 넓어진 오늘날의 비즈니스 세계에서 럭셔리 브랜드들의 중요한 공헌은 아마도 개인주의 개념을 더욱 심화시킨 일일 것이다. 독특한 주문 제작 아이템을 중심으로 가치를 창출하는 모델이 한때 럭셔리 브랜드의 전유물이었지만 이제는 모든 제품과 서비스 분야에서 요구되는 보편적인 것이 되었다. 지난 10년 동안, 스마트폰은 생체인식 능력을 갖게 됐고, 탄산음료수 병을 맞춤형으로 디자인할 수 있게 됐으며, 또 어떤 사람들은 스스로 브랜드가 되어 수십 억 명의 잠재 청중을 대상으로 방송하고 있다. 이처럼 고도의 개인적 특성을 갖는 비즈니스는 사실 지난 200년 동안 개성을 중요시하고 표준을 거부했던 럭셔리 브랜드의 모방이다.

한때 전통적인 장인 정신과 뛰어난 재료만으로 달성 가능했던 것들이 이제는 기술로 가능해졌다. 그 결과 대단히 흥미로운 패러다임 변화가 일어나고 있다. 럭셔리 제품의 특별함은 한때 (그리고 지금도) 노동 집약적이면서 비용 대비 수익이 높은 모델의 결과물이었지만, 이제는 정보를 기반으로 측정 가능한 비즈니스 구조로도 만들 수 있다.

'럭셔리'는 고객의 욕구에 최적화되고, 포괄적인 경험을 제공하며, 고객이 자신을 표현할 수 있도록 돕기 위해 디지털 기술의 장점을 근본적으로 배가했다. 하지만 그것은 동전의 한 면일 뿐이다. 한편으로 럭셔리 브랜드들은 자신들의 가치를 드러내는 방식을 변화하고, 바꾸기 위해서 디지털 기술을 활용한다. 만약 럭셔리 브랜드가 늘 비즈니스 세계에서 앞장섰다는 것을 인정한다면, 럭셔리 산업에서 벌어지는 일들이 다른 산업의 미래를 알려줄지도 모른다는 사실을 이해할 수 있다.

럭셔리 브랜드 중 디지털 스토리를 가장 먼저 시도했던 버버리Burberry는 디지털 기술과 물리적 기술의 경계를 지속적으로 무너뜨리고 있다. 두 가지를 함께 사용해야 더 효과적이라는 사실을 알기 때문이다. 코번트가든 뷰티박스(Covent Garden Beauty Box, 버버리가 코번트가든에 만든 메이크업 제품 오프라인 매장, 버버리는 물리적인 매장에 디지털 홍보를 접목했다-옮긴이)가 대표적인 예다. 한편 다른 브랜드들은 미디어와 콘텐츠 내에서 직접 구매가 가능한 절차를 만드는 데 집중하고 있다. 이미지 인식image recognition 등 상대적으로 저렴한 기술로 인식과 분석 기능을 감각에 덧붙여 소매 공간을 재구성한다.

전기자동차 회사 테슬라 모터스Tesla Motors는 전기자동차 구매 요인을 단순히 위험을 줄이려는 노력이 아니라 소비자들의 순수한 선택으로 변화시키고 있다. 사람들이 죄의식 때문에 전기자동차를 사는 것이 아니고 전기자동차 사용이 더 올바를 뿐 아니라 테슬라 자동차가 이상적인 선택이기 때문에 구매하도록 인식을 제고하는 것이다.

다른 분야의 브랜드들이 '언제나 연결된always connected' 상태를 약속하는 반면, 다양한 배경을 가진 럭셔리 브랜드들은 가치를 전달하기 위해서 스스로를 부정하고 있다. 예를 들어, 구찌Gucci나 루이비통Louis Vuitton은 로고를 붙이지 않은 제품에 집중해 제품을 확인할 수 있는 표시를 없애

거나 줄이도록 재포장하고 있다. 익명성이나 브랜드를 숨길 수 있다는 약속이 브랜드를 더 욕심내도록 만들 수 있기 때문이다. 특히 대중에 노출되고 관심 받는 것을 원치 않는 유명 소비자들도 있다.

웨어러블 기술은 현재 모든 사람의 레이더에 걸린 주목받는 관심사이다. 지금까지 지식과 기억에 관한 제품과 경험을 만들어온 럭셔리 브랜드는 매우 독특하면서도 의미 있는 방식으로 웨어러블 기술을 결합시킬 가능성이 있다. 기술의 시대에 가장 중요한 지능과 콘텐츠, 메모리의 연관성이 가장 높은 분야가 바로 럭셔리 분야이기 때문이다. 럭셔리 산업은 기존의 활용법에 새로운 방법을 조합해서 미래의 기준을 창조해 낼 가능성이 크다.

계속해서 별을 바라보자. 그것들이 방향을 알려줄 것이다.

맨프레디 리카Manfredi Ricca, 인터브랜드 밀라노 전무이사
리베카 로빈스Rebecca Robins, 인터브랜드 EMEA & LatAm 전무이사

에너지, 힘과 가능성의 새로운 시대를 향하여

현재 지구에는 70억 명의 인구가 살고 있고, 지금도 계속 증가하고 있다. 인구 증가는 전력, 식량, 이동에 필요한 에너지에 대한 갈구를 동반한다. 현재 17억 명이 전기를 사용하지 못하고 있으며, 25억 명은 건강에 해로운 연료로 난방과 조리를 해결하고 있다. 에너지 불평등은 경제적 활력을 떨어뜨리고, 정치적 불안에 불을 지피며, 빈부 격차를 심화한다. 전 세계 에너지 공동체는 에너지가 모든 인류의 건강과 복지를 개선하는 데 중요한 역할을 한다는 사실을 감안해 계속 투자하고 에너지 접근성을 개선하기 위해 노력하고 꾸준히 혁신해야 한다.

인류에 대한 에너지 산업의 책임은 부정할 수 없으며 매우 막중하다. 에너지 산업에서 꾸준한 브랜드 관리로 인류에 공헌할 수 있는 분야는 에너지 개발, 배급, 최종 소비자의 사용 등 세 가지로, 도전정신을 갖고 끊임없이 기회를 만드는 브랜드와 기업만이 명성을 얻을 수 있을 것이다.

내부적인 특성에 집중되었던 에너지 산업의 스토리는 밖으로 눈을 돌려 사회 공헌으로 바뀌어야 한다. 수십 년 동안 에너지 산업은 안전성, 신뢰성, 비용을 중심으로 변죽만 울려댔다. 혁신은 새로운 연료의 원천을 찾고, 새로운 안전 절차를 적용하며, 효율성과 비용 절감을 위한 기술을 실행할 변화의 엔진이다. 새로운 연료 발견 등등은 이제 모든 산업이 함께 짊어질 과제다. 에너지 수요 증가와 유한한 자원 때문

에 발생하는 도전 과제 앞에서 에너지 산업은 반드시 관점과 스토리를 바꿔야 살아남을 수 있다.

에너지는 자본집약적 산업이다. 비즈니스와 기업을 확장하기 위해서는 자본이 필요하다. 에너지 브랜드들은 더 많은 에너지를 원하는 세계적 요구를 충족하기 위해서 금융시장과 협력하고, 협상을 시작하고, 투자를 촉구하며, 충성도에 보상을 제공해야 한다. 투자 심리를 높이기 위해 브랜드 스토리를 수정하도록 에너지 브랜드들에 압박을 가하는 기준이 속속 적용되고 있다. 지금도 그렇지만 앞으로는 더더욱 '환경, 사회, 거버넌스$^{ESG, environment, social, and governance}$'가 투자 전략과 산업의 언어를 좌우할 것이다. 투자를 결정할 때 환경은 중요한 기준이며, 단순히 규제를 준수하는 것에 그치는 것이 아니라 환경을 관리하는 수준으로까지 발전해야 한다. 지금의 기후변화는 우리가 누리는 번영의 결과물이며 한편으로 에너지 산업에 그 책임이 있음은 부정할 수 없는 사실이다. 에너지 브랜드의 사회적 책임은 필수적이다. 에너지 브랜드가 지역사회에 어떻게 공헌하는지 세밀하게 검증되고 있다. 에너지 개발이 새로운 지리적 위치로 확장되고 새로운 에너지원이나 정유시설이 개발되면 우려는 더욱 커질 것이다. 에너지 산업의 영향을 최소화하고 운영 능력에 대해 신뢰를 심어주기 위해서는 거버넌스에 따라 산업의 행동과 과정이 정해져야 한다.

새로운 스토리와 함께, 에너지 산업은 STEM(과학, 기술, 공학, 수학)

프로그램에 대한 지원을 계속할 필요가 있다. 에너지 효율, 바이오 연료, 재생에너지, 깨끗한 에너지원 분야의 발달은 에너지 산업의 난제를 풀기 위해 최고의 인재를 모을 기회이다. 2008년 딜로이트^{Deloitte}에서 예측한 인재 유출은 이제 현실이 되었다. 에너지 브랜드는 현재와 미래의 직원들에게 에너지의 중요성을 교육하고, 사회적 인식을 심어주며, 변화를 위해 노력하도록 도와야 한다.

산업에서부터 소비자까지 시장의 모든 요소가 에너지 브랜드와 협력해 더 적은 에너지로 더 많은 일을 해내는 에너지 의식을 받아들여야 한다. 재생에너지, 전기 · 하이브리드 자동차, 에너지 효율 기술, 전기망 관리, 이 모든 것은 기후변화를 줄이는 데 도움이 된다. 기술은 절반의 해결책에 불과하다. 에너지 브랜드들은 기술의 효과를 보기 위해 반드시 그 기술을 이해하고, 적용하고, 이행해야 한다.

곧 다가올 에너지 위기 앞에서, 에너지 분야는 효과적으로 변화를 이끌어나갈 공통의 기회를 가지고 있다. 이제는 에너지 브랜드들이 변화를 위한 해결책을 강구하고 시민의 참여를 이끌어내야 한다. 그 과정에서 브랜드 가치는 높아지고 브랜드는 세상을 바꿀 것이다.

톰 자라^{Tom Zara}, **인터브랜드 뉴욕 기업 시민의식 글로벌 관행 담당자**

소매업, 프로슈머가 원하는 것에 주목하라

최근 몇 년 동안 기술, 소매업, 디지털 혁신은 뜨거운 논제였지만, 대화의 전면과 중심에는 친숙한 요소가 자리 잡고 있다. 바로 소비자다. 소비자는 개인이고, 새로운 미코노미(Meconomy, 개인이 정보의 제작, 가공 및 유통을 전담하는 프로슈머로서의 역량이 강화됨에 따라 생겨난 말-옮긴이)의 중심이다. 이제 구매자들은 스스로를 하나의 브랜드로 관리하고 있다. 디지털 기기가 일반화되면서 개인은 전보다 더 많은 힘을 갖게 되었다. 소비자들은 소셜미디어 플랫폼에서 존재감을 확인하고 있다. 소비자의 말과 행동은 브랜드의 성과에 영향을 미칠 수 있는 힘을 얻었고, 개인적인 답을 만들어 내며 각자 보상을 얻는다.

오래전부터 소매업계의 물리적 구조는 대체로 순환적이었다. 새로운 소매 브랜드 환경에 대한 투자는 그 수명이 3~5년이고, 럭셔리 분야처럼 투자 규모가 클 경우 수명이 더 연장된다. 매장 내에 디지털 체험을 관장할 줄 아는 능력은 단골손님들의 참여 수준을 더 높이고 있다.

2014년, 다양한 브랜드가 새로운 경험을 만들어 냈는데, 디지털 분야의 통합이 여기에 포함된다. 예컨대 예측 구매predictive shopping는 점차 증가하고 있으며, 이는 소매업체와 소비자 모두에게 도움이 된다. 닐슨미디어리서치에 따르면 모바일 커머스 플랫폼 업체인 샵킥Shopkick은 현재 가장 많이 쓰는 쇼핑 앱이며 이베이, 아마존과 함께 전반적인 접근 면에서 4위를 기록했다고 한다. 매일 24시간, 아무 때나 쇼핑하고 싶은 소비자들에게 혁신적인 쇼핑 앱은 매우 매력적이다. 소비자들은 쇼핑 앱이 제공하는 예측 시스템을 좋아하고 최신 유행을 확인하길 원하며, 자신들의 브랜드 충성도가 할인과 혜택으로 보상받기를 바란다. 메이시스Macy's 백화점은 샵킥을 사용한 최초의 글로벌 브랜드 중 하나이다. 마틴 리어든Martine Reardon 최고마케팅경영자는 "우리에게 샵킥은 큰 성공이었습니다. 샵킥 사용자 중에서 메이시스를 방문한 사람들의 절반은 바로 앱 때문에 우리 홈페이지를 방문했다고 합니다. 정말 놀랍죠"라고 설명한다.

우리가 살고 있는 시대는 디지털 플랫폼이 존재할 뿐 아니라 저마다 '다음 세대를 압도할 기술'이라고 외치는 새로운 개발들로 넘쳐난다. 소매 브랜드는 잠깐 동안 머물다가 사라져버릴 유행과 기기 중에서 그나마 가장 수명이 길고 연관성 있는 것들을 골라내기 위해서는 더욱 까다로워져야 한다. 소매 브랜드에게 가장 중요한 핵심 과제는 특정 기술이 소매 브랜드의 비즈니스와 유통 인프라에 어떤 영향을 미치게 될지를 알아내는 것이다. 소비자들은 디지털 경험이 서로 연관성을 갖고, 지속적으로 관리되며, 전문적으로 구성되길 바란다.

효과적인 전략 없이 무조건 디지털 유행에 뛰어들기보다는 시간을 갖는 편이 좋다. 오늘날의 소비자는 똑똑하고, 디지털 분야에서 다양한 방식으로 소매업체들을 앞서나가고 있다. 소매업체들은 빨리 더 나은 경험을 제공해야 한다는 압박을 받고 있지만, 매장 내의 디지털 경험(in-store digital experience, 매장 내에서 디지털을 활용해서 쇼핑할 수 있는 서비스-옮긴이)이 실패한다면 소셜미디어에서 된서리를 맞을 수도 있다. 따라서 이 새로운 서비스는 직관적이면서도 꼼꼼한 검토를 거쳐서 개발되어야 한다.

올바른 전략을 찾기 위해서는 소매업체들이 소비자의 시각에서 생각해야 한다. 쇼핑객, 고객, 소비자(또는 팬!)들이 브랜드와 상호작용하는 과정에서 이상적 경험을 할 수 있는 방법은 무엇일까? 일단 브랜드는 소비자의 이상적인 구매 여행을 위해 필요한 요소들을 알아내고, 그에 따라 브랜드를 조직하고 전달해야 한다. 브랜드에 대한 고객 충성도는 매우 소중하며 어느 정도 비용은 감수해야 한다. 인센티브와 보상 역시 그중 일부분이다. 지금의 소비자들은 선물, 할인 혜택 등 브랜드가 "당신의 이야기를 듣고 있어요, 당신을 알고 있어요, 당신은 소중해요"라고 말해주는 무언가로 보상받기를 바란다.

브랜드 충성도를 확보하기 위해 소비자들을 인정하고 이해해야 한다는 요구가 '당신의 시대'에 대한 인식을 높여왔고, 미코노미를 활성화했다. 예컨대 패션위크(fashion week, 의류 브랜드가 한꺼번에 패션쇼를 실시하는 기간-옮긴이) 동안 다양한 의류 브랜드는 소셜미디어를 통해 팬과 연결되고, 팬들은 런웨이에서 곧바로 쇼핑할 수 있다. 소비자들은 어쩌면 매장에 진열되지 않았을지도 모르는 제품을 구매할 수 있고, 브랜드는 크라우드소싱을 통해서 옷에 대한 여과되지 않은 소중한 피드백을 얻는다.

변화와 격동의 10년 동안 우리 정체성에 대한 인식—개인이 가진 힘과 가능성에 대한 인식과 함께—은 진화해왔다. 그리하여 2014년은 셀카의 해였다. 언제든지 사진을 쉽게 찍을 수 있는 기술은 우리의 정체성을 더욱 확장해주었다. 또 우리는 브랜드가 어떻게 미코노미의 힘을 이용하고 도움 받는지를 목격하고 있다. 대표적인 예로 마크바이마크제이콥스Marc by Marc Jacobs의 광고 캠페인을 들 수 있다. 마크바이마크제이콥스는 인스타그램과 트위터에 이미지를 올린 팬들에게 브랜드의 얼굴이 될 수 있는 기회를 제공했고, 당시 업로드된 이미지가 7만 건에 달했다. 누가 브랜드를 팔로우하고, 누가 잠재적 구매자인지 기업이 알 수 있는 효과적인 방법이었다. 당신의 시대에는 소비자가 중심이다. 개인이 그 자체로 연관성을 갖기 때문이다.

앨리슨 카디Alison Cardy, 인터브랜드 HMKM 전무이사
콜린 멜리아Colin Melia, 인터브랜드 HMKM 크리에이티브 디렉터

스포츠, 파워 브랜드는 전투 중

2014년 스포츠 산업은 그러지 않아도 매달 수많은 스포츠 이벤트가 넘쳐나는 외중에 동계 올림픽과 브라질 월드컵까지 추가되면서 행복한 한 해를 보냈다. 특히 많은 분야에서 시장경제가 회복되지 못한 사실을 감안하면 다행스러운 일이었다.

아디다스는 브라질 월드컵 결승전에서 맞붙은 아르헨티나와 독일을 모두 후원한 덕에 상당한 추진력을 얻었고, 멋진 한 해를 보냈다. 나이키 역시 월드컵 선수 중 절반 이상이 나이키 신발을 신고 있다는 사실을 알리면서 이벤트를 십분 활용했다. 덕분에 나이키는 최고의 축구화 브랜드로 입지를 다졌다. 나이키는 아디다스만큼 큰 비용을 지불하지는 않고 있다(수익 대비 마케팅 비용을 비율로 보았을 때). 하지만 세계 축구 시장에서 두 자릿대 매출 성장을 기록하는 데 들인 비용을 여전히 지불하고 있다. 나이키는 제품 혁신 면에서 앞서가기 위해 노력을 집중하는 동시에 트위터와 유튜브에서 참여를 늘리고 있기 때문에 앞으로 더 강해질 수밖에 없다.

성장도 지속 가능해야 한다

나이키와 아디다스는 브랜드를 강화하고 비즈니스 규모를 키우고 있다. 스포츠는 팬들 사이에서 더 친근해지고, 전문 운동선수들 사이에서는 경쟁이 더 치열해지는 중이다. 자료에 따르면 전 세계 스포츠 시장 규모는 5000억 달러에 달한다. 여기에는 실제 경기부터 중계 콘텐츠, 경기장 건설까지 모두 포함된다. 〈포브스Forbes〉에 따르면 유럽에서 가장 비싼 20개 축구 구단의 평균 가치는 10억 달러가 약간 넘는다. 한편 NFL 미식축구 팀은 평균적으로 15억 달러에 약간 못 미치고, 메이저리그 야구MLB와 미국 프로 농구NBA는 그 가치가 10억 달러에 근접한다.

기록적인 중계권과 스폰서 계약은 성장이 정체된 소비자들의 지출을 상쇄하면서 전 세계 스포츠 리그의 가치와 프랜차이즈의 성장을 촉발하고 있다. 팬들의 참여를 가늠하는 가장 기본 척도인 입장료 수익은 모든 스포츠 분야에서 증가하고 있고, 지역의 스포츠 네트워크는 계속 확산되고 있다. 이런 상황에서 아디다스, 나이키, 언더아머Under Armour 등 글로벌 브랜드의 견고한 상품 매출은 더욱 거대한 브랜드로 성장할 수 있는 기회를 기대하게 만든다.

더 나은 경험을 제공하라

이벤트에 참여한 팬들은 더 많은 것을 보고 경험하길 바란다. 대학에서부터 프로 리그에 이르기까지 스포츠 팀들은 더욱 풍부한 경험을 제공할 필요가 있음을 인식한다. 그 결과 경기장에서의 경험을 더욱 풍부하게 하려고 모바일 앱, 와이파이, 4K UHD 영상까지 동원하고 있다. 스포츠 팀들이 슈퍼볼 결승전과 같은 짜릿한 경험을 매주 안겨줄 수는 없지만, 더 많은 관객이 참여할 만한 콘서트와 행사 등을 정기적으로 열어 스포츠 이벤트를 보완할 수도 있다.

하지만 프로든 대학이든 스포츠 팀들은 (음식과 주차, 기념품 비용이 지나치게 비싼 것은 말할 것도 없고) 입장료 인상, 오랜 대기 시간, 기상 악화 등 팬들이 선수를 직접 보면서 경기를 즐길 수 있는 경기장 관람을 포기하게 만드는 요소들에 대처해야 한다. 심지어 가장 충성도가 높은 팬으로 소문난 미식축구 팀 그린베이 패커스^{Green Bay Packers}마저도 1월 플레이오프 게임의 입장권을 판매하는 데 어려움을 겪었다. 패커스뿐 아니라 다른 미식축구 팀들은 팬들이 8만 명의 다른 팀 팬들과 경험을 공유하느라 모든 불편함과 추가 비용을 감수하기보다는 거실과 개인 화장실, 신뢰할 수 있는 와이파이가 있는 집에서 커다란 고화질 평면 TV로 경기를 보길 원한다는 사실을 알게 되었다.

스포츠 산업계는 또한 경기장 밖 경험의 가치를 인식하고 있다. 팀들이 스포츠 산업에서 빼놓을 수 없는 '내기'에 의존해 온라인 콘텐츠를 강화하는 건 바로 이 때문이다. 수십 년 동안 팬들은 3월이 되면 사무실이나 사교 모임에서 '3월의 광란(미국 대학농구 결승전-옮긴이)', 슈퍼볼, 켄터키 더비(Kentucky Derby, 3월 말에 열리는 경마 레이스-옮긴이)의 우승팀이나 숫자를 놓고 내기를 벌였다. 최근 몇 년간 기술과 모바일 기기 덕분에 팬 커뮤니티가 증가하면서 내기는 기하급수적으로 늘었다. 판타지스포츠협회Fantasy Sports Trade Association에 따르면 미국인 중 3200만 명이 평균 467달러를 내기에 소비한다고 한다. 이는 대략 150억 달러 규모의 산업이며, 매년 증가 추세이다. 야후, ESPN, NFL 홈페이지에서 제공하는 내기 서비스는 매년 추가적으로 광고 수익(앞서 언급한 150억 달러에는 포함되지 않았다)을 거둘 뿐 아니라 골수팬들을 계속 팀과 선수, 네트워크에 연결하는 효과가 있다.

나이키와 아디다스에서 배워야 할 것

하지만 비즈니스의 성공 뒤에는 브랜드 리스크도 존재한다. 조직위원회와 팀, 운동선수들은 상업성이 높은 생방송이나 중계방송 이벤트의 일부일 뿐 아니라 브랜드의 얼굴이라는 사실을 반드시 인식해야 한다. 국제올림픽위원회IOC와 국제축구연맹FIFA은 주최 도시를 선정한 뒤

곧잘 의심의 눈초리를 받는다. NFL은 선수들이 경기장 밖에서 사고를 칠 때마다 덩달아 비난을 받았다. 그들은 나이키와 아디다스 같은 브랜드에서 한 수 배워야 할 것 같다. 스포츠의 아이콘인 나이키와 아디다스는 브랜드의 일관성을 유지하고, 고품질의 상품을 제공하는 한편 팬들이 만족할 만한 경험을 제공해 그들과의 관계를 강화함으로써 지속적인 성공을 거두고 있기 때문이다.

앤드루 마르첸코Andrew Martschenko, 인터브랜드 뉴욕 전략부 전무이사

은행,
디지털 서비스의 옷을 입다

당신의 시대에 금융 서비스 산업은 가장 흥미로운 기회를 얻을 산업 중 하나이다. 왜일까? 금융이 보기 드물게 개인적인 분야이기 때문이다. 금융에 관해서라면 사람들은 친구뿐 아니라 가족에게도 쉽게 털어놓지 않는다. 그 대신 금융 컨설턴트에게 조언을 구한다. 이런 독특한 관계는 금융 산업의 큰 자산 중 하나이며, 이 특별한 관계를 강화하는 것이 향후 성공적인 금융 브랜드로 거듭나는 핵심 열쇠이다.

금융 브랜드가 산업을 선도하고 성장할 기회를 충분히 활용하려면 현재 우리가 살고 있는 시대의 본질뿐 아니라 소비자의 기대가 어떻게 변화하는지를 고려해야 한다. 금융 산업이 직면한 도전 과제의 다수는 그저 돈 문제가 아니라 심리적 요소, 예컨대 신뢰와 연관되어 있다는 사실을 간과해서는 안 된다.

신뢰를 얻는 노력 – 소비자 기대에 부응하는 기술 사용

이제는 이미 지난 뉴스거리 같지만 2008년에 시작된 금융 위기는 아직도 소비자들 기억에 생생하게 남아 있다. 정부의 구제금융, 주식시장 폭락, 유명 금융기관의 붕괴……. 그간 소비자들이 갖고 있던 신뢰와 믿음은 산산이 부서졌고, 무너진 신뢰를 회복하는 일은 금융 컨설턴트의 손에 달려 있다.

한편 기술은 소비자의 기대를 변화시키고, 소비자의 손에 더 많은 권력을 쥐어주었다. 그 결과 소비자들은 금융 서비스 제공자들에게 더 많은 것을 요구하고 있다. 일부 산업에서 디지털 기술로 인해 변화된 소비자 경험은 다른 분야에까지 영향을 주고 있다. 이제 금융 소비자들의 기대치는 서로 경쟁 중인 금융기관들의 활동을 기준으로 정해지는 것이 아니라 아마존, 애플, 우버, 자포스 등 일반 기업의 제품과 서비스가 제공하는 경험에 의해 형성된다.

CGI(유명 비즈니스 서비스 기관-옮긴이)가 실시한 온라인 여론조사에 따르면 금융 소비자들은 디지털 서비스뿐 아니라(연령이나 소득 수준에 관계없이 모두 디지털 서비스를 원했다), 더 나은 편의성과 서비스, 고객 지원을 원하는 것으로 나타났다. 또 금융 서비스업체가 고객의 충성도를 보상하고, 삶을 좀 더 간편하게 만들어주며, 소비자 개개인을 알아주고, 소비자에게 훌륭한 조언을 제공해 소비자의 기대를 미리 예측해주길 바랐다.

이런 고객들이, 다른 산업 분야에서 경험하는 끊김 없고 다양한 채널을 아우르는 경험, 개인화된 혜택, 효과적인 상호작용이 돈이 걸린 금융 산업에서는 (전반적으로) 제대로 이루어지지 않는다는 사실을 이해하기란 점점 더 어려워지고 있다.

증가하는 경쟁 속에서의 차별화 노력

유명 금융 브랜드는 어느 때보다도 더 큰 경쟁의 위협에 직면해 있다. 잉글랜드은행^{Bank of England}을 예로 들어보자. 현재 새로운 금융 사업을 신청한 사업체가 영국에만 25개에 달하며, 세계적으로는 핀테크^{FinTech}가 몸집을 불리면서 금융 서비스를 새롭게 정의하고 있다. 전통적인 은행에 대한 신뢰가 점차 떨어지고 시장 진입 장벽이 낮아짐에 따라 새로운 사업자들은 놀라운 기회를, 기존 은행들은 그 어느 때보다도 큰 위협을 맞고 있다.

은행들이 차별화하는 방법이 거의 없는 상황에서 금융 서비스 기업들은 소비자와의 관계를 더 견고히 하거나, 더 나은 서비스를 제공하거나, 아니면 디지털 기술의 강자로 떠올라 남들과는 다른 특별한 무언가를 제공해야 한다.

디지털 소비자의 라이프스타일을 이해하라

디지털로 변화하는 데 성공하기 위해서는 먼저 디지털 소비자의 활동과 선호, 선택을 충분히 이해하는 것에서 시작해야 한다. 그렇게 얻은 통찰력이 미래의 진정한 금융 서비스 브랜드로 이어지게 하려면, 변화하는 요구에 대응하는 조직을 만들고 그 속에서 소비자를 중심으로 하는 변화를 이끌어야 한다.

물론 시간이 흐르면 각종 거래는 디지털로 바뀌게 되고, 그 과정에서 전통적인 요소는 줄어들고 효율성은 높아질 것이다. 하지만 소비자들은 이미 모바일 애플리케이션을 통해서 디지털 거래의 간편함을 충분히 알기 때문에, 단순히 지금의 은행 업무를 애플리케이션으로 접근 가능하게 만드는 것 정도로는 부족하다. 금융 서비스 브랜드는 디지털과 물리적인 비즈니스가 끊김 없이 이어지도록 통합하고, 금융 경험을 더 편리하고 참여 가능하게 만들며, 소비자 경험을 혁신할 수 있는 기회를 가져야 한다.

예컨대, 세인트조지 뱅크St. George Bank는 호주 은행 가운데 첫 번째로 지점별 아이비콘iBeacon 시범 서비스를 실시하겠다고 밝혔다. 아이비콘은 개인 사용자에 맞는 경험을 제공할 목적으로 금융 서비스를 개선한 기술로, 아이패드를 이용해 지점을 방문하는 모든 고객의 아이폰으로 직접 환영 메시지와 최적화된 정보를 전달한다. 세인트조지 뱅크는 아이비콘을 통해서 고객 요구를 더욱 잘 예측하고, 그들에게 정말 중요한 것을 이해하며, 관련 지식을 바탕으로 고객들에게 놀라움과 기쁨을 선사할 수 있을 것이다.

금융혁신상을 수상한 하나은행은 전통적인 금융 채널과 서비스를 완전히 변화시킨 하나N뱅크를 소개했다. 하나N뱅크는 스마트폰을 이용해 모든 은행 서비스를 이용할 수 있을 뿐 아니라 하나은행 오프라인 지점과도 끊김 없이 연동된다. 하나N뱅크는 '모바일 우선' 디자인을 통해서 혁신적 기능과 서비스를 제공하기 위해 스마트폰의 특성(GPS, 문자, 푸시 메시지, 바코드 인식, 근접 기술 등)을 모두 활용하고 있다. 소비자들은 하나N뱅크를 이용해서 예금 인출, 당행 및 타행 이체, 대출, 자금 관리까지, 원하는 모든 서비스를 어디에서나 사용할 수 있다.

개인적이고 편리한 서비스

금융 서비스 브랜드가 소비자 개개인의 금융 요구를 이해하고 금융 상품 관련 솔루션을 기반으로 해야 한다는 생각을 중요시한다면, 이들 브랜드에 대한 신뢰도는 높아진다. 예를 들어, 시스코Cisco가 실시한 연구에서 미국 소비자 중 69%는 더 개인화된 서비스와 금융사기 예방용 보안 강화, 간편한 금융을 위해 더 많은 개인 정보를 제공할 용의가 있다고 답했다.

시스코가 실시한 또 다른 연구에서는 이미 은행이 개인화된 서비스를 제공하기에 충분한 정보를 갖고 있다고 믿는 소비자가 45%에 달했다. 응답자의 56%는 간편한 금융 서비스를 위해서 개인 정보를 더 많이 제공하겠다고 밝혔으며, 54%는 금융 또는 구매 결정을 지원하는 실시간 알람 서비스에 관심이 있다고 대답했다. 59%는 휴대전화의 위치 기반 정보를 이용한 상품 제안이나 조언을 받아도 부담스럽지 않다고 답했다. 웰스파고Wells Fargo 은행의 경우는 최근 추세를 활용해 더욱 개인화된 ATM 인출 서비스를 개발했다. 소비자의 은행 잔고와 계좌 정보가 ATM의 화면에 자동으로 나타나며, 일반적으로 사용하는 거래를 기반으로 최적화되는 서비스다. 물론, 이 새로운 서비스의 결과로 인출 과정은 더욱 개선되고 간편해졌다.

미래를 위한 은행을 만드는 법

은행 거래가 온라인으로 이동할수록 은행 지점의 네트워크는 최적화될 것이다. 하지만 지점 내 경험이 이런 추세에 발맞춰 발전해야 한다. 소비자 경험을 개선하기 위해서 디지털 기술을 통합해야 하는 것은 물론이고, 온라인 매장 때문에 큰 변화를 겪는 전 세계 전자 제품 매장의 예에서 볼 수 있듯이 물리적인 지점에서만 제공할 수 있는 경험과 인간적인 상호작용의 수준을 크게 높여야 한다.

예를 들어 미국의 엄콰은행Umpqua Bank은 은행 지점들이 필요악이 아니라 어떤 경험을 제공할지 소비자가 기대하는 대상으로 바꾸기 위해 노력하고 있다. 엄콰은행은 입소문을 내려고 노력하는 한편 매우 상업적인 접근 방식을 사용하고 있다. 은행의 뛰어난 서비스와 풍부한 소비자 경험은 소비자 만족도를 높일 뿐 아니라 매출 증대로 이어지고 있다. 애플과 마찬가지로, 지점에서 고객의 참여를 높이는 경험과 높은 수준의 상호작용이 분명한 실적 개선으로 이어지고 있는 것이다.

영국의 버진머니Virgin Money는 같은 버진그룹Virgin Group 계열사인 항공사의 서비스에서 아이디어를 얻은 버진머니 라운지Virgin Money Lounge를 개발했다. 금융 서비스가 아닌 약간은 럭셔리한 경험을 제공하는 것이 목적으로, 라운지 고객은 항공기의 퍼스트클래스 좌석에 앉아 아이패드와 TV, 무료 신문, 피아노 연주를 즐기면서 '마치 비행기를 타고 있는 듯한 경험'을 즐길 수 있다.

라운지에는 ATM도 없고 금융 상품을 판매하려는 어떤 노력도 찾아볼 수 없다. 다만 일종의 '소비자 관계 라운지'로서 지점을 보완해주며 커뮤니티, 개인적 사교 모임이나 업무를 위한 회의, 또는 단순히 휴식을 취하는 장소로 사용된다. 버진머니는 라운지 근처에 있는 지점 매출이 평균 200% 상승했다고 밝혔다.

여기에서 얻을 수 있는 교훈은 무엇일까? 소비자 중심의 비즈니스는 단순히 훌륭한 아이디어가 아니라, 실질적 성과를 얻을 수 있는 접근 방식이라는 것이다.

당신의 시대, 소비자에 대한 지속적인 집중이 필요하다

10년 후 승자가 되기 위해서는 소비자 중심 비즈니스를 개발하고, 끊김 없는 경험을 제공하며, 소비자와 깊은 관계를 형성해야 한다. 금융 브랜드는 소비자가 무엇을 필요로 하고, 원하며, 즐기는지 알고, 그 정보를 활용해 관련 상품과 서비스를 개발해야 한다. 그래야 소비자와 정서적 유대 관계를 형성하고 고객 충성도를 높이며, 잃어버린 신뢰를 회복할 수 있기 때문이다.

물론 소비자 중심의 비즈니스는 하루아침에 이루어지는 것이 아니며, 그것만으로 효과가 있는 것도 아니다. 제품과 서비스 혁신을 위해 책임을 다하는 아마존처럼 끊임없는 노력은 당신의 시대에 금융 브랜드가 반드시 활용해야 하는 접근법이다. 금융은 개인적이며, 가끔은 위험하고, 혼란스럽게 느껴지기도 한다. 전통적으로 금융 업무는 '경험'이 아니라 허드렛일에 가까웠다. 하지만 오늘날의 금융―그리고 미래의 금융―은 이 모두를 변화시킬 수 있다.

마이크 로샤 Mike Rocha**, 인터브랜드 브랜드 가치평가 글로벌 담당자**

고객과 사랑에 빠진 자전거, 치넬리

좁은 골목과 사람들 사이를 유유히 질주하는 두 개의 바퀴. 심플한 프레임과 산뜻한 민트색이 눈길을 끈다. 이어폰을 꽂고 메신저 백을 둘러멘 스타일리시한 라이더……. 결국 그는 교통경찰에게 적발되어 범칙금 고지서를 받게 된다. 전 세계의 젊은이들에게 자유의 상징이 되고 있는 픽시 자전거 얘기다.

고정 기어 자전거Fixed Gear Bike, 줄여서 '픽시'라고 불리는 이 멋진 자전거는 브레이크가 없기 때문에 우리나라를 비롯한 대부분 국가에서 주행이 금지되어 있다. 합법적으로 타고 싶다면 각 나라의 법규에 맞게 브레이크를 하나 또는 두 개 달면 된다. 간단한 일이다. 그런데 많은 픽시 라이더들이 범칙금과 위험, 그리고 일반 라이더들의 불평과 욕을 감수하고 브레이크가 없는 픽시를 고수한다. 왜 그들은 자신의 안전을 포기하며 픽시의 불편함을 즐기는 것일까?

자전거 라이딩은 인생과 여러모로 닮아 있다. 끊임없이 두 발로 굴려주어야 균형을 잡고 앞으로 나아갈 수 있다. 그리고 나만의 페이스와 리듬을 지켜야 목적지까지 갈 수 있다. 이러한 자전거 라이딩의 즐거움을 극대화한 것이 픽시 자전거이다. 프리휠Freewheel이 없어 관성에 의해 저절로 굴러갈 수 없다. 페달을 굴리면 앞으로 나아가고 페달을 멈추면 내리막길에서도 그대로 서고 만다.

픽시에 입문한 사람들은 기능적 매력보다는 단순한 아름다움에 반한 경우가 대부분이다. 고정 기어인 데에다 브레이크도 없으니, 픽시는 최소한의 선과 면만으로 구성된다. 이 단순함이 현대적 미의 기준과 꼭 맞다. 픽시는 타고 싶은 자전거가 아니라 갖고 싶은 자전거이다. 스티브 잡스도 픽시의 아름다움에 매료되어 집 안에 픽시를 작품처럼 걸어놓고 감상했다고 한다. 스티브 잡스가 작품으로서 감상했던 자전거가 바로 치넬리Cinelli의 픽시 자전거이다.

'당신의 시대'의 본질은 관계에 있다. 브랜드와 고객의 관계가 아니라 브랜드와 팬의 관계이다. 브랜드와 팬은 상거래를 하는 것이 아니라 연애를 한다. 고객 집단이라는 모호한 무리 속에 숨어 있는 것이 아니라, 브랜드가 한 사람 한 사람을 특별하게 대해준다는 감성적 충만함을 주어야 한다. 고객이 팬이 되고, 브랜드와 연애하는 관계야말로 브랜딩의 가장 궁극적 단계이다. 스티브 잡스와 치넬리의 관계, 그리고 많은 픽시 라이더들과 치넬리의 관계처럼 말이다.

치넬리는 전직 자전거 선수 치노 치넬리Cino Cinelli가 1948년 만든 자전거 브랜드이다. 사실 치넬리는 픽시 외에도 다양한 종류의 자전거를 만들고 있지만, 픽시의 가장 대표적인 브랜드로 인식되고 있다.

구매자가 팬이 되는 첫 단계는 매료됨이다. 다른 것과 다른, 나만의 감성을 자극하는 포인트가 있어야 한다. 치넬리에게 처음 매료되는 포인트는 단연 디자인이다. 치넬리만의 스타일과 색깔에는 시간이 지나

도 변하지 않는 현대적 세련됨이 배어 있다. 두 번째 단계, 나만의 것이라고 여길 수 있는 여지를 제공해야 한다. 치넬리의 라이더들은 다양한 색의 프레임, 바퀴, 안장 등 자전거 부품을 별도로 구매해서 자기만의 픽시를 디자인한다. 유튜브에는 자신이 재구성한 치넬리를 자랑스럽게 소개하는 동영상이 넘쳐난다. 나만의 것을 창조하는 창작의 본능, 치넬리는 그것을 가장 잘 만족시키는 브랜드이다. 세 번째 단계는 공감할 수 있는 스토리, 브랜드와 내가 서로 연결되어 있다고 믿게 만드는 스토리이다. 혁신적인 기술력으로 시작된 치넬리는 예술과의 결합이라는 철학과 스토리를 갖고 있다. 치넬리는 자전거를 단순한 상품이 아닌 예술로 만들려는 꿈을 갖고 있으며, 그 꿈을 구체화하기 위해 일관된 노력을 해왔다. 시즌마다 전 세계 다양한 분야의 디자이너들과 협업해 새로운 디자인의 자전거를 출시하고 있다. 1979년에 만든 치넬리 로고는 현대적 디자인과 조화를 이루면서, 기술과 예술의 궁극적 만남이라는 스토리를 완성한다. 물론 기술적인 노력도 게을리하지 않는다. 그리고 치넬리 자전거의 우수성을 증명하기 위해 세계 곳곳에서 다양한 레이싱 경기를 주최한다. 마지막으로 그 브랜드를 소유함으로써 느끼는 소속감과 그에 따른 자부심이 있어야 한다. 사람들은 누구나 타인과 차별화되는 개성을 표현하고 싶은 욕구를 갖고 있고, 자신의 정체성을 반영한다고 여기는 브랜드와 관계를 맺는다.

브랜드와의 '케미', 이것이 고객을 오래도록 팬으로 남게 한다. 치넬리를 타는 사람들은 '치넬리를 탄다'는 것만으로도 다른 자전거 라이더들과 자신을 분리한다. 자전거 라이더들이 빠른 스피드와 편한 라이딩을 위해 신축성 좋은 기능성 스포츠웨어를 입을 때, 치넬리 라이더들은 메신저 백을 메고 스키니 진을 입는다. 사실 이런 복장으로 자전거를 타는 것은 매우 불편하다. 앞서 말했듯이, 픽시는 그리고 치넬리는 타고 싶은 자전거가 아니라 갖고 싶은 자전거이며, 자신의 정체성을 보여주기 위한 자전거이다.

당신의 시대. 한 사람 한 사람의 가치를 되돌아보아야 하는 지금, 브랜드와 고객의 감성적 케미가 브랜딩의 핵심이 된 지금, 치넬리는 기술과 예술, 브랜드와 팬이라는 두 개의 바퀴를 완벽하게 균형 잡고 멈추지 않는 질주를 계속하고 있다.

민은정

인터브랜드 코리아의 버벌 브랜딩 총괄을 맡고 있는 민은정 상무는 대한민국의 브랜드 컨설팅 분야 1세대로 국내외 유수 브랜드들의 언어적 아이덴티티를 정립하는 데 핵심적인 역할을 담당하고 있다. 브랜드 네이밍을 비롯 국내외 기업들의 메시지 전략 및 브랜드 스토리텔링을 개발하며 기업의 성장을 돕고 있다.

당신을 사로잡은 아이디어, 쿼키

'당신의 시대'를 맞이하여 이미 많은 기업이 소비자의 마음을 사로잡기 위해 획기적인 신제품을 개발하고 다양한 마케팅 활동을 전개하고 있다. 그러나 과연 그들 중 몇 퍼센트가 진정 소비자들을 감동시키고 성공적인 아이디어 제품으로 사람들 마음속에 남을 수 있을까? 만약 성공하지 못할 경우 개발과 생산에 투자한 금액과 노력은 고스란히 기업에 손해로 남게 된다. 그런 실패에 대한 리스크를 걱정하면서 아이디어를 내자면 소심해지기 쉽고, 소심한 아이디어는 진정한 고객 감동을 얻는 데 제약이 될 수 있다. 또한 변수와 위험을 너무 많이 고려하다 보면 아이디어가 제품으로 이어지지 못하는 경우도 있다. 무엇보다 생산자 입장에서 소비자가 원하는 것을 상상하는 것은 의외로 매우 어렵다.

그렇다면 사용자가 직접 아이디어를 낸다면 어떨까? 실패할 경우 기업의 손해가 얼마일지, 새로운 아이디어에 대해 타 부서, 예를 들어 생산 부서나 영업 부서에서 어떻게 반응할지 고민할 필요가 없다. 내부 승인을 받느라 누군가의 눈치를 볼 일도 없다. 단, 내 아이디어가 평소 나와 같은 불편함을 느꼈거나 무엇인가 개선되길 원하는 사람들의 호응만 얻으면 기술적 지원과 투자를 받을 수 있고 그 후 생산으로 이어질 수 있다. 이런 과정을 통해 다양한 아이디어 상품을 만드는 기업이 쿼키Quirky이다.

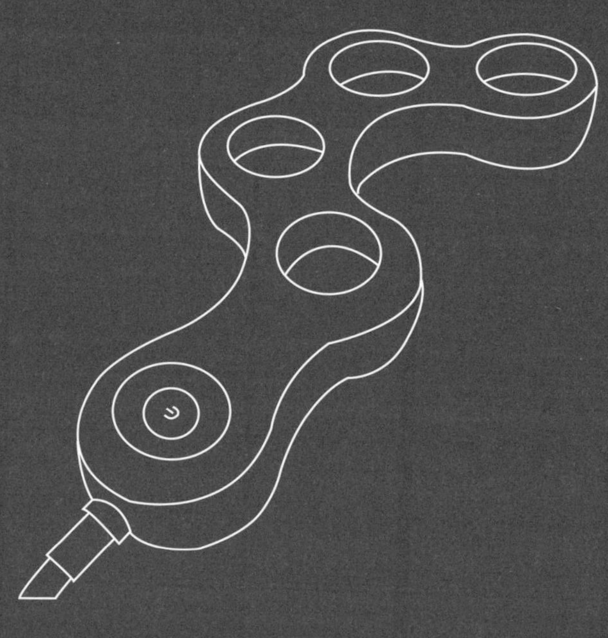

2009년 벤 코프먼Ben Kaufman이 시작한 쿼키는 집단 지성을 활용해 제품을 개발, 생산하여 큰 호응을 얻고 있는 브랜드이다. 단지 기발한 아이디어에 그치지 않고 그것을 훌륭한 디자인으로 완성하고 쿼키만의 룩 앤 필Look & Feel을 만들어 내어 다양한 생활용품을 생산하는 브랜드로 많은 사람의 관심을 받고 있다. 멀티탭 콘센트 '피봇파워Pivot Power'는 쿼키에서 생산한 인기 상품이다. 플러그 꽂는 구멍이 직선으로 나란히 붙은 기존 콘센트에 커다란 어댑터를 꽂을 경우 옆 구멍까지 막히는 불편함은 누구나 한 번쯤 겪었을 것이다. 콘센트 자체를 휘게 만드는 아주 간단한 아이디어로 문제를 해결한 것이 바로 피봇파워이다. 그 외에도 무선 아이맥 키보드의 USB 포트의 위치로 인한 불편함을 해결하고 공간을 효율적으로 활용할 수 있는 '스페이스 바Space Bar', 음악을 듣다가 이어폰을 잠시 빼야 하는 상황에서 손에 들고 있거나 주머니에 넣어야 하는 불편을 해소하기 위해 만든 '프롭스Props' 등이 실제 사용자가 생각한 아이디어를 상품화한 제품이다. 이런 제품들은 실생활에서 똑같은 불편을 느끼는 평범한 소비자들의 공감을 얻고, 생산 가능성과 현실성을 쿼키가 판단하여 비즈니스 모델로 실현하는 데 적합하다고 판단되면 다양한 기술적 테스트와 디자인 보완을 통해 생산으로 이어진 상품이다.

이렇게 만든 상품의 수익은 기여도에 따라 참여자들에게 공정하게 배분되며, 상품 특허권 역시 쿼키와 최초 아이디어 제공자가 공동으로 갖는다. 상품 특허권을 최초 아이디어 제공자가 독점할 수 없는 이유는 개발 과정에서 다양한 기술적 테스트를 거치며 보완돼 상품이 만들어지기 때문이다. 이렇듯 신속한 프로세스와 투명한 운영은 많은 사람의 참여를 유도한다.

새로운 아이디어가 매주 약 1,500건 접수되고, 그중 약 450가지가 상품으로 개발되었으며 그 수는 계속 늘고 있다. 2009년 창립해 2010년 100만 달러였던 매출이 2011년에는 700만 달러, 2012년에는 1800만 달러로 증가했다. 이렇듯 퀄키가 급속도로 성장하고 많은 사람의 호응을 얻는 이유는 제품 하나하나가 누구나 평소에 자주 겪는 사소한 불편을 간단한 아이디어로 해결해 모두 '나'를 위해 만든 물건처럼 느껴지기 때문이다. 사실 이런 제품들은 기업이 '나'를 위해 고민해서 만들어준 것이 아니라, 우리 스스로가 우리를 위해 아이디어를 생각하고 다양한 분야의 전문가들이 모여 그 아이디어를 상품화한 것이다. 즉 퀄키를 통해 만들어지는 제품들은 나를 위해 내가 만든 제품이다. 퀄키의 CEO 벤 코프먼은 "아이디어는 세미나 자리에서가 아니라 우리가 생활하는 환경에서 나온다"고 말한다. 또한 그가 말하는 퀄키 성공 공식은 'People + Data + Constraints = Invention'이다. 즉 아이디어 제공자와 커뮤니티, 전문 지식과 정보, 빠른 실행 등의 조화가 발명으로 이어진다는 의미이다.

집단 지성은 '당신의 시대'를 잘 반영한 시스템이다. 그 성공 사례를 벤치마킹해 국내에서도 일반인들의 아이디어를 공모하고 상품화하는 시스템을 도입하는 기업이 늘고 있다. 이를 성공적으로 활용하려면 꼭 기억해야 하는 몇 가지가 있다.

첫째, 집단 지성 도모가 기업 홍보나 마케팅 수단으로 행해지는 일회성 이벤트가 되어서는 안 된다. 공감대는 단시간에 이룰 수 있는 것이 아니다. 앞으로는 더욱더 고객의 요구를 파악하고 그들 목소리를 듣는 데 적극적이어야 한다. 쿼키의 사례와 같이 고객이 직접 참여하지 않더라도 그들의 소리를 듣는 창구를 항상 열어두고 적극 대응해야만 진정 고객들을 감동시키고 그들이 공감하는 새로운 상품을 만들어 낼 수 있다. 둘째, 투명성과 공정성이 반드시 수반되어야 한다. 다양한 사람의 참여로 이뤄지는 과정이므로 참여자가 결과물을 내는 데 어느 정도 기여했는지를 명확히 이해하도록 소통해야 한다. 그런 과정을 거쳐야 참여자들에게 분명한 동기부여를 줄 수 있다. 그뿐 아니라, 판매에서 발생하는 이익 역시 공정하게 분배되어야 더 많은 사람이 참여를 희망하게 되고 참여가 활발할수록 더 큰 효과를 낼 수 있다. 하드웨어적, 소프트웨어적으로 다수의 의견이 반영되어야 한다. 또 이를 운영하기 위해서는 우리가 예상하는 것보다 훨씬 복잡하고도 유연하며 체계적인 시스템이 필요하다. 마지막으로 무엇보다 중요한 것은 브랜드 철학이다. 수많은 '나'가 모여 '우리'가 만들어가는 브랜드이므로 많은 사람이 공감할 수 있는 명확한 철학과 콘셉트가 있어야 한다. 내 아이디어를 상품화한다는 것뿐 아니라 나와 같은 생각을 하는 사람들과 함께 만들어 간다는 것에 더 큰 의미가 있을 것이다. 브랜드가 지향하는 것을 내가 공감하고 그 지향점을 향해 함께 나아간다는 의미 부여가 반드시 필요하다. 단순히 기발한 아이디어가 아닌 브랜드 철학을 반영한 아이디어가 모일 수 있도록 브랜드 아이덴티티를 명확히 하고 철학을 공유하는 것이 중요하다. 나를 위한 브랜드를 내가 함께 만들어간다는 것은 정말 흥분되고 의미 있는 일이 아닐까?

황유진

인터브랜드 코리아의 브랜드 디자인 총괄을 맡고 있는 황유진 상무는 커뮤니케이션 디자인 전반에 걸친 실무 경험과 미국, 호주 등지에서의 해외 경험을 바탕으로 CI, BI, Package Design 등 전통적인 영역에 디지털 브랜딩 등 새로운 영역을 더하여 브랜드 디자인 분야에 지속적인 혁신을 이끌고 있다. 레드닷 디자인 어워드, If 디자인 어워드 등에서 수상하며 뛰어난 크리에이티브를 인정받았다.

온 · 오프라인의 경계를 허문 아이웨어, 와비파커

이 책을 읽는 당신이 생각하는 '당신의 시대'에 걸맞은 최고의 브랜드는 무엇인가? 아마도 구글, 페이스북, 아마존 등 강력한 테크놀로지를 주무기로 삼고 있는 디지털 브랜드들이 떠오를 것이다. 맞다. 우리는 다양한 디지털 브랜드에 둘러싸여 하루하루를 살고 있다. 구글, 아마존 등 강력한 디지털 브랜드들은 엄청난 양의 고객 기반 빅데이터를 활용해 개개인에게 최적화된 '개인 맞춤 서비스Personalized Service'를 제공하며, 당신의 시대를 열고 있다.

그런데 궁금하다. 우리가 살고 있는 당신의 시대를 잘 구현하는 브랜드는 강력한 디지털 테크놀로지 없이는 불가능한 것일까? 결론은 디지털 브랜드들이 당신의 시대를 가장 잘 표현하고 대표할 수 있지만, 테크놀로지 기반이 아닌 일반 상품이나 서비스 브랜드들도 고객 개개인의 니즈와 개성을 파악하고, 이를 극대화하기 위해 노력한다면 충분히 당신의 시대에 걸맞은 브랜드가 될 수 있다는 것이다.

당신의 시대에 부응하는 브랜드라 해서 꼭 디지털이나 혁신적 기술이 필요한 것은 아니다. 우리가 매일 지니고 다니는 모바일에 기반을 둔 브랜드가 아니어도 되고, "우와, 대단한 기술력인데!"라는 찬사를 받지 않아도 된다. 강력한 디지털 테크놀로지 없이도, 디지털 기기에서 구현되지 않아도 당신의 시대를 잘 구현하고 있는 안경 브랜드 '와비파커Warby Parker'를 소개한다.

보통, 안경을 사려면 안경점에 가야 한다. 시력검사를 하고, 안경이 얼굴에 맞는지 수없이 직접 껴본다. 오래전에도 그랬고 오늘날도 다르지 않다. 당신의 시대가 시작되었고, 디지털 환경이 일상화되었지만 몇십 년 전과 똑같은 방식으로 안경을 구매하는 것이다. 당신의 시대를 맞이해 디지털 채널의 편리함을 활용할 수는 없을까.

이런 상식을 깬 브랜드가 바로 맞춤 안경을 온라인 채널에서 판매하고 배송해주는 브랜드 '와비파커'이다. 이 브랜드는 고객이 원하는 안경 샘플을 최대 다섯 종류까지 배송해주고 5일 동안 직접 써보며 선택할 수 있게 했다. 가장 마음에 드는 디자인을 고른 뒤 반송한 다음 홈페이지에 시력, 눈동자 사이 거리 등을 입력하면 2주쯤 뒤 맞춤 안경을 받을 수 있다. 1개에 95달러. 배송 비용은 회사가 부담한다.

와비파커의 창업자 중 한 사람인 데이비드 길보아David Gilboa는 한 인터뷰에서 다른 온라인 쇼핑몰은 소비자가 지금 당장 물건을 사도록 유도하는 데 반해, 와비파커는 다양한 샘플을 경험해본 다음 가장 마음에 드는 것을 선택할 수 있게 한 것이 특징이자 최대 장점라고 설명했다.

와비파커를 성공으로 이끈 또 한 가지 요소는 저렴한 가격이다. 명품 안경 브랜드의 3분의 1 정도밖에 되지 않는다. 회사 내부에서 자체 디자인한 다음 중국에서 제작하고, 미국에서 렌즈를 끼워 판다. 직접 디자인하기 때문에 별도의 로열티가 나가지 않고, 온라인으로 판매하니

매장 운영비도 들지 않아 가격을 낮추는 것이 가능했다. 안경의 특성상 대량생산이 가능하고 플라스틱 재질에 제작 공정도 복잡하지 않은데 아이폰만큼이나 비싼 것을 의아하게 생각한 창업자의 의지가 반영된 결과이다. 또한 다른 브랜드 제품과 비교해도 질이 떨어지지 않는다. 와비파커는 레이밴Ray-Ban으로 유명한 세계적 안경 브랜드 룩소티카Luxottica와 동일한 재료로 동일한 공장에서 생산한다.

와비파커는 마케팅 역시 '당신의 시대'에 최적화했다. 와비파커가 급속도록 성장한 데에는 구매자들의 자발적 노력이 한몫했다. 즉 와비파커를 구매한 사람들이 안경 낀 자기 모습과 구매 후기를 인터넷과 SNS에서 공유하면서 와비파커의 매출 또한 급속도록 커졌다. 2010년 창립 첫해 안경 2만 개를 팔았고, 이듬해엔 10만 개, 2012년엔 25만 개를 팔았다. 또한 시대가 요구하는 기업의 사회적 책임을 다하기 위해 탐스슈즈Toms Shoes에서 시작한 '원 포 원1 for 1' 기부 캠페인을 했다. 소비자가 안경 한 개를 살 때마다 개발도상국에 시력 보정용 저가 안경 한 개를 전달하는 것이다. '우리는 모든 사람이 볼 권리가 있다고 믿습니다'는 비전을 실현하기 위해 와비파커는 이 캠페인을 도입했고 형편이 어려워 안경을 살 수 없는 사람들을 위해 기부 사업도 벌이면서 '착한 기업'이라는 이미지도 쌓아가고 있다.

안경을 착용하는 사람들에게 안경은 눈과 같다. 그렇기 때문에 착용했을 때 편안해야 한다. 또한 안경은 개성을 표현하는 중요한 액세서

리이자 스타일 아이템이기 때문에 나와 잘 어울리고 나를 잘 표현할 수 있어야 한다. 그러니 안경점에 들러 잠깐 착용해보고 판단하기가 쉽지 않다. 그래서 다섯 가지 안경을 5일 동안 사용해보는 와비파커의 'Home Try-on' 시스템에 사람들이 열광했고, 이는 와비파커의 폭발적 성장세로 이어졌다.

와비파커야말로 소비자 니즈와 욕망을 정확히 읽고 실행하는, '당신의 시대'를 이끄는 브랜드라 할 수 있다. 디지털 기반의 브랜드도 아니고, 특별한 기술력을 보유하지는 않지만, '당신의 시대'가 요구하는 개개인의 니즈를 반영한 최적의 브랜드라 할 수 있다.

문지훈

인터브랜드 코리아의 대표를 맡고 있다. 문지훈 대표는 국내외 주요 기업들의 브랜딩 전략 수립의 성공적 경험을 바탕으로 국내 브랜드 컨설팅 업계를 리드하고 있다. 글로벌 100대 브랜드를 선정, 발표하는 베스트 글로벌 브랜드 평가위원으로 활약하고 있으며 세상을 바꾸는 브랜드를 만들기 위해 노력하고 있다.

"세상에서 가장 어려운 일은
새로운 아이디어를 수용하도록
하는 것이 아니라
과거의 아이디어를 잊도록 하는 것이다."
존 메이너드 케인스 John Maynard Keynes

당신의 시대를 말하다

알리안츠,
보험에 고객의 신뢰를 링크하다

크리스티안 도이링거 Christian Deuringer

2003년 알리안츠생명 뮌헨 지사 마케팅 부서에 브랜드 담당자로 합류했다. 지금은 글로벌 브랜드 관리팀Global Brand Management Team, 전략, 거버넌스, 광고, 미디어, 후원 담당을 이끌고 있다. 스톡홀름과 뮌헨에 있는 IT 신생 기업 워너고Wannago의 마케팅 부사장, BMW 미니 버밍엄 뮌헨 지사 마케팅 담당자, 프록터앤드갬블Procter & Gamble 프랑크푸르트 지사 브랜드 담당자를 역임했다. 도이링거 박사는 총체적 브랜드 관리와 마케팅 전략 전문가다.

보험 분야의 소비자 경험은 특정되어 있고 제한적이다. 대부분 상해나 손실과 관련되어 있다. 매력적이라고는 할 수 없다. 이 상황이 앞으로 달라질까? 또는 달라져야 한다고 생각하는가?

소비자 대부분이 보험을 '필요악'이라고 생각한다. 작은 글씨로 빽빽하게 쓴 보험증서도 그렇지만, 사용하지 않는 무형의 서비스를 위해 매달 보험료를 내는 걸 좋아하는 사람은 없다. 그 점은 이해한다. 하지만 예컨대 책임보험을 생각해보라. 보험 없이는 개인과 기업 모두 생활이 불가능하다. 알리안츠Allianz의 도전 과제는 두 가지이다. 우리 브랜드와 연관성을 유지할 매력적인 이유를 더 많이 만드는 것—우리 홍보 전략의 방향이다—과 뛰어난 소비자 경험을 제공해서 연관성을 강화하는 것이다. 디지털화Digitalization와 데이터, 기기 등이 적절한 맥락과 접점에서 알맞은 메시지를 전달할 기회를 만들고 있다.

현재 시장은 공급 중심에서 수요 중심으로 변화하고 있다. 이런 현상이 보험 분야에도 영향을 미칠까? 이런 패러다임 변화가 알리안츠에 어떤 결과를 가져올 것으로 생각하는가?

소비자들은 전보다 더 많이 교육받고 더 많은 지식을 갖게 되었다. 손가락 하나만 까닥하면 언제든지 상세하고 비교 가능한 정보를 폭넓게 얻을 수 있기 때문이다. 현재 소비자 기본 행동이 두 가지 목격되고 있다. 재산보험과 상해보험 분야의 상품들 사이에서 큰 차이는 없어지고 있지만, 생명보험과 자산 운용 분야에서는 여전히 개인적 조언이 매우 중요하다. 디지털화에 따른 패러다임 변화에도 불구하고, 고객 대부분은 신뢰할 만한 협력 관계, 즉 인간적인 면에 가치를 두고 있다. 살아가면서 금융 계획과 관련된 심각한 문제에 직면했을 때, 그 문제를 헤쳐 나가는 데 도움을 얻기 위함이다. 알리안츠는 저마다 다른 고객들을 다중 접근 전략으로 만나고 있다. 알리안츠 고객들은 언제 그리고 어떻게 우리와 접촉하고 상호작용할지를 결정하는데, 디지털 방식으로나 전통적인 방식으로나, 또는 두 가지를 모두 사용할 때나 마찬가지이다. 우리는 소비자들의 그런 요구를 만족시키고 있다.

보험 산업에서 힘 있는 브랜드의 조건은 무엇이라고 생각하는가? 특히 여타 산업, 예를 들어 자동차 산업과 비교할 때 차이점이 무엇인가?

본래 금융 브랜드의 역할은 소비재나 자동차 분야보다는 덜 두드러진다. 토요일 아침 일찍부터 보험에 가입하려는 사람은 없다. 우리는 보험이 꼭 필요한 이유로 보험과 금융 계획의 연관성을 강조한다. 한마디로 연관성이란 소비자가 필요로 하는 순간에 소비자가 선호하는 방식에 가장 잘 맞춰 관계 맺는 것을 의미한다. 알리안츠의 방식으로 소비자와 진정한 연관성을 일관되게 제공함으로써, 차별화를 이루고 시장에서 선두적인 위치를 강화하고 있다.

이상적인 사회에서 사랑받는 보험회사는 어떤 브랜드인지 비전을 설명해 달라.

알리안츠에 대한 내 비전은 사람들의 삶에서 믿음직한 동반자가 되고, 그들이 올바른 결정을 내리면서 목표를 달성하도록 도와주는 것이다. 모두 신뢰로 하는 일이다. 8300만 명의 소비자들에게 날마다 신뢰를 얻는 일은 매우 어렵다. 전 세계 60만 명의 알리안츠 직원들은 연관 정보를 디지털 방식으로 제공하고자 참여를 유도하는 홈페이지를 운영하고, 인간적인 방식으로 우수한 고객 서비스를 제공하는 등 중요한 역할을 수행하고 있다. 또 소비자가 참여할 심리적 근거를 만들고, 알리안츠에 대한 선호를 이끌어 낸다. 우리는 다양한 경로를 통해 고객과 소통한다. 포뮬러 원 도로안전 계획Formula 1 road-safety initiative, 축구 경기 후원, 알리안츠에 만족한 고객들의 이야기를 담은 글로벌 원 캠페인global ONE Campaign 등이 그 예이다. 결국 브랜드 약속과 서비스 제공brand delivery의 일관성이 가장 중요하다. 강력한 글로벌 브랜드를 만든다는 것은 지역 시장과 소비자의 요구를 이해한다는 뜻이다. 예컨대 아시아 사람들은 유럽 사람들보다 더 다양한 솔루션을 원한다. 고객이 어디에 있든지 약속을 지키는 것이 알리안츠의 임무다.

버버리,
고객의 경험을 소유로 확장하다

세라 맨리|Sarah Manley

버버리의 글로벌 마케팅과 커뮤니케이션팀의 담당자로, 전 세계 모든 커뮤니케이션, 마케팅, 광고, 소셜미디어와 디지털 전략과 실행을 관리하고 있다. 2010년 버버리의 수석 마케팅 담당자로 임명되었다. 2001년 처음 버버리에 합류한 뒤, 줄곧 수석 크리에이티브 디렉터이자 크리에이티브 총괄 책임자인 크리스토퍼 베일리Christopher Bailey가 영국 럭셔리 브랜드 버버리를 위해 만든 비전을 실현하기 위해 그와 긴밀히 협력하면서 인프라와 팀을 이끌었다. 버버리에 합류하기 전에는 런던과 뉴욕에서 입생로랑과 폴로 랄프로렌에서 고위급 중역으로 일했다.

여전히 많은 브랜드가 과거의 마케팅 전략에 기반을 두고 있는 가운데, 여태껏 우리가 본 적 없는 새로운 세계가 도래하고 있다. 하루 24시간 내내 매우 효율적이고hyperefficient 긴밀히 연결되어 있으며hyperconnected 고도로 통합된 세계, 사용자가 정의 내리는 영역이 늘어나는 세계다. 버버리Burberry는 변화하는 소비자 요구와 압력, 선호도에 어떻게 대응하고 있는가? 미래를 위해 어떤 '베팅'을 하는가?

지금 세상은, 전보다 훨씬 더 글로벌하게 연결되고 모바일에 익숙한 소비자들에 의해 달라지고 있다. 그러나 세상에는 여전히 실재하고 인간적인 무언가와 이어지고 싶은 욕구가 강하게 존재한다. 버버리는 오래되었지만 젊은 기업이다. 역사가 158년이나 되었지만 혁신을 받아들일 에너지와 호기심을 늘 갖고 있기 때문이다.

버버리의 유산은 그저 오랜 역사가 아니라 지금까지 지켜온 가치다.

이 가치가 버버리 역사의 다음 장을 만들어 낼 것이다. 우리는 물리적 세계와 디지털 세계의 경계를 무너뜨리고, 모바일을 이용해 그 둘을 통합하는 데 집중하고 있다. 매장, 온라인, 소셜미디어 등 구매 장소에 상관없이 소비자들을 참여시키기 위해서다. 우리 팀은 끊임없이 자문한다. '소비자가 모든 접점에서 더 참여하고, 퍼스널 브랜드를 경험하기 위해 우리가 무엇을 해야 하는가?'

우리는 버버리의 아이콘이자 우리가 하는 모든 것에 영감을 주는 트렌치코트를 언제나 기념할 것이다. 일례로 얼마 전에는 여성들을 위한 새로운 향수 제품 '마이 버버리My Burberry'를 론칭했다. 사람들이 자신의 버버리 코트를 '내 버버리'라고 살갑게 부르는 데에서 착안한 이름이다. 뚜껑은 버버리 코트에 전통적으로 사용해온 뿔 단추에서 영감을 얻었고, 리본은 버버리의 시그너처인 개버딘 옷감으로 만들었다. 처음으로 모노그램 서비스(이니셜 각인 서비스로 버버리닷컴Burberry.com과 셀렉트 스토어, 도매 카운터에서 신청할 수 있다)를 만들었다. 덕분에 소비자들은 자신만의 향수병을 갖게 되었다. 소비자들이 병에 새긴 디지털 모노그램 이미지를 공유하는 걸 보면 정말 기분이 좋다.

버버리는 소비자를 위해 브랜드 경험과 서비스, 제품 제안을 어떻게 더 개인화하고 최적화하는가? 특히 자랑스럽게 생각하는 사례를 몇 가지 들어 달라.

"Our heritage is not
just where we've been,
but the values with
which we'll shape the
next chapter for
Burberry..."

버버리의 유산은
그저 오랜 역사가 아니라 지금까지 지켜온 가치다.
이 가치가 버버리 역사의 다음 장을 만들어 낼 것이다.

우리는 모든 일에서 소비자 경험을 생각하고, 소비자가 참여하고 감동하는 경험을 어떻게 창조할지 생각한다. 일례로 최근에 전 세계 소비자들을 위해 2015년 봄여름 여성복 패션쇼를 실시간 스트리밍 서비스로 제공했다. 2010년부터 제공해온 서비스로, 누구나 패션쇼 맨 앞줄에 앉아 있는 것 같은 기분을 느낄 수 있었다.

패션쇼를 '생방송'으로 진행하면서, 우리는 소비자 경험을 풍부하게 하는 새로운 방식을 발견하고 소비자들이 인터넷을 통해 패션쇼의 모든 요소를 체험할 수 있기를 바랐다. 그래서 이번 패션쇼에 유튜브와 손잡고, 우리는 시청자들이 다양하게 연결된 영상을 넘나들며 패션쇼의 한 장면에서 다음 장면으로 끊김 없이 이동할 수 있도록 새로운 베타 기능을 활용했다. 이번 패션쇼의 디자인 영감, 배경음악, 메이크업, 게스트에 관한 숨은 이야기도 공개했다.

버버리는 패션쇼에서 선보인 제품 가운데 소비자가 원하는 아이템을 구매할 수 있는 방법을 새롭게 제공하기 위해 지속적으로 기술을 활용하고 있다. 미국 소비자들은 '지금 구매Buy Now' 기술을 새로 적용한 트위터를 통해 이번 시즌 버버리의 네일 컬러를 곧바로 구매할 수 있었다. 럭셔리 브랜드 가운데 트위터와 함께 즉시 구매 기술 프로그램을 적용한 것은 우리가 처음이다. 그 프로그램은 우리의 '런웨이 주문Runway Made to Order'에 추가된 기능이다. 런웨이 주문은 소비자들이 패션쇼에서 바로 겉옷이나 가방을 구매하거나 맞춤 제작할 수 있게 해주는 기능으로, 제품이 실제 매장에 입고되는 것보다 짧게는 9주에서 길게는 몇 달 전에 먼저 제품을 구매할 수 있다.

우리는 아시아에서 디지털 플랫폼을 지속적으로 혁신하고 있다. 이번 시즌에는 위챗(WeChat, 중국의 무료 문자메시지 서비스-옮긴이)과의 협력을 한 단계 더 발전시켜서 최초의 인터넷 라이브 패션쇼를 개최했는데, 중국의 유명 여배우이자 감독인 자오웨이의 독점 진행을 함께 제공했다.

그 모든 노력은 버버리 브랜드에 담긴 감동과 진정성을 전달하기 위해서 기술을 인간적으로 활용하려는 우리의 열정 덕분에 가능했다.

급속한 기술 발달, 인구 통계학적 변동, 소비자의 기대 변화 등 새로운 시대로의 이동이 더욱 빨라지고 있음은 부정할 수 없는 사실이다. 이 중대한 시점에 버버리는 무엇을 중요한 기회로 삼고 있는가?

브랜드가 사회에 발맞추는 능력, 그러니까 소비자와 보조를 맞추는 유일한 방법은 연관성을 유지하는 것이다.

세계시장에서 소비자가 브랜드, 매장, 제품에 참여하는 방법을 더욱 잘 이해하기 위해서 우리는 소비자 통찰력을 이용해 기회를 잡는다. 판매원이 매장에서 아이패드를 이용해 소비자 프로필을 만들고 확인할 수 있는 툴인 '버버리 고객 1-2-1^{Burberry Customer 1-2-1}'과 같은 혁신적 장치는 선호도와 온 · 오프라인 거래 내역을 보여준다. 덕분에 매장 판매원들은 더 개인화되고 끊김 없고 채널에 맞는 경험을 소비자들과 나눌 수 있다.

뷰티 산업은 큰 기회다. 버버리 브랜드를 위해서도 큰 기회이고 패션 업계를 뒤흔들고 있는 디지털 기술을 활용한다는 점에서도 큰 기회다. 우리는 2013년에 뷰티 분야를 기업의 일부로 포함시켰다. 버버리는 다양한 플랫폼에 맞춤형 경험을 제공하고 있으며, 그 결과 뷰티 분야의 고객들은 개인화된 프로그램 중심에 있다. 디지털 중심의 '마이 버버리 캠페인'이나 양방향 네일 바와 맞춤형 선물을 제공하는 코번트가든 Covent Garden의 버버리 뷰티 박스Burberry Beauty Box 콘셉트 매장, 그리고 트위터의 '지금 구매' 기술을 통해 제공된 패션쇼 네일 컬러, 이 모두는 디지털의 창의성을 이용해 새로운 방식으로 패션과 뷰티를 혼합한 놀라운 일이었다.

IBM,
빅데이터로 개인을 읽다

존 이와타 Jon Iwata

IBM에서 마케팅, 커뮤니케이션, 기업 책임을 담당하고 있다. 이와타가 이끄는 글로벌 부서는 IBM 제품과 서비스 포트폴리오, 마케팅 분석, 커뮤니케이션, 관리를 책임지고 있으며, 그 분야에서 세계 최고로 알려져 있다. 이와타와 그의 팀은 IBM의 '더 똑똑한 지구Smarter Planet' 전략, 왓슨의 마케팅과 커뮤니케이션 등을 주도했다. 이와타는 IBM의 사장 겸 최고경영자 버지니아 로메티Virginia Rometty에게 직접 보고한다. 그는 IBM 전략팀 팀장으로 기업의 장기 전략과 기회를 담당할 뿐 아니라 운영 팀의 일원으로서 매일의 시장 경영을 책임지고 있다. IBM 국제재단IBM International Foundation 부회장이기도 하다. 1984년 실리콘밸리의 IBM 알마덴 연구센터Almaden Research Center에서 처음 일을 시작했으며, 1995년 IBM 커뮤니케이션 부사장에 임명되었다. 2002년에는 커뮤니케이션 수석 부사장이 되었고, 2008년 1월 1일부터 지금의 보직을 수행하고 있다.

급속한 기술 발달, 인구 통계학적 변동, 소비자의 기대 변화 등 새로운 시대로의 이동이 더욱 빨라지고 있음은 부정할 수 없는 사실이다. 이 중대한 시점에 IBM 브랜드가 직면한 핵심 과제는 무엇인가?

지금의 도전 과제는 근본적인 문제라고 생각한다. 바로 위대한 브랜드가 되기 위해서 먼저 진짜가 되어야 한다는 것이다. 브랜드는 기업 문화, 기업 행동, 기업 구성원들에 기반을 두어야 한다.

소셜미디어와 모바일 기술로 인해 기업에 관한 생생한 지식이 있는 사람은 누구나 모든 사람과 경험을 나눌 수 있게 된 오늘날에는 특히 더 그렇다. IBM의 경우, 이 투명한 세상을 마음 편히 받아들이고 기업의 장점으로 바꿀 수 있는 유일한 방법은 전 임직원이 IBM이 추구하는 것을 기반으로 삼는 것이다.

브랜드에 대한 가장 중요한 투자는 조직 내부의 명료성을 확립하는 것이다. 예를 들어, 요즘 나는 인사 담당자와 협력해서 채용 기준부터 경영진 선택, 인력 개발까지 IBM을 IBM답게 만드는 것들을 반영하고 강화하는 모든 것을 확실하게 점검하고 있다.

여전히 많은 브랜드가 과거의 마케팅 전략에 기반을 두고 있는 가운데, 여태껏 우리가 본 적 없는 새로운 세계가 오고 있다. 지금의 세계는 하루 24시간 내내 매우 효율적이고, 서로 긴밀히 연결되어 있으며, 고도로 통합된 세계, 사용자가 정의 내리는 영역이 늘고 있는 세계다. IBM은 변화하는 산업의 요구와 압력, 선호도에 어떻게 대응하고 있는가? 미래를 위해 어떤 '베팅'을 하고 있는가?

IBM은 혁신적인 기업이다. 기술에 관해 알고 있고, 기술이 새로운 비즈니스를 만들어 내는 방식도 알고 있다. IBM 브랜드가 강한 힘과 연결성을 유지하는 유일한 방법은 세계에서 가장 빠르게 변하는 산업에서 선두 자리를 놓치지 않는 것이다. IBM의 가장 큰 베팅은 빅데이터, 클라우드 컴퓨팅, 모바일과 소셜 기술이 낳은 새로운 현실을 포용하는 기업으로 탈바꿈하는 것이다.

덕분에 IBM의 브랜드 경험이 크게 바뀌고 있다. 예를 들어, 빅데이터는 슈퍼컴퓨터 왓슨Watson과 같은 혁신을 낳았다. 왓슨은 세계 최초의 인지 컴퓨터 시스템이다. 모든 종류의 막대한 데이터를 소화하는데, 사람이 프로그래밍을 하는 것이 아니라 훈련을 시키고, 그러면 왓슨이 스스로 배운다. 스스로 가설을 세우고, 고려해야 할 제안을 한다. 헬스케어, 금융, 소매 분야에서 이미 활동 중이다. 왓슨은 IBM 브랜드가 인격화한 것에 가깝다. 왓슨이 IBM인 이다.

디지털 기술로 가능해진 양방향 투명성의 세상world of two-way transparency 은 우리 시대의 특징이라 할 수 있다. IBM은 빅데이터의 통찰력에서 무엇을 얻는가? 정보 수집과 사생활 보호 사이에서 어떻게 균형을 잡고 있는가?

데이터 덕분에 시장이 아니라 개인에 집중할 수 있게 되었다. 우리가 인구에 시장 세분화 모델segmentation model을 적용하는 것이 아니라, 소비자가 직접 세분화한 시장을 암암리에 또는 분명하게 우리에게 전달한다. 소비자는 우리가 개인적이고, 연관성이 있고, 점차 예측 가능한 지식을 가지고 참여를 호소하길 바란다. 이는 분명 수동적으로 할 수 있는 일이 아니다. 개인적 참여를 거대한 규모로 실현하기 위해서는 풍부한 데이터와 행동과학의 지식을 갖춘 시스템을 만들어야 한다.

우리는 이 새롭고 친밀한 관계가 전적으로 신뢰를 바탕으로 함을 알고 있다. 보안과 사생활은 게이팅 요소(gating factor, 상호 연관된 작업의 중요한 요소로, 전체 과정을 지연시킬 수도 있다-옮긴이)다. IBM은 직원들의 유전적 정보를 보호하는 선도적인 사생활 정책을 포함해 고객과 직원들

"Watson is as close to
a personification of the
IBM brand as anything
we've ever created
- Watson is an IBMer."

왓슨은 IBM 브랜드가 인격화한 것에 가깝다.
왓슨이 IBM인ᆺ이다.

의 데이터를 철통같이 보호하고 있다. 170개 국가에서 IBM이 활동하는데 저마다 다른 데이터 보안과 사생활 보호 규정을 갖고 있다. 데이터와 그 활용을 투명하게 유지하고 소비자가 통제권을 가져야 한다는 것은 우리의 핵심 원칙이며 어디에서나 동일하다. 사람들은 현명하고 상식이 있으며, 신뢰할 수 있는 사람이나 기관이 아니라면 정보를 공유하지 않는다.

IBM은 브랜드 경험과 서비스, 제품 제안을 어떻게 더 개인화하고 소비자에게 최적화하는가? 특히 자랑스럽게 생각하는 중요한 예를 몇 가지 들어 달라.

클라우드로 달라진 덕분에 IT와 비즈니스는 전문가와 사용자들이 직접 이용 가능한 디지털 서비스로 바뀌고 있다. 전통적인 개념의 B2B 또는 소매업들에는 도전 과제이다. 클라우드는 IBM을 '사람을 향하는 비즈니스business-to-person' 브랜드로 바꾸고 있다. 향후 IBM의 혁신과 전문성이 더 많은 디지털 서비스로 제공될 것이다.

우리는 소비자가 우리 제품과 서비스를 사용하는 방식, 소비자의 참여를 실시간으로 해석하고 소비자가 언급하는 선호도뿐 아니라 실제적인 행동을 이해한다. 그것을 바탕으로 IBM의 마케팅, 제품 개발, 가격, 조건 등을 바꾸고 있다. 미국, 아시아, 유럽 등에 IBM 마케팅 디자인 스튜디오IBM Marketing Design Studio를 세웠고, 소프트웨어 세계에서 얻은 민첩한 개발 방식을 활용해 IBM의 전문가와 기관들을 훈련시키고 있다.

지난 1년 동안 소비자가 원하는 것을 확실하게 제공한다는 점을 입증한 브랜드들이 있다. 예컨대 넷플릭스Netflix는 드라마를 한번에 몰아 보기 좋아하는 사용자들에게 만족감을 주기 위해 콘텐츠 전달 방식을 완전히 바꾸었다. 요즘에는 이런 점에서 어느 브랜드가 바람직한 행보를 한다고 생각하는가?

내가 가장 인정하는 브랜드는 단순히 소비자가 원하는 것을 제공하는 것이 아니라 그들이 원하는 것을 다시 구성하고, 그것을 제공하기 위해 스스로 변화하는 브랜드이다. 예를 들어, 메모리얼 슬론 케터링 암센터Memorial Sloan Kettering Cancer Center는 지금까지와는 완전히 다른 암 치료법을 수용하고, 전문가들의 핵심 가설들을 재고하고 있다. 한 분야의 최고 조직으로서는 이례적이다.

존슨앤드존슨, 스토리텔링으로 신념을 전파하다

마이클 스니드 Michael Sneed

존슨앤드존슨의 글로벌 사업부Global Corporate Affairs 부사장이며, 기업관리위원회Corporation's Management Committee 회원이다. 스니드는 존슨앤드존슨에서 글로벌 마케팅, 커뮤니케이션, 자선 활동 등을 담당하고 있다. 그 전에는 존슨앤드존슨의 기업 그룹 회장Company Group Chairman이자, 의료 기기와 진단 그룹 운영위원회Medical Devices & Diagnostics Group Operating Committee 회원으로 일했다. 스니드는 매캘러스터 대학의 신탁위원회 회원이며, 미국 가족복지협회Family Service Association 이사회의 집행위원이기도 하다. 또한 미국 공익광고협의회Ad Council 집행위원회에서 일하고 있다.

존슨앤드존슨Johnson & Johnson은 1세기가 넘는 동안 더 건강한 삶을 위한 제품을 만들어왔다. 역경을 헤치고 사람들의 신뢰를 얻는 브랜드로 남기 위해 어떤 힘과 능력을 지속적으로 보여줄 생각인가?

모든 일은 우리의 신념Credo을 바탕으로 시작된다. 여기에서 말하는 신념은 우리의 비즈니스 관례와 결정에 지침을 제공하는 원칙이다. 존슨앤드존슨은 성공할 때나 역경을 겪을 때나 똑같이 신념을 중시하고, 우리 제품과 서비스를 이용하는 소비자들을 가장 먼저 생각한다. 존슨앤드존슨의 다양한 이해관계자들은 우리가 하는 일이 옳다는 사실을 알고 있다. 우리라고 완벽한 것은 아니다. 기업을 위해 장기적이고 올바른 결정을 내린다면 어려움을 이길 수 있다. 존슨앤드존슨이 128년 전통의 신뢰받는 브랜드라는 사실이 그 증거다.

여태껏 우리가 결코 본 적 없는 새로운 세계가 도래하고 있다. 하루 24시간 내내 매우 효율적이고 긴밀히 연결되어 있으며 고도로 통합된 세계, 사용자가 정의 내리는 영역이 늘고 있는 세계다. 존슨앤드존슨은 변화하는 소비자의 요구와 압력, 선호에 어떻게 대처하고 있는가? 미래를 준비하기 위한 가장 큰 '베팅'은 무엇인가?

세계적 기업인 존슨앤드존슨은 분권화된 비즈니스 모델 덕분에 지금까지 오랜 시간을 버텨왔고, 이해관계자들과 친밀한 관계를 유지할 수 있었다. 이 비즈니스 모델은 각 지역에서 비즈니스를 유지하고, 다양한 시장의 요구를 이해하며, 소비자들의 특정한 요구를 최대한 충족할 수 있는 기회를 제공했다.

가장 중요한 베팅은 헬스케어 분야에서 폭넓은 비즈니스를 유지해온 것인데, 이는 여타의 헬스케어 기업과 차별화된 점이다. 제약, 의료기기, 진단, 소비자 제품 등 모든 분야의 비즈니스가 함께 어우러지면서 소비자와 환자를 위해서 다양한 분야에 걸친 솔루션을 제공하기 때문에 상당한 이점이 있다.

또 중요한 베팅이 기술 투자다. 기술은 헬스케어를 시행하고, 소비자와 환자의 요구에 최적화하는 방법과 직접 관계있다. 우리는 임직원들에게도 투자한다. 훌륭한 임원과 자율권이 있는 직원이 기업을 번영시킨다. 그들의 성공에 필요한 도구와 자원을 제공하는 것이 우리의 임무다.

존슨앤드존슨 커뮤니티에서 스토리텔링은 어떤 구실을 하는가? 소비자들이 직접 들려주는 '삶의 이야기'가 어떻게 대화를 끌어내고, 소비자들의 건강에 더 많은 도움을 주며, 소비자의 브랜드 인식에 어떤 영향을 주는가?

128년 전통의 존슨앤드존슨에는 스토리가 정말 많다. 우리는 비즈니스 중 상당 부분을 우리 유산을 분명히 드러내는 이야기들을 바탕으로 결정한다. 비즈니스나 헬스케어 분야에서는 모든 게 빠르게 변화한다. 하지만 하나하나―그게 올해 발명한 신약이든 가정용 제품이든―가 어떻게 지금의 상황에 이르게 되었고, 왜 그런 방식을 갖게 되었는지를 이해할 시간을 갖는 것이 중요하다.

밴드에이드BAND-AID의 일체형 밴드는 100년여 년 전에 만들어진 제품이다. 1920년 존슨앤드존슨에서 면화 구매를 담당했던 젊은 직원이 만들었다. 그의 아내가 부엌일을 하면서 뜨거운 것에 데고 칼에 베어 상처가 많이 생기자 그것을 아물게 해주려고 발명한 것이다. 이 이야기는 진정성 있고 공감을 불러일으킬 뿐 아니라 이해관계자들에게 감동을 안겨준다. 존슨앤드존슨 이야기의 중심은 우리 자신이다. 이야기 공유는 세상과 소비자 한 사람까지 모두 배려하는 존슨앤드존슨의 유산을 이어가는 데 도움을 준다.

존슨앤드존슨은 브랜드 경험과 서비스, 제품 제안을 어떻게 더 개인화하고, 소비자에게 최적화하는가? 특히 자랑스럽게 생각하는 사례를 몇 가지 들어 달라.

10년 전 인간 게놈 지도가 처음 완성되었을 때, 인간 질병에 관한 우리 생각이 바뀌었다. 그 뒤, 존슨앤드존슨의 제약 비즈니스에서는 특정 신체 유형에 따른 부작용을 이해하기 위해 노력했다.

의료 기기와 진단 비즈니스 분야에서는 3D 프린트 기술로 인해 수술 방식에 혁신이 일어나고 있다. 3D 이미지를 기반으로 환자에게 꼭 맞는 무릎과 엉덩이뼈를 만들 수 있기 때문이다.

일반 상품을 예로 들면, 각 피부 타입에 맞는 활성 물질을 가지고 맞춤형 제품을 제공하고 있다.

2014년 베스트 글로벌 친환경 브랜드로 선정된 존슨앤드존슨은 기업 시민Corporate Citizen이자 환경에 대해 의식 있는 기업으로서 그 노력을 인정받고 있다. 가장 자랑스러운 프로그램과 계획은 무엇인가?

우리는 새천년개발목표MDG, Millennium Development Goals를 달성하기 위해 국제연합과 협력하는 선도적 민간 기업이라는 점을 매우 자랑스럽게 생각한다. 포괄적인 '모든 여성과 모든 어린이를 위하여(Every Woman Every Child, 빈곤과 기아 퇴치 · 양성평등 · 여성 능력 고양 · 유아 사망률 감소 등 UN의 MDG-옮긴이)'는 2015년까지 5년 동안 1억 2000만 명의 여성과 어린이에게 도움을 제공하기 위한 국제연합의 프로그램으로, 특히 헬스케어와 정보가 제한된 지역의 여성과 어린이에게 집중하고 있다. 존슨앤드존슨은 프로그램의 목표 달성을 위해 열정을 다해 협력하고 있다.

환경보호에 대한 오랜 의지는 존슨앤드존슨의 상징이다. 배출을 줄이고, 여러 지역에서 태양열 에너지로 대체하고, 폐수와 고형 폐기물을 감소하는 등 선도적 환경 기업으로 지금까지 많은 기록을 남긴 점을 자랑스럽게 생각한다. 비즈니스가 다변화된 기업의 장점 중 하나는 특정 비즈니스의 모범 사례를 다른 분야에 적용할 수 있다는 것이다.

지난 1년 동안 소비자가 원하는 것을 확실하게 제공한다는 점을 입증한 브랜드들이 있다. 예컨대 넷플릭스는 드라마를 한번에 몰아 보기 좋아하는 사용자들에게 즉시에 만족감을 주기 위해 콘텐츠 전달 방식을 완전히 바꾸었다. 요즘에는 이런 점에서 어느 브랜드가 바람직한 행보를 한다고 생각하는가?

내가 가장 좋아하는 브랜드는 아마존Amazon이다. 아마존은 고객 서비스 중심의 비즈니스 신념을 갖고 있다. 굴곡의 시간을 거치면서 완전히 자리 잡힌 신념이다. 지난 몇 년 동안 아마존은 고객 서비스와 혁신을 결합해 특별한 서비스를 제공하는 거대 기업에 머물지 않고 소비자들의 삶과 연결된 기업이라는 사실을 증명했다. 아마존의 연결성relevance은 모범적인 본보기이고, 그런 점에서 제프 베저스(Jeff Bezos, 아마존의 설립자이자 최고경영자-옮긴이)를 높게 평가한다.

피자헛,
재료부터 속도까지
무엇이든 맞춰라

커트 케인 Kurt Kane

피자헛의 글로벌 마케팅·식품 혁신 담당자다. 피자헛은 90개 이상의 국가에 1만 5천 개 이상의 지점을 두고 있는 피자 업계의 선두 기업이다. 연 매출은 120억 달러에 달한다. 케인은 피자헛이라는 거대 브랜드의 전략적 방향을 개발하는 한편, 모든 광고, 미디어 계획, 제품 혁신에 참여하고 있다. 또한 중동, 터키, 캐나다 지역의 전반적인 경영을 담당하고 있다.

급속한 기술 발달, 인구 통계학적 변동, 소비자의 기대 변화 등 새로운 시대로의 이동이 더욱 빨라지고 있음은 부정할 수 없는 사실이다. 이 중대한 시점에 피자헛이 직면한 핵심 과제는 무엇인가? 모바일 기술이 피자헛의 주문과 배달 체계에 어떤 영향을 미치는가?

피자헛의 가장 장점이자 가장 큰 도전 과제는 누구나 피자를 좋아한다는 것이다. 그래서 누구나 피자 사업에 뛰어들고 싶어 한다. 우리는 지난 50년 동안 전 세계 피자 시장에서 누구나 인정하는 선도 기업이었다. 그 입지를 유지하기 위해 피자헛은 꾸준히 혁신을 추구하며 피자 비즈니스 전체를 새롭게 바꾸고 있다. 모바일 기술은 그 변화 중 하나이다. 우리는 피자 소비자들을 위한 모바일 경험을 개척했고, 모바일 앱을 제공한 첫 번째 피자 기업이다. 피자헛은 지금도 모바일에 집중하고 있다. 모바일이 미래의 성장을 이끌어갈 것이라는 생각 때문이다.

"Information has naver been more available for brands, and applying that information has never been more important to the customer experience."

지금 브랜드들은 유례가 없을 만큼 많은 정보를 사용하고, 정보를 활용하는 것이 소비자 경험 면에서 어느 때보다 중요하다.

지금의 세계는 하루 24시간 내내 매우 효율적이고, 서로 긴밀히 연결되어 있으며, 고도로 통합된 세계, 사용자가 정의 내리는 영역이 늘고 있는 세계다. 피자헛은 변화하는 요식 산업의 요구와 압력, 선호에 어떻게 대처하고 있는가? 패스트 캐주얼(fast-casual, 패스트푸드 식당보다 좀 더 나은 식당-옮긴이)을 선호하고, 독특한 식당 경험을 추구하는 경향이 피자헛의 목표에 어떤 영향을 미치는가?

피자헛은 언제나 피자 비즈니스의 흐름을 선도해왔다. 우리는 소비자들이 좋아하는 신선한 재료에 품질 좋은 피자를 배달하는 것이 기본이다. 우리는 좀 더 개방적이 되고, 또 온라인상으로나 가정과 식당에서 최고 수준의 경험을 소비자에게 제공하기 위해 날마다 노력한다.

디지털 기술로 인해 가능해진 양방향 투명성의 세상은 우리 시대의 특징이라 할 수 있다. 피자헛은 빅데이터의 통찰력에서 무엇을 얻고 있는가? 정보 수집과 사생활 보호 사이에서 어떻게 균형을 잡는가? 고객이 선호하는 메뉴와 고객들의 프로필 정보가 비즈니스에 도움이 되는가?

지금 브랜드들은 유례가 없을 만큼 많은 정보를 사용하고, 정보를 활용하는 것이 소비자 경험 면에서 어느 때보다 중요하다. 우리는 고객이 무엇을 원하는지 더 잘 알게 되었다. 이제 우리의 과제는 트렌드와 소비자 수요를 앞서 나가는 것이다. 피자헛은 방대한 정보를 갖고 있어서 최고의 소비자 경험을 제공하고 있다. 이런 통찰력이 더 뛰어난 소비자 경험을 창조하는 우리만의 방식으로, 가치를 인정받길 바란다.

양방향 피자 주문 테이블(interactive pizza-building table, 가상의 테이블을 이용해 소비자가 직접 피자 재료와 요리법을 고를 수 있는 피자헛의 서비스-옮긴이)은 최첨단 기술을 이용해 소비자를 참여시키려는 흥미로운 노력이었다. 최근 또 다른 개선이 있었는지 알려 달라. 그 밖에도 소비자를 위한 개인화된 맞춤형 식당, 배달 경험을 더 고려하고 있는가?

양방향 피자 주문 테이블은 소비자들이 원하는 대로 조정할 수 있어서 큰 사랑을 받고 있다. 원하는 재료를 이용해 원하는 방식과 원하는 속도에 따라 피자를 만들 수 있다. 원하면 얼마든지 많은 옵션을 선택할 수 있다. 사용법을 익히지 않아도 직관적으로 주문할 수 있다. 세계적으로 더 큰 성과를 얻어낼 것이다.

지난 1년 동안 소비자가 원하는 것을 확실하게 제공한다는 것을 입증한 브랜드들이 있다. 요즘은 어느 브랜드가 바람직한 행보를 한다고 생각하는가? 피자헛은 피자 배달을 위해 드론drone을 사용할 계획인가?

피자헛에서도 뭔가를 준비하고 있다. 드론일지 아니면 다른 무선 통제 방식일지, 새로운 소비자 경험을 추가하려고 탐색하는 것은 즐거운 일이다. 그러니 앞으로도 피자헛을 주목해 달라.

SAP, 구매자에서 사용자로 고객의 역할을 확장하다

조너선 베허 Jonathan Becher

SAP의 최고 마케팅 책임자CMO로 전 세계 마케팅 전략 개발과 실행을 담당한다. 파일럿 소프트웨어Pilot Software의 사장 겸 CEO였던 그는 2007년에 SAP가 파일럿 소프트웨어를 인수하면서 SAP에 합류했다. 그 전에는 어크루 소프트웨어Accrue Software의 CEO 겸 사장을 역임했으며, 네오비스타 소프트웨어 NeoVista Software의 공동 창립자이다. 소셜미디어를 활발하게 이용하며 워킹 어라운드Walking Around라는 유명 블로그를 운영하고 있다. 2014년 〈포브스〉가 발표한 세계에서 가장 영향력 있는 CMO 중 한 명으로 선정되기도 했으며, 〈허핑턴포스트Huffington post〉는 소셜미디어 활용이 가장 뛰어난 CMO로 선정했다. 〈소셜미디어 마케팅 매거진Social Media Marketing Magazine〉은 소셜미디어 활용이 가장 뛰어난 CMO 5명 중 한 명이자 트위터를 가장 잘 활용하는 CMO로 선정했다.

급속한 기술 발달, 인구 통계학적 변동, 소비자의 기대 변화 등 새로운 시대로의 이동이 더욱 빨라지고 있음은 부정할 수 없는 사실이다. 이 중대한 시점에 SAP 브랜드가 직면한 핵심 과제는 무엇인가?

세계적으로 급격한 변화가 일어나면서 SAP의 비즈니스 역시 급격한 변화를 겪고 있다. SAP는 2014년 인터브랜드가 선정한 브랜드 25위에 오르는 영예를 안았다. SAP 브랜드 인지도가 상당히 높다는 뜻이다. 우리의 핵심 도전 과제는 브랜드는 잘 알려져 있는 반면, 우리의 비즈니스, 고객, 시장이 너무 빨리 변화하기 때문에 브랜드에 대한 이해도는 부족하다는 사실이다.

40년 역사에서 대부분의 기간에 SAP는 전사적 자원관리ERP, Enterprise Resource Planning 프로그램, 즉 비영업 분야의 제품에 집중해왔다. 그런데 이제는 ERP가 우리 전체 비즈니스의 3분의 1에도 미치지 못한다. 지금은

25종의 다양한 산업을 위해 수백 가지 제품을 생산하고 있다.

SAP 고객은 우리 제품을 구매하는 기업에서 사용자로 확장되었고 개발자, 파트너, 직원들까지 우리 고객이다. 이런 변화 덕분에 SAP는 더이상 B2B 브랜드가 아니다. 우리는 사람 대 사람의 브랜드로 거듭나야 한다. 그래야만 우리의 소프트웨어를 접하는 모든 사람이 그 가치를 이해하도록 도울 수 있다.

우리는 미래의 기술에 관한 대화에서 빠지지 않으면서도, 전통적인 기술에 뿌리를 둔 우리의 기반을 소외시키지 않을 것이다. 또 SAP가 일상생활에 가져다주는 가치를 새로운 광고 대상자들에게 알리고, 새로운 소비자들과 인간적인 방식으로 접촉해야 한다.

여전히 많은 브랜드가 과거의 마케팅 전략에 기반을 두는 가운데, 여태껏 우리가 본 적 없는 새로운 세계가 오고 있다. 지금의 세계는 하루 24시간 내내 매우 효율적이고, 서로 긴밀히 연결되어 있으며, 고도로 통합된 세계, 사용자가 정의 내리는 영역이 늘고 있는 세계다. SAP는 현재 활동 중인 비즈니스 분야에서 변화하는 요구, 압력, 선호에 어떻게 대응하는가? 미래를 위한 SAP의 가장 큰 '베팅'은 무엇인가?

연관성을 유지하며 성공을 거두기 위해 우리는 진취적으로 생각하고 빠르게 적응해야 한다. 이제 우리 고객들은 요구에 따라 솔루션을 제공받고, 단기간을 단위로 사용료를 지불하며, 간결한 경험을 원한다.

우리의 접근 방식을 개발, 판매, 지원, 마케팅으로 변화시켜야 한다는 뜻이다. 우리는 이 새로운 요구에 부응하기 위해서 비즈니스 모델을 완전히 바꾸고 있다.

우리는 단순성simplicity에 베팅하고 있다. 소비자들을 위해서 간략한 E2E(end-to-end, 중간 단계를 생략한 방식-옮긴이) 경험을 만들어 내는 데 집중하고 있다. 소프트웨어를 사용하고 구매하기 쉽게 만들어야 한다는 뜻이기도 하다. SAP와 소비자의 상호작용에만 제한되는 게 아니다. 단순성은 우리가 소비자에게 제공하는 핵심 비즈니스 가치다. 우리는 SAP의 '런 심플Run Simple, 단순하게 실행한다' 접근법으로 기업들이 복잡성을 줄일 수 있도록 돕고 있다. 단순성은 일터에서 피부로 느낄 수 있어야 하고, 사람들의 개인적 삶의 영역으로 퍼져 나가야 한다. 단순성은 우리가 하는 모든 일, 우리와 관계있는 소비자들의 모든 일을 이끌어줄 것이다.

디지털 기술로 인해 가능해진 양방향 투명성의 세상은 우리 시대의 특징이라 할 수 있다. SAP는 빅데이터의 통찰력에서 무엇을 얻는가? 정보 수집과 사생활 보호 사이에서 어떻게 균형을 잡고 있는가?

각종 컨설팅 보고서에 따르면 빅데이터 분석은 사실상 모든 캠페인을 개선할 수 있다. 평균 25%씩 개선할 수 있다고 한다. 이런 잠재적 가치가 있는데도, 약 1,000개 브랜드가 참여한 한 연구 결과에 따르면 현재 의사 결정에 빅데이터를 50% 이상 활용하는 기업은 고작 10% 정도라고 한다.

마케터에게 빅데이터는 지금까지 해왔던 일을 다른 방법으로 하는 것뿐이다. 마케터의 네 가지 활동은 지금도 변함이 없다. 사람들 이야기를 듣고, 소비자를 이해하고, 각 개인을 위한 경험을 전달하고, 시간과 자원을 최적화하는 것이다. 빅데이터는 이 네 가지를 효율적이면서 적은 비용으로 할 수 있도록 도와주고, 전보다 더 많은 권한을 갖게 된 소비자들에게 우리가 가지고 있는 소비자 중심의 비전을 맞출 수 있도록 해준다. 또한 빅데이터는 과거에는 불가능했던 모델과 혁신, 사고방식을 가능하게 만들어준다.

사생활과 보안은 SAP와 우리 고객에게 매우 중요하다. 5개 대륙에 있는 SAP의 16개 지역 데이터 센터는 최고의 보안 기준에 이르기까지 끊임없이 데이터를 처리하고, 분석하고, 저장한다. 지역 데이터 센터 덕분에 우리 고객들은 이상적인 속도로 안전하게 자신의 비즈니스를 클라우드로 이전하고 있다. 현재 7만 3000개 기업과 3600만 명이 넘는 사람들이 클라우드를 기반으로 한 SAP 솔루션을 활용하고 있다. 지역의 데이터 센터는 고객들의 가치를 위한 시설value proposition이다. 우리는 데이터를 안전하게 보호하기 위해 매 순간 모든 노력과 주의를 기울인다.

SAP의 사생활 보호 관례는 개인 정보 처리에 관한 세계적 원칙과 기준을 반영한다. 거기에는 데이터 사용 알림, 데이터 사용 선택, 데이터 접근, 데이터 무결성(data integrity, 데이터 편집이 허용되지 않는 사용자와 방

"We are betting on simplicity. That means making our software simple to use and simple to buy."

우리는 단순성에 베팅하고 있다.
소프트웨어를 사용하고 구매하기 쉽게 만들어야 한다는
뜻이기도 하다.

식에 의해 수정 또는 삭제되는 것을 방지하는 것-옮긴이), 보안, 제3자 전송, 실행과 감독 등이 포함된다.

SAP는 브랜드 경험, 서비스와 제품 제안을 어떻게 더 개인화하고 소비자에게 최적화하는가? 자랑스럽게 생각하는 사례를 들어 달라.

우리가 관리하는 '아이디어 플레이스$^{Idea\ Place}$'라는 크라우드소싱 플랫폼에서 사람들은 SAP에서 개발해야 한다고 생각하는 제품과 기능에 관한 아이디어를 공유한다. 이 커뮤니티에서는 제안된 아이디어에 관한 호불호를 투표할 수 있다. 표를 가장 많이 얻은 아이디어는 그다음 단계를 거친다. 아이디어 플레이스는 고객에게 최적의 경험을 창조하는 훌륭한 사례다. 우리는 고객에게 일방적으로 말하지 않고, 듣기보다 움직인다. 정확하게 말하면 사람들이 하는 말을 듣고, 행동에 나선다. 우리의 솔루션 중 'SAP 비즈니스 바이디자인$^{SAP\ Business\ ByDesign}$'은 2,500개 이상의 아이디어와 2만 5000표가 넘는 찬성표를 끌어모았다. 그 중 다수는 그다음에 배포한 소프트웨어에 실현했다.

개인적이면서 최적화한 경험을 창조하기 위해서는 복잡함을 없애야 한다. 우리는 소비자 경험이 얼마나 중요한지 알기 때문에 전에는 별도로 비용을 지불해야 했던 SAP 스크린 페르소나$^{SAP\ Screen\ Personas}$와 SAP 피오리$^{SAP\ Fiori}$를 추가 비용 없이 SAP의 소프트웨어 라이선스에 포함시키기로 결정했다. 이와 같은 지원은 소비자 경험을 개인화하고 단순화하기 위한 방법이다. SAP의 스크린 페르소나를 이용할 때에는 아이템을 스크린에 드래그해서 내려놓으면 활용이 간편하다. SAP 피오리는 전체 SAP의 포트폴리오 중 더 간편하고 용이한 사용자 경험이다. 이런 조치는 우리에게 상당한 변화이다. 돈을 버는 것보다 소비자들이 더 확실하게 활용할 수 있도록 만드는 데 초점을 맞추었기 때문이다.

지난 1년 동안 소비자가 원하는 것을 확실하게 제공한다는 점을 입증한 브랜드들이 있었다. 요즘은 어느 브랜드가 바람직한 행보를 한다고 생각하는가?

빅포인트Bigpoint가 그런 점에서 두드러진다고 생각한다. 빅포인트는 50가지가 넘는 게임을 25개 언어로 제공하는 온라인 게임 회사다. 2억 5000만 빅포인트 사용자 중 대부분이 무료로 게임을 즐긴다. 전체 게임 사용자의 단 2%가 방패, 무기, 장비 등 게임 아이템을 구매하려고 돈을 지불한다. 그렇다면 빅포인트는 어떻게 돈을 벌까? 게임 아이템이 판매되면 그 후 게임 속 모든 상호작용은 데이터 포인트가 된다. 게임 사용자들의 구매 습관을 파악하고, 어떤 시점에 아이템을 구매할 가능성이 있는지 알게 된다. 게임 사용자가 전투를 위해 새로운 무기를 구매하면 빅포인트는 그다음 전투 전에 새로운 무기 구매 옵션을 제안한다. 빅포인트는 이렇게 개인적 경험을 통해 훌륭한 비즈니스를 만들어 내고 있다. 덕분에 매출은 한 달 만에 12%나 성장했다.

토요타,
고객의 라이프스타일에
기술을 맞추다

잭 홀리스 Jack Hollis

토요타 미국 법인 마케팅 부사장이다. 시장 계획, 광고, 머천다이징, 홍보, 인센티브, 나스카NASCAR, 전미 스톡 자동차 경주 협회, 모터쇼, 인터넷, 서비스, 부품, 액세서리 마케팅 활동 등 모든 업무를 담당하고 있다. 스탠퍼드 대학의 NCAA 야구 챔피언십 팀NCAA National Baseball Championship과 신시내티 레즈Cincinnati Reds 팀에서 야구 선수로 활약하기도 했다.

자동차 산업은 새로우면서도 긴급한 도전 과제에 직면해 있다. 세계적으로 경쟁이 심화되는 가운데, 전기자동차와 하이브리드 자동차는 전보다 훨씬 더 성능이 좋아지고 있다. 토요타Toyota는 향후 10년 동안 소비자의 요구를 만족시키기 위해 어떻게 달라지려 하는가?

토요타는 앞으로 자동차 산업이 어떤 방향으로 나아갈지 생각하는 데 그치지 않고 자동차의 미래를 선도하기 위해 고군분투하고 있다. 우리는 전 세계 운송 산업의 과제를 연구하고 해결책을 낸다. 2014년 우리는 R&D 활동에 한 시간당 평균 100만 달러 이상을 투자했다.

새로운 기술이 더욱 빠른 속도로 운송 산업을 변화시키고 있다. 이들 기술은 특정 지점에서 다른 지점으로 이동하는 방법을 혁신적으로 바꿀 잠재력을 가지고 있다. 해답을 모두 알고 있는 사람은 없고, 우리 중 다수가 해답의 한 조각씩을 가지고 있을 뿐이다. 따라서 훌륭한 아이디어를 공유하면 놀라운 일이 벌어질 것이다. 토요타는 자동차 산업 전반의 파트너들과 협력하고, 학계, 규제 담당 정부 기관, 뛰어난 비전을 가진 전 세계 지도자들과 협력해 모든 사람이 더 안전하고, 친환경적이며, 편리한 미래를 만들기 위해 노력한다.

궁극적으로는 소비자가, 토요타에서 쓰는 표현을 빌자면 손님들이 각자의 라이프스타일에 맞는 기술을 선택할 것이다. 우리는 플러그 방식의 하이브리드 전기차, 순수 전기차, 연료전지 자동차, 하이브리드 자동차 등 다양한 옵션을 꾸준히 제공할 것이다. 이처럼 발전된 기술을 통해 소비자들의 요구를 만족시키려고 노력한다.

빅데이터를 활용해 끊김 없는 통합된 브랜드 경험을 창조하는 일이 브랜드 소유자들에게도 중요해지고 있다. 토요타는 교통 흐름과 도로 사정을 개선하기 위해 지방정부와 기업에 데이터를 제공할 계획이라고 말한 적이 있다. 토요타는 고객들과 진정성 있고 의미 있는 관계를 맺기 위해 고객 입장에서 데이터를 어떻게 활용하고 있는가?

토요타는 실시간으로 고객들 목소리를 듣고 트렌드를 분석하기 위해 토요타 소셜미디어 인텔리전스 센터Toyota Social Media Intelligence Center를 통해 3억 개 이상의 데이터를 활용하고 있다. 이렇게 얻은 데이터를 걸러 소비자가 가장 관심을 쏟는 문제와 브랜드 경험, 잠재적인 트렌드 기회, 판매를 이끌어 내기 위해 활용한다. 고객이 있는 장소에서, 고객의 요구에 고객을 참여시키는 것이 우리 목적이다. 토요타 기업 전체가 빅

"Loyalty often breeds
brand leadership.
Because once a guest
comes into your family
they don't want to go
anywhere else."

충성도는 곧잘 브랜드 리더십으로 이어진다.
일단 누군가의 집을 방문한 손님은
다른 곳으로 갈 생각이 없으니 말이다.

데이터를 활용해 혁신적 방법을 찾는 노력을 계속하고 있다.

토요타는 오랫동안 환경 분야에서 리더십을 발휘해왔다. 첫 번째 하이브리드 자동차인 프리우스Prius 모델을 론칭한 뒤에 특히 더 두드러졌다. 지금 토요타 브랜드가 기업 시민의식corporate citizenship을 높이는 활동을 어떻게 확대하고 있으며, 향후 도전 과제는 무엇인가?

자동차 성능을 개선하려는 열정과 지구를 향한 애정, 그 사이에서 어떻게 균형을 잡을까? 우리 엔지니어들은 매일 이 질문의 답을 찾는다. 우리는 안전하고 세련되고 운전이 즐거운 자동차를 개발하는 한편 우리 자동차와 트럭에 가장 앞선 환경 기술을 적용하려고 노력한다. 2002년부터 자동차 한 대당 에너지 사용이 22% 감소했다. 10년 동안 3만 가구에 공급할 수 있는 양의 에너지를 절약한 것이다.

현재 미국에는 200만 대가 넘는 토요타와 렉서스 하이브리드 자동차가 있다. 이는 다른 제조업체가 판매한 하이브리드 차량을 모두 합친 것보다 두 배나 많은 수치다. 또한 플러그로 충전하는 자동차, 전기차, 수소 연료전지 자동차 등 새로운 기술을 이용해 더 나은 미래를 건설하려고 노력한다.

2015년에는 20년 동안 연구와 개발을 거듭한 수소 연료전지 자동차 판매를 시작할 것이다. 이 자동차는 4도어 중형 세단으로 약 480킬로미터 연속 주행이 가능하고, 연료를 급유하는 데 채 5분이 걸리지 않는다. 수증기 말고는 자동차 배기가스가 전혀 배출되지 않는다. 수소 인프라 개발 등 아직 극복해야 할 장애물들이 있다. 토요타는 수소 연료전지 자동차를 지원하는 인프라를 만들기 위해 정부와 산업계 지도자들과 협력하고 또 재정을 지원하고 있다.

최근 미국 내 토요타 마케팅 부서는 각기 다른 부서로 조직된 구조가 아니라 브랜드 제품에 집중하기 위해서 구조조정을 단행하겠다고 발표했다. 새로운 조직은 캠리Camry, 툰드라Tundra, 하이랜더Highlander 등 제품별로 브랜딩, 제품에 관한 훈련, 마케팅 커뮤니케이션을 별도로 진행한다고 했다. 이런 변화의 원인은 무엇이고, 기업 내에 어떤 영향을 주고 있다고 생각하는가?

그 변화는 손님의 요구를 만족시키려는 우리의 열망에서 비롯했다. 지난 1년 동안 우리는 더 유연하고 민첩하며, 역동적 구조를 만들기 위해 노력해왔다. 덕분에 소비자가 가장 소중하게 생각하는 것들에 집중할 수 있었다.

새로운 마케팅 조직에서는 각 제품 팀이 그 제품의 수명 주기 내내 전략과 론칭에서부터 사소한 변화까지 전담한다. 우리는 협력을 늘리고, 업무를 결합하고 있으며, 가장 중요하게는 재미있는 요소를 늘리고 있다. 이런 변화로 지난 6개월 동안 브랜드 구조metrics가 개선되었다.

우리 목적은 안팎으로 일관된 기업이 되는 것이다. 우리가 진정성 있고 투명한 기업일 때 고객과의 관계도 향상할 수 있으며 이 점은 토요타의 우선순위 중 하나이다.

브랜드 리더십을 어떻게 정의하는가? 다른 브랜드 리더에게서 영감을 얻는가? 만약 그렇다면 이유는 무엇인가?

브랜드 리더십은 기업과 고객 간의 관계와 충성도를 나타내는 척도다. 고객과 개인적 관계를 만들고 그 관계의 긴밀도에 따라 소비자 충성도가 결정된다. 충성도는 곧잘 브랜드 리더십으로 이어진다. 일단 누군가의 집을 방문한 손님은 다른 곳으로 갈 생각이 없으니 말이다.

사람들이 브랜드를 선택하고 더 많은 돈을 지불하면서까지 그 브랜드를 구매하는 이유는 정서적 연결성emotional connection 때문이다. 특별히 마음이 가는 브랜드가 있는데, 그중 하나가 노드스트롬이다. 노드스트롬은 고객 한 명 한 명을 고유한 존재로 여기고 서비스하며 그들에게 주의를 기울인다. 투명성 면에서는 구글과 아마존이 가장 눈에 띈다. 소셜미디어 시대인 지금, 세상은 더욱 투명해지고 있다. 그래서 브랜드의 정직함이 진정한 공감을 이끌어 낸다. 나이키나 오클리Oakley의 정신과 고객에게 최적화하는 창의적 접근법에서도 영감을 얻는다. 디즈니Disney는 사람들에게 상당한 영향력을 주기 때문에 주요 관심 브랜드다. 개인적 관계를 가장 중요시하는 아이디어를 구현한 브랜드가 바로 디즈니다. 그 점은 디즈니의 고객 만족, 직원 교육 등 디즈니가 취하는 모든 조치를 보면 확인할 수 있다.

비자,
소비자를 돕는
개인화 데이터에 집중한다

안토니오 루시오 Antonio Lucio

비자의 최고 브랜드 관리자로 글로벌 브랜딩과 마케팅 활동을 담당하고 있다. 2007년 12월 비자에 합류했으며, 펩시의 혁신과 헬스 및 웰빙 관련 부서 담당자와 펩시콜라 인터내셔널 음료수 사업부Pepsi Cola International Beverages 수석 마케팅 담당자를 역임했다. 당시 펩시 음료수의 다변화를 위해서 제품 포트폴리오 구성과 마케팅을 통해 성장시키는 일을 담당했다. 크래프트 제너럴 푸즈Kraft General Foods, RJR 푸드 인터내셔널RJR Foods International, 프록터앤드갬블Procter & Gamble 등 세계적인 기업을 거치면서 25년 동안 글로벌 마케팅과 브랜드 관리에 관한 경력을 쌓았다.

급속한 기술 발달, 인구 통계학적 변동, 소비자의 기대 변화 등 새로운 시대로의 이동이 더욱 빨라지고 있음은 부정할 수 없는 사실이다. 이 중대한 시점에서 비자Visa 브랜드가 직면한 핵심 과제는 무엇인가?

우리에게 가장 큰 도전 과제는 급격하게 변화하는 세계 속에서 법률 제정legislation, 고객의 기대, 기술의 변화, 고객의 인식 면에서 역동성과 연관성을 유지하는 것이다 우리 고객들은 개인적 요구를 만족시킬 수 있는 맞춤형 솔루션을 요구하고 있다.

여전히 많은 브랜드가 과거의 마케팅 전략에 기반을 두고 있는 가운데, 여태껏 우리가 본 적 없는 새로운 세계가 도래하고 있다. 하루 24시간 내내 매우 효율적이고 긴밀히 연결되어 있으며 고도로 통합된 세계, 사용자가 정의 내리는 영역이 늘고 있는 세계다. 비자는 현재 활동 중인 비즈니스 분야에서 변화하는 요구, 압력, 선호에 어떻게 대응하는가? 미래를 위한 비자의 가장 큰 베팅은 무엇인가?

먼저 우리는 기업의 마케팅과 커뮤니케이션을 전보다 더욱 통합하고 있다. 세계가 소셜미디어로 소통하고 있다. 따라서 이해관계자들과 연관된 모든 메시지가 훌륭하게 통합된 스토리로 귀결되는 것이 중요하다.

두 번째는 전보다 더 소비자에게 집중하고 있다. 고객이 왕이다. 비자는 B2B 기업인 동시에 B2C기업이다. 카드 발행 금융사, 상인, 그리고 결제 생태계에서 중요한 여타 파트너들에게 전보다 훨씬 최적화된 방식으로 통합된 솔루션을 제공한다.

세 번째는 마케팅과 커뮤니케이션 대부분을 소셜미디어와 디지털 미디어에 집중하는 것이다. 이로써 전보다 훨씬 더 나은 결과를 얻게 되었고, 더 효과적으로 돈을 투자할 수 있었다. 또 비자는 EMV^{신용카드 표}^{준 규격}나 비자 체크아웃^{Visa Checkout} 등 새로운 기능의 상품과 토큰화 기술(tokenization, 데이터를 토큰으로 치환해 원 데이터 대신 사용하는 기술. 신용카드 정보 유출 방어 등 개인 정보 보호가 그 목적이다-옮긴이) 제공을 통해 합리적 증거를 쌓아감으로써 혁신을 이끌고 소비자와 강한 정서적 유대를 활용하고 있다.

마지막으로 비자넷^{VisaNet}의 데이터를 활용해 고객사와 상인들을 위해 잠재적 고객들을 고도로 집중 공략하고, 반복해서 공략하는 우리 능력을 개선할 뿐 아니라 우리 역시 도움을 받고 있다.

디지털 기술로 가능해진 양방향 투명성의 세상은 우리 시대의 특징이라 할 수 있다. 비자는 빅데이터의 통찰력에서 무엇을 얻는가? 정보 수집과 사생활 보호 사이에서 어떻게 균형을 잡는가?

개인화personalization하는 시도는 무조건 소비자의 동의가 필요하다는 것이 비자의 신념이다. 우리는 올바른 맥락에서, 최적의 시점에 최적의 메시지를 전달하기 위해 소비자들이 검색과 소셜미디어 영역에 남긴 발자취와 행동을 결합하기 시작했다. 이것이 바로 비자넷이 가지고 있는 데이터다. 그것은 소비자가 비즈니스를 효율적으로 해나가도록 도와줄 것이고 우리에게도 도움이 될 것이다.

비자는 어떻게 브랜드 경험과 서비스, 제품 제안을 더 개인화하고 소비자에게 최적화하고 있는가? 특히 자랑스럽게 생각하는 사례를 몇 가지 들어 달라.

우리는 테스트와 시험 후 신속하게 메시지를 수정하고, 특정 소비자의 요구에 맞춤형으로 제공할 수 있을 정도의 충분한 데이터를 갖고 있다. 올림픽과 월드컵이 대표적인 예인데, 우리는 소비자들에 대한 대응에 앞서서 각 국가를 위한 맞춤형 메시지를 전달할 수 있었다. 각 이벤트에 맞게 메시지를 변경했고, 2014년 동계 올림픽에서는 비자 역사상

"We believe consumers
have to opt-in to
any effort that's
geared toward
personaliztion."

개인화하는 시도는 무조건 소비자의 동의가 필요하다는 것이
비자의 신념이다.

최고의 브랜드 평가 점수와 고객 참여를 기록했다.

지난 1년 동안 소비자가 원하는 것을 확실하게 제공한다는 점을 입증한 브랜드들이 있다. 예컨대 넷플릭스는 드라마를 한번에 몰아 보기 좋아하는 사용자들에게 즉시에 만족감을 주기 위해 콘텐츠 전달 방식을 완전히 바꾸었다. 요즘에는 이런 점에서 어느 브랜드가 바람직한 행보를 한다고 생각하는가?

넷플릭스는 진정한 참여의 방식으로 소비자가 원하는 것을 제공한 최고의 사례라고 생각한다. 아디다스는 월드컵 동안 소셜 프로그램을 이용해 축구 팬들을 참여시키는 데 성공했다. 아마존의 경우, 아마존 프라임(Amazon Prime, 아마존 특별회원 서비스-옮긴이)과 아마존프레시(AmazonFresh, 아마존의 채소 배달 서비스-옮긴이)에 대한 소비자들의 긍정적 평가에 힘입어 꾸준히 성장하고 있다.

폭스바겐,
스마트 데이터로
스마트한 마케팅을

안데르스 준트 옌젠 Anders Sundt Jensen

2014년 1월부터 폭스바겐 AG에서 마케팅 커뮤니케이션을 담당하고 있다. 1994년부터 2008년까지는 메르세데스 벤츠 Mercedes-Benz에서 스마트 글로벌 마케팅·판매 담당자, 벤츠의 글로벌 브랜드 커뮤니케이션 담당자 등 다양한 직위를 역임했다.

폭스바겐 Volkswagen과 같은 자동차 브랜드에게 소셜미디어, 소셜네트워크, 빅데이터가 얼마나 중요하다고 생각하는가? 특히 과거에 우리가 알던 마케팅 커뮤니케이션과 비교해서 얼마나 중요한가?

소비자들과 연결되기 위해서는 소셜미디어, 소셜네트워크, 스마트 데이터를 활용하는 것이 필수적이다. 브랜드는 살아남을 곳이 필요하다. 그래서 브랜드 입지를 다지고 시장에서 브랜드와 연관된 대화를 만들어 내는 과정에는 참여를 유도하는 스토리텔링과 소셜미디어 간의 상호작용이 상당히 중요하다. 그 상호작용이 모든 마케팅 커뮤니케이션에 필요한 통찰력을 얻는 가장 효율적인 방법이기도 하다. 스마트 데이터 덕분에 스마트하고 혁신적인 마케팅이 가능하다.

디지털 미디어를 이용해 언젠가는 실재하는 매장(플래그십 스토어)과 같은 브랜드 경험을 만들 수 있을 거라고 생각하는가?

나는 우리가 소비자를 만나는 물리적 접점들과 디지털을 구분하는 것을 좋아하지 않는다. 소비자를 만날 수만 있다면 어디에서든 긍정적인 브랜드 경험을 날마다 24시간 내내 제공해야 한다. 인터넷은 현재 가장 뛰어난 정보원이다. 소비자가 이해하기 쉬운 방식으로 우리 제품, 서비스, 기술을 보여줄 수 있는 무궁무진한 기회를 제공한다. 우리는 소비자와 지속적으로 대화하고, 소비자 요구에 대응하고, 연관된 정보를 제공하며, 연관성 있는 이야기로 소비자 참여를 유도해야 한다.

브랜드를 개선하기 위해 어떻게 소비자를 참여시키고 있는가?

우리는 전통적인 시장 연구를 넘어서는 스마트 데이터를 활용하고 있다. 또 세계 각지에서 포커스 그룹, 레퍼런스 그룹과 협력하고 있다.

폭스바겐은 더욱 친환경적인 제품과 생산을 위해서 자동차 수명 주기에 관한 관점을 총체적으로 밝힌 '싱크 블루Think Blue' 캠페인을 지속하고 있다. 이 캠페인을 통해 2018년까지 각 부품 생산과정에서 발생하는 환경 부담을 25% 줄이고, 세계에서 가장 성공적이고 훌륭하며 지속 가능한 자동차 제조업체로 부상한다는 목표를 갖고 있다. 어떻게 달성할 생각인가?

싱크 블루는 단순히 캠페인이 아니라, 환경의 지속 가능성에 대한 폭스바겐의 의지이기도 하다. 싱크 블루는 제품과 기술을 넘어선 일종의 '마음가짐'으로, 지식을 전달하는 아이디어이며, 우리 내부와 외부 모

"I don't like to
differentiate between
digital and physical
touchpoints. Wherever
we meet consumers,
we have to provide a
positive brand
experience, 24/7."

나는 우리가 소비자를 만나는 물리적 접점들과
디지털을 구분하는 것을 좋아하지 않는다.
소비자를 만날 수만 있다면 어디에서든
긍정적인 브랜드 경험을 날마다 24시간 내내 제공해야 한다.

두에 적용된다. 폭스바겐은 싱크 블루 전략을 생각에 에너지를 전달하는 연료로 활용하고, 고객들의 도움을 받아 환경 성능을 개선하는 기회를 꾸준히 모색할 계획이다.

구찌,
장인 정신과 혁신을 조합하다

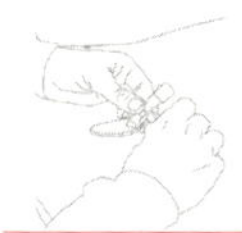

로버트 트리에푸스 Robert Triefus

2012년 구찌의 최고 마케팅 책임자로 임명되었다. 2008년 처음 구찌에서 일했을 때에는 전 세계 마케팅 및 커뮤니케이션 디렉터였다. 1986년 팀스 트리에푸스 매딕Timms Triefus Maddick 마케팅 및 커뮤니케이션 에이전시를 설립했고, 영국 런던의 〈옵저버〉, 〈투데이〉 신문에서 마케팅 매니저로 일했다. 1992년에는 뉴욕으로 건너와 바디샵의 미국 커뮤니케이션 부사장직을 담당했으며, 1994년에는 케첨 커뮤니케이션스Ketchum Communications 뉴욕 지사의 부책임자가 되었다. 구찌에 합류하기 전에는 조르조 아르마니와 캘빈클라인의 글로벌 커뮤니케이션 사업부에서 각각 부사장으로 일했다.

구찌는 최근 파산 위기에 놓인 토스카나의 전통 도자기 브랜드 리차드지노리Richard Ginori를 인수했다. 이번 인수가 장인 정신을 향한 구찌의 열정을 반영한 것인가? 또는 하이패션(high fashion, 디자이너의 철학을 반영한 작품성 있는 디자인-옮긴이) 이외의 분야로 비즈니스를 확장할 계획인가?

이번에 리차드지노리 인수를 결정한 이유는 다양하다. 하지만 무엇보다 중요한 것은 이탈리아의 뛰어난 브랜드로서 세계적으로 존경을 받아온 리차드지노리가 300주년을 기념할 수 있기 위해 지원과 자원을 받는 게 마땅하다고 믿었기 때문이다. 지노리는 구찌와 마찬가지로 창의성, 혁신, 뛰어난 장인 정신을 조합해 지금의 명성을 이루어냈다. '메이드 인 이탈리아'라는 라벨로 대표되는 이탈리아 제품에 들이는 구찌의 노력은 큰 공감을 얻고 있다. 이탈리아 장인 정신이 세계적으로 인정받는 데 한몫을 한 이탈리아의 다른 유명 브랜드를 지원하는 것은 어쩌면 당연한 일이다.

물론 우리 구찌 같은 럭셔리 라이프스타일 기업에, 홈 인테리어 비즈니스는 자연스럽게 기회를 만들어준다. 지금은 리차드지노리가 견고한 기업으로 거듭나도록 단단한 기반을 만드는 데 집중하고 있다.

이탈리아의 장인 정신은 이탈리아의 라이프스타일과 마찬가지로 느림과 꼼꼼함, 사람 손길, 세세한 부분까지 신경 쓰는 세심함이 특징이다. 디지털 세계, 그러니까 연결과 구매가 즉시 이루어지는 세계에서 장인 정신의 가치는 구식이 될까? 아니면 더 소중하게 느껴질까?

기술적 진보가 장인 정신의 가치를 구식으로 만들어버린다는 생각은 근시안적 관점이다. 장인 정신은 오랜 시간 형성되어온 인간의 경험을 모두 합친 것으로, 한 세대에서 그다음 세대로 이어진다. 장인 정신에는 새롭고 특별한 것을 창조하고 싶어 하는 예술 정신이 담겨 있다. 그것이 야말로 완벽한 차별화를 가능하게 해주는 '진정한 럭셔리'이다. '진정한 럭셔리'는 언제나 특별하며, 진정한 가치를 인정받는 것이다. '버튼 하나만 클릭'하면 되는 오늘날 사회는 럭셔리의 가치를 더욱 배가시킬 뿐이다. 즉시 만족을 누릴 수 있는 대안이 많은데도 럭셔리한 레스토랑과 여행 비즈니스가 꾸준히 성장하는 것은 전혀 놀라운 일이 아니다.

그렇다고 장인 정신이 전통에 갇혀 있다는 뜻은 아니다. 실제 구찌의 크리에이티브 디렉터 프리다 지아니니^{Frida Giannini}는 장인 정신과 혁신을 조합한 컬렉션으로 많은 주목을 받았다. 덕분에 구찌는 계속 발전하는 브랜드로 인정받았다.

지난 몇 년 동안 유명 디자이너의 로고는 지위의 상징이었다. 이제는 달라질까? 지금의 구찌 고객들은 어떻게 브랜드를 경험하고 브랜드와 연관성을 느끼며, 브랜드를 삶에 포함시키고 있다고 생각하는가?

그것은 균형의 문제이다. 구찌의 로고, 아이콘, 모티프는 세계적으로 인정받고 있고, 브랜드의 유산을 상징하며, 놀라운 이야기를 담고 있으면서도 각자의 이야기를 들려준다. 1947년에 처음 소개된 구찌 뱀부^{Gucci Bamboo} 백의 아이콘인 대나무 손잡이, 2013년 60주년 기념으로 나온 구찌 로퍼의 호스빗^{horsebit} 장식, 수십 년 동안 구찌 여행 컬렉션의 상징인 다이아몬드 패턴, GG 패턴, 전 모나코 왕비 그레이스 켈리를 위해 특별히 디자인한 플로라 패턴^{Flora pattern} 등 모두 마찬가지다. 우리 고객들은 이 상징물들이 새겨진 제품을 몸에 지니면서 구찌 브랜드의 풍부한 역사를 즐기고 기념한다.

고도로 개인화된^{hyperpersonalization} 시대에서 럭셔리 개념이 어떻게 재정립되고 있는가? 구찌는 소비자를 위해 제품과 경험을 어떻게 더 개인화하고 있는가?

"Behind craftsmanship
there is an artisan,
who is creating something
new and unique."

장인 정신에는
새롭고 특별한 것을 창조하고 싶어 하는
예술 정신이 담겨 있다.

최적화와 개인화는 럭셔리가 제공해온 경험의 특징이었다. 이제는 더욱 중요해졌을 뿐이다. 그런 점에서 구찌는 전문적인 제조 시설과 장인 정신을 통해 다른 브랜드에 비해 더 많은 것을 제공할 수 있다고 믿는다. 우리는 고객들에게 최고의 MTM^{Made to Measure, 맞춤형} 쿠튀르 드레스와 가죽 제품을 선보이는 것에 자부심을 느낀다. 또 VIP 고객을 이탈리아에서 열리는 구찌 패션쇼에 초대하고, 토스카나 공장의 내부를 구경할 수 있는 특별한 경험을 선사한다.

하이패션은 현재의 삶(그리고 인간적인 영감)을 반영하고, 전통적인 장인 정신은 과거에 뿌리를 두고 있다. 구찌가 풍부한 유산을 잃지 않으면서 연관성을 유지하는 비결은 무엇인가?

93년이 넘는 역사를 거치면서 형성된 구찌 브랜드의 독특한 양면성은 구찌가 패션 브랜드로서의 권위와 예술적인 장인 정신의 유산 면에서 모두 가치를 인정받고 있음을 의미한다. 이런 이중성 덕분에 구찌는 럭셔리 분야에서 다른 브랜드와 차별화된다.

지난 5년에 걸쳐 세계 금융 위기를 벗어나는 동안, 럭셔리 소비자들의 습관과 선호가 변화했고 우리는 구찌 브랜드의 유산과 이탈리아 장인 정신의 합리적 가치를 더욱 널리 알리고 인정받는 데 성공했다. 동시에 브랜드 고유의 아이콘이 되는 패션과 리더십에 집중했다. 덕분에 전 세계 우리 고객들과 강한 정서적 공감대를 만들어 냈다.

하이네켄,
청춘의 영감을 돕다

쇠렌 하 Søren Hagh

2013년 10월 네덜란드 하이네켄 글로벌 사업부의 전무이사로 임명되었다. 레고의 경영 훈련 프로그램 팀에서 경력을 쌓기 시작했으며, 레고에서 6년 동안 일했다. 그 기간에 이탈리아 밀라노를 중심으로 유럽 남부 지역에서 브랜드 관리를 담당했으며, 글로벌 마케팅 담당자로도 일했다. 그 후 영국으로 건너와 로레알 마케팅 디렉터를 역임한 뒤, 영국과 독일에서 브랜드 관리를 담당했고 파리에서 근무하며 유럽, 중동, 아프리카의 랑콤 사업부 브랜드를 담당했다.

하이네켄은 전 세계 젊은이들이 더욱 성장할 수 있도록 영감을 제공하며, 하이네켄의 모든 활동은 이를 중심으로 구성된다. 하이네켄은 소비자들의 열정을 상당 부분 공유한다. 나는 언제나 그 점이 하이네켄 브랜드의 강점이라고 생각해왔다. 이런 강점을 표현하는 방법 중 하나는 소비자들의 삶에 영향을 미치는 이벤트에 역동적으로 참여하는 것이다. '#Share the sofa' 이벤트가 대표적인 사례다. #Share the sofa는 하이네켄의 챔피언스리그 후원과 함께 진행되었는데, 경기가 열리는 동안 소비자들이 트위터를 통해서 유명 축구 선수와 상호작용할 수 있도록 해주었다. 덕분에 소비자들은 축구를 전혀 다른 시각에서 경험할 수 있었다.

우리 브랜드는 언제나 새로운 분야를 개척해왔다. 하이네켄 브랜드가 만들어진 것은 150년 전이다. 150년의 역사를 돌아보았을 때 이처럼 하이네켄이 오랜 기간 신선함과 젊음을 유지할 수 있는 것은 지속적인 혁신 덕분이다. 초록색 맥주병을 처음 사용한 것도 하이네켄이다. 가장 최근의 예는 더 서브The Sub라는 제품이다. 더 서브는 마크 뉴슨(Marc Newson, 세계적으로 가장 영향력 있는 100인 중 한 명으로 뽑힐 정도로 유명한 산업디자이너-옮긴이)이 디자인한 놀랍고 아름다운 제품으로, 소비자들이 집에서 진짜 생맥주를 멋진 디자인과 함께 즐길 수 있게 해준다. 하이네켄이 지속적으로 맥주 산업을 선도하고, 소비자들 삶에 새로운 영감을 제공하고 있다는 사실을 반증하는 또 하나의 예가 더 서브라고 생각한다.

필립스, 기술과 자연을 잇는 통합적 생태계 만들기

리처드 버겐 Richard Wergan

2013년 초에 로열필립스에 합류했고, 현재는 필립스 글로벌 브랜드 커뮤니케이션 디지털 부서를 이끌고 있다. 버겐은 필립스에서 일하면서 디지털, 브랜드, 커뮤니케이션 전략 개혁의 일환으로 커뮤니케이션과 마케팅을 디지털화하고 통합했다. 2013년 11월, 필립스가 세계적으로 브랜드를 다시 론칭한 것은 바로 이런 전략 때문이었다. 필립스에서 일하기 전에는 바클리즈Barclays의 마케팅 담당자로서 기업의 각종 서비스를 아우르는 통합 마케팅 접근 방식을 개발하고, 세계적인 소비자 브랜드였던 바클리즈 카드 사업을 B2B로 확장했으며, 바클리즈의 디지털 통합 비즈니스와 소비자를 위한 디지털 서비스 개발을 이끌었다. 제록스의 글로벌 커뮤니케이션과 미디어 책임자이기도 했던 버겐은 유럽에서 마케팅 조직을 설립한 후 미국으로 건너가 글로벌 브랜드 사무실을 열었고, 제록스가 제품 비즈니스에서 전 세계 서비스 비즈니스로 전략적인 변화를 이룰 수 있도록 브랜드를 새롭게 론칭했다. 처음에는 유니레버에서 경력을 쌓았으며, 1990년대에는 런던에서 직접 커뮤니케이션direct communications을 위한 에이전시를 공동으로 설립했다. 그 후에는 글로벌 미디어 커뮤니케이션 기업인 WPP에서 일하면서 IBM의 비즈니스를 담당하고, WPP의 비즈니스 모델을 개척했다. 영국 차터드 마케팅 연구소와 차터드 디렉트 마케팅 연구소의 공인을 받은 마케터다. 브리티시 아메리칸 소사이어티의 회원이기도 하다.

필립스 브랜드는 오랜 역사와 유산을 지녔다. 필립스가 설립된 계기는 당시로는 정말 혁신적인 제품인 '전구' 때문이다. 전구는 정말 중요한 혁신이었다. 사람들의 삶을 완전히 변화시켰고, 크게 개선시켰다.

최근 필립스는 바르셀로나 시장과 함께 도시 가로등 전체를 LED로 바꾸는 프로젝트를 진행했다. LED 기술은 효과가 상당하고 경제적이며 관리가 쉽다. 인터넷을 통해서 도시 전체를 관리할 수 있고 탄소 배출을 줄이며, 효율적이어서 비용을 68%나 절감했다. 이처럼 LED는 사람들에게 정말 중요한 기술이다. 또 시카고 외곽에 위치한 일종의 도시 농장인 그린센스팜Green Sense Farms과도 협력 중이다. 그곳에서는 우리가 만든 LED등을 광원으로 활용해 농작물을 재배한다. LED를 사용하면 식물 속 영양분이 오히려 증가해서 자연광보다 더 나을 때도 있다. 이 혁신에 힘입어 도시 농장은 도시 가까이에서 신선한 과일과 채소를 제공할 수 있다. 덕분에 물류비용을 줄일 수 있으며, 지속 가능한 비즈니스 모델을 만들 수 있다.

이처럼 필립스 브랜드는 라이선스를 제공할 때나 다른 기업과 협력할 때, 또는 직접적인 비즈니스와 제품을 시장에 소개할 때, 브랜드와 마케팅 접근에 있어서 통합적인 생태계를 필요로 한다. 그래야만 주요 소비자들에게 접근하고 최적의 파트너 및 비즈니스와 협력해서 성공을 끌어내는 비즈니스 모델을 만들 수 있다.

클리블랜드 클리닉,
헬스케어의 미래가
가장 개인적이다

폴 맷슨 Paul Matsen

2006년에 클리블랜드 클리닉에 합류했다. 그는 클리블랜드 클리닉의 세계적인 브랜드 개발, 핵심 의료 서비스 마케팅, 디지털 마케팅까지 모든 마케팅과 커뮤니케이션 업무를 책임지고 있다. 맷슨은 또 클리블랜드 클리닉의 기업 커뮤니케이션 부서의 담당자다. 클리블랜드 클리닉은 맷슨의 임기 동안 세계에서 가장 인정받고 존경받는 헬스케어 브랜드로 자리매김했다. 그 기간에 클리블랜드 클리닉은 선도적인 홈페이지ClevelandClinic.org와 소셜미디어, 모바일 앱, 검색 엔진 마케팅 프로그램 등 디지털과 콘텐츠 마케팅 분야에서 혁신을 불러일으켰다. 맷슨은 델타 항공에서 부사장과 마케팅 담당자로 일했다. 처음에는 그레이Grey, 영앤드루비캠Young & Rubicam 등 뉴욕의 유명 광고 에이전시에서 경력을 쌓았다.

〈U.S. 뉴스앤드월드리포트U.S. News & World Report〉는 클리블랜드 클리닉Cleveland Clinic을 미국에서 가장 좋은 4개 병원 중 하나로 선정했고, 지난 20년 동안 최고의 심장질환 치료 기관으로 꼽았다. 클리블랜드 클리닉의 지속적인 성공은 최고 수준의 의료 프로그램 덕분이지만, 그 외에 병원의 브랜드가 어느 정도 역할을 했다고 생각하는가?

병원이 성공하는 데 브랜드는 매우 중요한 역할을 했다. 클리블랜드 클리닉은 가장 믿을 수 있는 의료 센터로, 100개국이 넘는 나라와 미국 50개 주에서 환자들이 우리 병원을 찾는다. 환자, 특히 매우 심각한 상태의 환자가 치료를 위해 먼 길을 여행한다는 것은 쉬운 결정이 아니다. 클리블랜드 클리닉은 최고의 서비스와 뛰어난 소비자 경험, 환자와 의사 모두를 위한 소중한 의료 정보를 제공하는 병원으로 인정받으며 신뢰를 얻고 있다. 환자들 중 상당수는 본인 또는 사랑하는 사람이 질병을 진단받은 뒤 인터넷에서 도움 되는 정보를 검색하다가 우리 병원을 처음 알게 된 경우다. 환자와 가족은 우리 브랜드가 유용한 정보와 치료를 제공한다고 신뢰한다.

클리블랜드 클리닉 홈페이지에서는 '나의My'라는 단어를 쉽게 찾을 수 있다. 예를 들면 환자들이 '나의 계정MyAccount', '나의 차트MyChart'를 만들어 접속할 수 있다. 어떻게 환자와 개인적 관계를 형성하는 온라인 서비스를 제공하게 되었는가? 그런 관계가 건강을 개선시키고, 클리블랜드 클리닉에 대한 환자들 인식을 개선한다고 생각하는가?

헬스케어 서비스만큼 개인적인 건 없다. 환자의 건강관리를 위해 최첨단 도구를 제공하는 것은 클리블랜드 클리닉의 치료와 환자의 경험 면에서 매우 중요하다. 아울러, 클리블랜드 클리닉의 CEO인 토비 코스그로브Toby Cosgrove 박사는 병원의 목적을 '환자의 치료에서 환자의 건강으로' 바꿔야 한다고 말한다. 클리블랜드 클리닉은 이 분야를 혁신해 이끌어 나가는 병원으로서 건강한 식단 홍보에 앞장서고 있다. 또 병원 가운데 처음으로 흡연자는 채용하지 않는다. 건강 증진은 우리 병원의 중요한 의무이며, 브랜드의 핵심이다.

이제는 소비자들이 디지털과 소셜미디어를 이용해 헬스케어 조언과 정보에 접근한다. 클리블랜드 클리닉은 고객 참여와 교육에 소셜미디어를 어떻게 사용하는가? 모바일 앱은 어떤 방식으로 클리블랜드 클리닉의 환자들이 더 편하고 건강한 삶을 살 수 있도록 도와주는가?

헬스케어 홍보에서 마케팅과 커뮤니케이션은 중요한 구실을 한다. 우리 병원은 '헬스 허브Health Hub' 블로그를 중심으로 혁신적인 소셜미디어 전략을 만들었다. 클리블랜드 클리닉의 모든 소셜미디어 사이트에서는 병원 전문의들이 건강과 관련된 다양한 주제에 대한 새로운 정보를 매일 제공한다. 더 많은 정보를 원하는 사람들은 직접 헬스 허브 블로그에 들어와 심층 정보를 확인하고 대화를 할 수도 있다. 매달 헬스 허브를 방문하는 사람이 2500만 명이나 된다. 블로그는 우리 클리블랜드 클리닉이 인지도를 높이고 긍정적 평가를 얻는 데 매우 중요한 몫을 하고 있다.

우리 홈페이지 트래픽 중 63% 이상은 모바일 기기를 통해 이루어진다. 클리블랜드 클리닉의 성공은 모바일 환경에 빨리 적응했기 때문이기도 하다. 최근에 만든 '투데이Today'라는 이름의 통합 앱은 클리블랜드 클리닉에 접근하는 소비자들에게 필요한 모든 정보를 인터넷으로 제공한다. 그뿐 아니라 의사의 조언을 제공하는 앱부터 뇌진탕에 대처하는 방법에 관한 앱까지, 다양한 맞춤형 앱을 제공하고 있다. 다음 목표는 모바일 앱과 기기를 통해서 원격 의료를 제공하는 것이다.

빅데이터를 활용하는 과정에서 클리블랜드 클리닉과 같은 병원들이 당면한 도전 과제는 무엇인가? 의료 서비스를 개인화하고 효율성을 높이고, 맞춤형 서비스를 제공하는 차원에서 클리블랜드 클리닉에서는 데이터를 어떻게 활용하는가?

클리블랜드 클리닉은 환자들의 전자 기록을 처음으로 채택한 주요 병원 중 한 곳이라는 이점을 갖고 있다. 우리 의사들은 진단, 치료, 인구 통계에 관한 수백만 개의 데이터 포인트를 수집했다. 우리는 자체 소프트웨어를 개발했고, 연구원들에게 헬스케어 데이터를 제공하는 자회사도 설립했다. 그 결과 수많은 병원과 헬스케어 서비스 분야의 연구원들이 환자의 사생활을 침해하지 않으면서도 번개같이 빠른 속도로 데이터에 접근할 수 있게 되었다. 이런 성과는 값을 따질 수 없을 정도로 소중한 과학적 지식의 발전이다. 전 세계 연구원들이 우리의 시스템을 활용해서 질병 유형과 그에 대한 최선의 치료법을 찾고 있다.

클리블랜드 클리닉의 데이터 중심 문화는 수술실뿐 아니라 물품 관리에도 활용된다. 클리블랜드 클리닉 내 모든 물품에는 바코드가 있다. 바코드에는 비용에 대한 정보도 담겨 있다. 우리 클리닉의 의사, 간호사, 행정 담당자, 물품 관리자들이 한자리에 모여서 수술 도구를 하나하나 분석하며, 더 똑똑하고 안전하며 효율적인 구매 방법을 알아낸다. 그런 방법으로 구매 비용을 수억 달러 절약하고 있다.

유전체의학연구소Genomic Medicine Institute와 맞춤형 헬스케어 서비스센터

Center for Personalized Healthcare에서는 한 세대에서 다음 세대로 전해지는 치명적 질병을 좀 더 적극적으로 예방하기 위해 유전학과 가족력을 활용하는 야심 찬 프로그램을 만들었다. 환자의 유전 정보에 맞는 최적화된 약물치료를 제공하기 위해 유전학 전문 상담가들이 암을 비롯해 여타 분야의 전문가들과 팀을 만들어 함께 일하고 있다. 우리는 환자 한 명 한 명의 신체적, 심리적, 사회적 요구에 맞춤형 서비스를 제공한다.

로봇공학에서 3D 프린트까지, 여러 기술의 발달은 헬스케어 서비스를 빠르게 변화시키고 있다. 클리블랜드 클리닉이 미래를 위해 가장 주력하는 투자는 무엇인가? 또 헬스케어 분야의 변화하는 요구, 압력, 선호에 대응하기 위해 어떤 혁신을 추구하는가?

세계 최초로 우리 외과의들은 혈관을 포함해 환자의 간 모양을 본떠서 만든 3D 모델을 환자에게 이식하는 데 성공했다. 우리는 지금까지 지역의 헬스케어 제공 장소와 세심한 환자 이송에 투자를 많이 했다. 모든 환자에게 필요한 장소에서 시의적절하고 올바른 치료를 제공하기 위해서다. 정오 이전에 전화로 예약하는 환자는 그날 진료를 받을 수 있다. 2013년에는 당일 예약 진료가 100만 건이 넘었다.

무엇보다 중요한 것은 환자들에게 더 나은 경험을 제공하겠다는 강력한 의지를 반영하기 위해 우리 병원의 문화와 시설을 완전히 바꾼 사실이다. 클리블랜드 클리닉 브랜드의 특징 중 하나는 병원의 모든 직원을 간병인이라 부르는 것이다. 우리 병원에서 일하는 모든 직원이 환자를 보살피기 위해 각자 맡은 역할을 해내야 한다는 사실을 이해하기 때문이다. 클리블랜드 클리닉에는 헌신적이고 열정적이며, 환자의 말에 귀를 기울이는 4만 3000명의 훈련받은 간병인이 있다. 우리는 환자의 당연한 권리가 존중받을 수 있도록 변화했으며, 넓고 환하면서 예술품이 장식된 시설을 설계했다.

비영리조직으로 의사들에게는 급여를, 간병인에게는 동일한 수준의 인센티브를 제공하는 클리블랜드 클리닉과 브랜드는 수준 높으면서도 진실한 의료 서비스를 대표하기 위해 노력하고 있다. 주요 병원 중에서는 최초로 우리 의사들이 산업계와 어떤 관계를 맺고 있는지 인터넷에 공개했고, 매년 의료 성과를 출판하는 데 앞장서왔다.

생명을 구하는 의무를 떼어놓고 클리블랜드 클리닉의 의무를 말할 수 없다. 우리 이름과 상징은 최고의 의료 서비스, 혁신을 향한 꾸준한 노력, 용이한 접근성, 효율적 운영, 환자의 아픔을 헤아리는 문화 등을 나타낸다. 모든 환자에게 최고의 결과와 경험을 제공하는 것이 우리 목표다.

오스카, 고객에게 맞춤형 상품을 선물하다

베로니카 파커-한 Veronica Parker-Hahn

오스카에서 마케팅 부사장으로 일하며 마케팅 전략, 브랜딩, 지역사회를 위한 봉사를 담당하고 있다. 다양한 유명 브랜드의 마케팅과 커뮤니케이션을 담당한 경험이 있다. 뉴욕 소재의 광고 에이전시 FCB에서 계정 관리를 담당했다. FCB에서는 크래프트Kraft, 나비스코Nabisco 등의 브랜드와 일했다. 이후 BBDO로 이직했고, M&M's, 캔디스Candies, 디렉TVDirecTV, 펩시 등의 마케팅과 광고를 담당했다. 드로가5Droga5에서는 재생에너지 프로그램이자 비영리단체인 윈드메이드WindMade의 성장과 세계적 론칭을 감독했다. 또 다양한 광고상을 수상한 스테이트팜보험State Farm Insurance 캠페인을 이끌었다.

오스카Oscar는 파격적인 기업이다. 누가 뭐래도 오스카가 보험업계에 일으킨 새로운 변화는 부정할 수 없을 것이다. 11년도 채 되지 않는 짧은 기간에 소비자와 효과적으로 연결되는 방식으로 대화를 변화시킨 비결이 무엇인가? 지금의 오스카를 만든 가장 중요한 통찰력은 무엇인가?

오스카는 건강보험 상품들이 너무 복잡하다는 생각에서 출발했다. 지금도 보험사와 고객의 관계는 투명하지 않다. 계약자 대부분이 보험약관과 용어, 비용의 상세한 항목들을 이해하느라 애를 먹는다. 그래서 우리 공동 창업자들은 자기 자신과 가족을 위한 보험을 만들어보기로 했다. 우리는 기술을 이용해 헬스케어 서비스 경험을 간편하게 만들고 있다. 또 기술을 하이터치 고객 관리(high-touch customer service, 고객의 요구를 미리 예측해서 대응하는 서비스-옮긴이)와 조합해서 고객들이 마땅히 누려야 할 접근성과 서비스를 제공한다.

마케팅 차원에서 보면 오스카는 반드시 구매해야 하는 서비스가 아니라 일종의 소비재와 비슷하다. 이 점이 바로 보험업계에서 우리가 차별화되는 이유다. 지금까지 보험회사의 고객은 대기업들이었다. 하지만 이제는 개인이 보험회사의 소비자다. 따라서 우리는 친절하고 인간적이며 접근하기 쉽고, 개인에 집중하는 브랜드 개성brand personality을 만들어냈다. 다행히 소비자들이 우리를 신선하게 받아들이고 있다. 우리의 인간적인 고객 서비스와 간편한 전달 기술이 뒷받침된 결과다.

오스카는 어떤 방식으로 기술과 데이터를 활용해 '더 간단하고, 직관적이고, 인간을 위한 보험'을 만들고 있는가?

기술은 우리 고객들에게 필요한 정보에 대한 접근성을 제공해서 충분한 지식을 바탕으로 결정을 내리도록 도와준다. 거기에는 보험회사, 보험 혜택의 옵션, 위치 기반 서비스까지 포함된다.

오스카 고객의 평균연령이 얼마인가? 고객의 평균연령은 오스카가 사용자 경험을 설계하는 데 어떤 영향을 주는가?

39세다. 하지만 오스카는 모두에게 매력이 있다. 우리는 사용자 경험이 명확하고 간편하며, 쉽게 활용할 수 있도록 유지하고 있다. 우리가 제공하는 모든 도구는 별도의 설명이 필요 없을 정도로 분명하고 직관적이다. 우리의 설명은 단도직입적이면서도 친절하다.

오스카는 메시지에서 '여러분You'이라는 단어를 자주 사용한다. 그 외에 브랜드 경험과 서비스, 제품의 혜택을 어떻게 더 개인화하고 소비자에게 최적화하고 있는가? 특히 자랑스럽게 생각하는 사례를 몇 가지 들어 달라.

우리는 단계마다 개인화된 경험을 제공한다. 소비자가 최종 서명을 할 때까지 구매 기간 내내 고객과의 커뮤니케이션을 담당하는 헬스케어 가이드Healthcare Guide를 배정한다. 서명을 마친 고객에게는 멋진 맞춤형 환영 패키지를 전달한다. 보험회사에서 선물받는 기분을 느끼게 하고 싶다.

우리는 고객들에게 더 나은 경험을 제공하기 위해 시간을 들여 몇 가지 혁신적 서비스를 론칭했다. 그중 하나는 회원들이 더 빨리 접근할 수 있게 한 것이다. 우리 모바일 앱을 이용하면 회원들은 이동 중에도 보험을 확인할 수 있다. 회원 홈페이지에 있는 '도우미Get Help'에 회원이 질문하면 그날 고객 서비스 직원이 회원에게 연락한다. 또 모바일 앱에는 케어 라우터care router 기능이 있어 고객들이 원하는 분야의 보험을 마음대로 찾아볼 수 있다.

오바마케어[ACA] 시행 직후 오스카를 설립한 것은 마케팅 전략인가? 새로 가입할 고객들을 위해 어떤 브랜드 프러포지션과 혜택을 생각했는가? 뉴욕 이외 지역으로 비즈니스를 확장할 계획이 있는가?

오스카를 처음 설립했을 때, 오스카는 뉴욕 주의 건강보험거래소[Health Benefit Exchange]에서 구매가 가능한 보험 상품 중 하나였다. 따라서 우리의 마케팅은 자연스럽게 거래소 개시와 가입 기간에 맞춰졌다. 오바마케어와 관련해 많은 논의가 진행되던 상황이 우리에게 도움이 되었다. 소비자들에게 오스카는 다른 보험 산업과는 다르다는 점을 알렸다. 오스카의 기술 활용을 홍보하고, 가입자를 사람으로 대하는 것이 목표라고 강조했다. 우리는 의료보험을 간소화하고, 고객의 요구를 이해하며, 가족 주치의 같은 보험이 되겠다는 내용에 집중해 커뮤니케이션한다.

BRF,
디지털 세상에서
고객과 개인적인 관계 맺기

시우비아 레앙 Sylvia Leão

BRF의 마케팅·혁신 담당 부사장이다. 메스블바 백화점Mesbla Department Store에서 경력을 쌓기 시작한 후 25년 동안 소매 산업에 몸담았다. 5년 동안 월마트Wall Mart의 판매·마케팅 담당자로 일했으며, 팡지 아수카르 그룹Pão de Açúcar Group에서 13년 동안 경영과 판매를 담당했다. 휴먼 리소시스Human Resources에서 부사장으로 일했다.

〈포브스〉는 2014년까지 세 번 연속 BRF를 세계에서 가장 혁신적인 기업으로 선정했다. 기술이 BRF의 식품 생산과 가공에 가져온 가장 중요한 변화는 무엇인가? 식품 산업의 미래를 개척하는 데 BRF가 기여하고 있는 혁신에는 어떤 것이 있는지 알려 달라.

2013년 BRF는 현대적 실험실과 조리 실험실, 시험 생산을 위한 작은 공장을 갖춘 R&D 센터인 '혁신센터Innovation Center'를 설립했다. 약 4500만 달러를 투자받아 진행된 이 프로젝트는 BRF의 기업 입지를 강화하고 있다. 우리는 산업 특유의 DNA를 버리고 시장 중심의 기업으로 변모하고 있다. 또 새로운 비즈니스 전략을 지원하기 위해 연구, 개발, 혁신 관련 투자에 힘을 쏟고 있다. 우리 제품과 제조 과정, 서비스 면에서 가치를 창출하고, 새로운 가치를 더하기 위해서다. 연구, 마케팅, R&D, 혁신, 기술과 같은 전략적 분야를 통합해 시장의 기대에 맞는 새로운 제품 모델을 개발했다. 제품 개발에 성공하기 위해서는 다양한 결정과 연구가 필요하다. 마케팅 부서는 소비자의 요구와 선호를 파악하고, 제품 개발 분야에 관한 브리핑을 한다. 그다음은 혁신센터가 개발과 시험에 나선다.

BRF는 특히 국내 고객들에게 집중하고 있다. BRF가 소비자들에게 다가가고, 그들과 연관성을 높이고, 브랜드 경험을 제고하는 방법은 무엇인가? 그 과정에서 소셜미디어나 빅데이터는 어떤 역할을 하는가?

식품 산업의 대표 주자인 BRF는 언제나 시장보다 한발 앞서 생각하고 트렌드를 예측하며, 소비자들에게 브랜드를 통한 솔루션을 제공한다. 예를 들어, 사디아Sadia와 페르디강Perdigão은 시장에서 인지도가 있는데 다른 접근 방식을 사용한다. 사디아는 최고의 맛과 품질, 건강한 라이프스타일을 약속한다. 페르디강은 식사 시간에 가족이 함께할 수 있도록 도와주는 제품, 단란한 가족에게 빠질 수 없는 음식임을 약속한다.

우리는 혁신을 추진하는 한편, 전 세계 거대 식품업체들과 경쟁하기 위해서 마케팅과 커뮤니케이션에 대한 투자를 병행하고 있다. 이해관계자들과 연계되고, 고객들과 정서적 유대 관계를 형성하며, 고객이 원하는 제품을 제공하고, 그들이 참여할 수 있는 근거를 뒷받침하는 것이 얼마나 중요한지 알기 때문이다. 일례로, 사디아 브랜드에서는 건강을 위해 운동과 식단을 병행해야 한다는 사실을 이해하고, 스포츠와 건강 관련 이벤트를 지원한다. 현재는 브라질 축구 대표 팀의 후원 업체이며, 2016년 브라질 리우데자네이루 하계 올림픽 공식 후원사이다. 또 개별

선수들도 지원하고 있다.

디지털 세계, 특히 소셜네트워크는 브랜드와 고객의 관계에서 더욱 중요해지고 있다. 우리는 제품 론칭을 홍보하고, 소비자에 가깝게 다가가기 위해서 디지털에 계속 투자한다. 최근에는 SAC 2.0 플랫폼을 소개했다. 덕분에 이해관계자들과 접촉하고, 특히 소셜네트워크에서의 접촉을 늘려서 더 많은 대화 기회를 얻고, 고객 서비스의 상호작용 면에서 인간적인 면을 배가할 수 있게 되었다. 이것은 마케팅과 고객 관리, R&D, 혁신 팀 등이 시장의 요구를 모니터하고 경쟁 기업들을 앞서고, 또 고객 및 팬과 좀 더 개인적 관계를 형성하는 데 실시간 마케팅이 얼마나 중요한지를 깨닫고 한마음으로 협력한 결과이다.

BRF는 전 세계 시장으로 제품을 수출한다. 새로운 시장에 성공적으로 진입하는 전략이 무엇이며 그 과정에서 브랜드는 어떤 구실을 하는가?

2013년 이후 BRF는 중동, 북아프리카, 동남아시아 등 전략적 시장으로 영역을 확대하고 브라질에서의 성공을 그 지역에서 재현하기 위해 거대 수출업체에서 글로벌 기업으로 변화를 모색했다. 기업 브랜드는 소비자들이 알아보는 브랜드들을 통해 시장을 확대하고, 각 브랜드의 입지를 이해하며, 다양한 시장에서 소비자 요구에 대응해야 한다. 사디아 브랜드는 BRF의 국제화 과정을 이끌 대표 브랜드로 선정되었다.

우리는 수익과 성장을 담보하는 품질관리와 유통, 그리고 브랜드의 핵심 가치를 유지하기 위해 일부 지역에서 선도적 입지를 다졌다. 세계적 기업이라는 입장에서 전 세계 소비자의 문화적 다양성에 맞춘 새로운 비즈니스 경영 모델을 만들었다. 또 각 시장에서 소비자들이 가지고 있는 시각과 관련된 투자를 통해서 지역 시장에 맞는 글로벌 기업이 될 수 있었다. 그 결과, 2013년 수출량은 2012년 대비 1.5% 증가해 250만 톤을 기록했다. 2014년에는 아랍에미리트의 아부다비에 공장을 세우는 것을 목표로 했다. BRF가 브라질 밖에 세우는 첫 번째 식품 생산 공장이다. 이 결정은 우리 기업의 주요 투자 전략에 따른 것이다. BRF의 주요 투자 전략은 강한 브랜드를 만들고, 부가가치 제품을 생산해 수익성을 늘리는 것이다.

BRF의 제품군에는 페르디강, 사디아 등 유명 브랜드가 상당수 포함되어 있다. 브라질뿐 아니라 세계시장에서 BRF 제품이 차별화되면서도 매력적인 이유는 무엇인가?

사디아, 페르디강, 쿠알리Qualy가 브라질 시장에서 강한 이유는 브랜드의 전통 때문이기도 하지만, 소비자 요구를 만족시키기 위한 시험과 제품 개선에 꾸준히 투자해 연관성을 유지하기 때문이다. 소비자에게 집중하는 시장 중심의 전략과 BRF혁신센터로 경쟁을 예측하고 소비자들이 일상에서 사용하고 싶어 할 솔루션을 제공함으로써 경쟁에서 돋보이겠다는 우리 의지는 더욱 강해진다.

식량을 공급할 세계 인구의 증가, 기후변화 등 향후 도전 과제를 고려할 때 BRF는 미래의 비즈니스를 보호하고, 사회 및 환경 영향력을 줄이고, 삶의 질을 개선하기 위해 어떤 조치를 취하고 있는가? BRF의 노력이 브랜드에 어떤 영향을 줄 것이라 예측하는가?

증가하는 인구에 식량을 제공하기 위한 지속 가능한 방법을 찾기 위해서는 식품 산업 전체가 동기를 부여받고 노력해야 한다는 것이 우리 믿음이다. 또 식품 산업의 의무 외에도, 소비자들 역시 지속 가능성을 진지하게 생각하고, 브랜드를 선택하는 과정에서 그 생각을 활용해야 한다. 환경을 보호하려는 기업의 노력에는 물 사용을 줄이고, 온실가스 배출을 감축하며, 새로운 에너지원을 찾고, 생물 다양성과 재활용, 환경 교육을 촉구하는 것 등이 포함된다. BRF의 생산 기지를 운영하고 시설이 있는 지역에는 이 모든 노력이 배어 있다. 삶의 질은 지속 가능성의 또 다른 요소이다. 안전하고 건강한 제품을 제공하는 것은 우리의 사회적 책임이다. 2014년 BRF는 전면적으로 제품 라인을 검토하기 시작했다. 제품 콘셉트 개발에서부터 포장에 관한 연구와 개발, 제조, 생산, 저장, 배급, 공급까지, 우리의 제품 하나하나가 소비자의 건강과 안전에 미치는 영향을 모두 평가했다. 이미 소금의 양을 줄이고 트랜스지방과 포화지방산, 설탕을 전혀 사용하지 않고 있다.

인브랜드,
글로벌 라이프스타일
브랜드의 조건

미셸 사르키스 Michel Sarkis

2012년 11월부터 인브랜드의 CEO로 재직했다. 콘탁스 파티시파코에스Contax Participações S.A.에서 CFO
와 IRO를 역임한 후, 2010년부터 2012년까지 CEO로 일했다. 직전에는 프라이스워터하우스쿠퍼스
에서 5년 동안 회계사로 근무했고, 미나스제라이스와 리우데자네이루에서 펩시 전담 금융 부서를 담
당하기도 했다. 1997년에는 리우데자네이루의 코넥텔 페이징 컴퍼니Conectel Paging Company와 프로제구
르 브라질Prosegur Brazil의 지역 담당자였다.

뛰어난 라이프스타일 브랜드가 되는 조건은 무엇인가? 브랜드를 구
매할 때 기대하는 것은 무엇이고, 관리하는 브랜드의 경우 어떤 특성을
개발하려 하는가?

브랜드는 개성, 강한 DNA, 분명한 시장 입지를 갖춰야 한다. 이런 명
료함이 브랜드 약속에서 확인되고, 혁신적인 팀에서 적극 수용하며, 모
든 제품에 담겨 있어야 할 뿐 아니라 소비자에게 지속적으로 전달되어
야 한다. 또 온라인뿐 아니라 오프라인 매장에서도 뛰어난 소비자 경험
을 제공해야 한다. 새로운 브랜드의 합병을 고려할 때, 우리는 브랜드 인
지도가 얼마나 높은지를 알아본다. 또 우리가 가지고 있는 제품군을 보
완해주는지, 현재의 고객 경험을 강화해주는지, 새로운 고객을 끌어들
이고 기업에 가치를 더해주는지 여부를 고려한다.

원래 의류업체이던 인브랜드InBrands가 새로운 패션 브랜드로 성장했

다. 처음에는 비키니 수영복을 판매하다가 곧 침구와 욕실 라인으로 제품을 확장했다. 그 과정에서 꾸준히 유지한 핵심적 브랜드 아이디어나 메시지는 무엇인가? 다변화가 21세기 인브랜드의 생존에 열쇠가 될까?

핵심 비즈니스는 의류이지만, 소비자의 라이프스타일을 다양한 방식으로 반영하는 것이 우리 목표다. 우리는 다양한 단계에서 고객들에게 더 많은 의미와 목적의식을 전달하고자 한다. 우리가 하는 모든 일의 의도는 흥미로운 소비자 경험을 전달하고, 직간접적으로 강력한 유대 관계를 형성하며, 모든 상호작용이 브랜드 입지와 연관성에 확실하게 집중되도록 만드는 것이다.

기술은 쇼핑 방식을 어떻게 변화시키고 있는가? 인브랜드가 소비자에게 더 가까이 다가가고 소비자 경험을 개선하는 데 기술을 활용하는 혁신적 방법이 무엇인지 소개해주겠는가?

우리는 다양한 유형의 소비자에 대한 통찰을 얻기 위해 CRM(고객 관계 관리, 기업이 고객과 관련된 내외부 자료를 분석·통합해 고객 중심 자원을 극대화하고 이를 토대로 고객 특성에 맞게 마케팅 활동을 계획·지원·평가하는 과정-옮긴이)과 세그멘테이션 기술(segmentation technique, 수요층별로 시장을 분할해 각층에 집중적인 마케팅 전략을 펴는 것-옮긴이)을 집중 개발하고 있다. 소비자의 행동과 브랜드의 상호작용을 충분히 이해하기 위해서다. 또한 옴니채널 전략을 신뢰한다. 그래서 소비자들이 오프라인, 온라인, 모바일 모두에서 우리 브랜드를 찾고 상호작용할 수 있도록 다양한 채널 솔루션에 투자하고 있다. 포괄적 콘텐츠와 정보의 관리 및 구성이 시장에서 최고의 브랜드 경험을 전달하는 비결이다. 이는 제품보다 더 중요하다.

'당신의 시대'에 개인화된 브랜드 경험과 제품을 제공하는 인브랜드만의 특별한 방식을 소개해 달라.

우리는 고객 한 명 한 명을 위한 서비스를 제공하려고 노력한다. 무언가 특별하고 선택받았다는 기분을 느끼게 하는 것이다. 이는 우리 브랜드를 차별화하고 독특한 고객 경험을 강화하는 중요한 무형의 가치이자 우리의 제안이다. 이는 브랜드 입지를 확실히 다지고, 제품을 개발하며, 최고의 인력을 보유하고 개발하는 한편 소비자를 참여시키고 그들과 상호 소통하는 방법을 통해 달성할 수 있는 일이다. 예를 들어 우리가 개인 쇼핑 서비스와 같은 다양한 매장 경험을 개발한 것처럼 말이다.

기술의 발전, 세계화, 더 높은 효율성에 대한 요구 등이 패션 산업을 빠르게 변화시키는 것 같다. 앞으로 인브랜드가 직면할 가장 큰 도전 과제가 무엇이라고 생각하는가? 또는 브랜드를 흥미로우면서도 새로운 방향으로 이끄는 기회는 무엇이라고 생각하는가?

우리가 직면한 가장 중요한 도전 과제는 정보를 관리하고 처리하는 방식이다. 또 어떻게 하면 독특한 서비스를 제공하고, 구매 절차를 쉽게 만드는 도구를 개발하고, 침해받는 기분이 들지 않게 하면서 고객의 선호에 대응해 그들의 요구를 만족시킬 수 있는가 하는 것이다. 패션 산업은 다양하고 어려운 무형의 자산을 다룬다. 브랜드 경험과 소비자의 요구에 제품을 연결시키는 방법이 패션 산업의 중요한 추진력이라고 생각한다. 인브랜드는 혁신과 감성적인 연결을 통해서 연관성을 증대하고 유지하면서 독특함을 잃지 않을 생각이다. 인브랜드는 미래를 보며 새로운 길을 찾고 있기 때문에 우리의 절차, 생각, 통찰력은 꾸준히 발전할 것이다.

더멋 보든 Dermot Boden

2011년 3월 최고 브랜드 책임자로 시티에 합류했다. 브랜드 전략을 이끌고 있고, 모든 비즈니스 분야에 걸친 효율적이면서 일관적인 브랜딩과 마케팅을 위해 전념하고 있다. 보든은 시티의 브랜드 위원회 의장을 맡고 있고, 글로벌 브랜딩·스폰서 그룹Global Branding and Sponsorship groups을 관장한다. 시티에 합류하기 전에는 서울에서 2007년부터 LG전자의 부사장 겸 글로벌 마케팅 담당자를 역임했다. 보든은 브랜드를 창조하고 정의하여 명확한 브랜드 포지셔닝을 구축했으며, 심리적으로 소비자와 연관성을 유지하는 방식으로 휴대전화, 가정용 오락 기기, 가전제품 등 LG 제품군 전반의 매출을 늘렸다. 그 전에는 파이자Pfizer에서 10년간 근무했고, 그중 3년은 일본 도쿄에서 부사장 겸 총담당자로 일했다. 당시 그는 2년 만에 소비자 헬스케어 분야 매출을 50% 성장시켰고, 수익성을 10% 개선하는 성과를 달성했다. 그는 또 3개로 분산된 일본 파이자 조직과 문화를 하나로 통일했다.

변화가 가속화되는 지금, 시티Citi 브랜드에게 가장 핵심 과제는 무엇인가?

모든 분야의 모든 브랜드가 직면한 근본적인 도전 과제와 비슷하다. 소비자뿐 아니라 기관(또는 기업)을 포함한 모든 고객과 강한 유대 관계를 형성하고, 세계적인 커뮤니티를 만드는 것이다. 중요한 문제는 변하지 않았다. 차별화, 연관성 유지, 충성도를 낳는 정서적 유대 관계 형성이 그것이다. 여기에서 충성도는 고객의 충성도를 의미하지만 우리 역시 고객들에게 충성도를 보여주어야 한다.

최근 소비자 경험에 관한 연구는 시티 브랜드와 솔루션이 전 세계적으로 공감을 끌어내고 있다는 사실을 보여준다. 시티 브랜드는 시장에서 훌륭한 기반을 다졌다. 특히 아시아와 라틴아메리카에서 뛰어난 시장 입지를 갖고 있는데, 이곳에서 우리는 세계화 속에서 진정한 성장을 이루기 위해 개인과 비즈니스의 요구에 특히 집중했다. 전반적으로 시티는 소비자, 고객과 강한 유대 관계를 형성하고 있다.

200년 동안 시티는 목표를 향해 나아가는 데 열정을 쏟았다. 우리는 100개가 넘는 나라에서 고객과 지역사회의 발전을 가능하게 만들었다. 처음으로 ATM기를 선보였던 곳도 있고, 24시간 금융 시스템을 도입한 적도 있으며, 파나마운하의 협곡처럼 이례적인 장소에서 서비스를 제공하기도 했다! 시티 브랜드는 언제나 유대 관계를 형성하며, 경제 발전과 무역을 가능하게 만들어왔다. 그리고 우리는 여전히 노력하고 있다. 전 세계를 하나로 묶어주고, 기관 고객을 포함해 우리 고객들이 시장으로 진출할 수 있도록 도와주면서 전 세계로 뻗어나갔다.

1833년에 우리가 금융을 지원했던 맨해튼 가스앤드라이트 컴퍼니 Manhattan Gas and Light Company는 이제 콘에드Con Ed라고 불린다. 이것이 바로 시티가 하는 일이다. 우리는 가장 앞장서서 경제를 강화하고 사회가 발전하도록 도우며, 개인이 꿈을 이루는 것을 도왔다.

기업으로서는 금융의 기본에 집중하고 있다. 더 적은 규모의 간편한 서비스를 제공하기 위해 노력 중이다. 또한 고객과 소비자의 요구를 만족시키기 위해 노력한다. 처음 집을 구입하는 소비자든, 처음으로 수출하는 기업이든 마찬가지이다.

시티는 거대한 대기업이고, 규제는 점점 더 심해지고 있다. 시티가 혁신에 더 많은 노력을 기울이는 이유는 그 때문인가? 전반적으로 금융업계가 더 많은 주의를 기울이고 있다고 생각하는가?

시티는 에너지와 열정을 가지고 스마트하게 혁신을 이루고 있다고 생각한다. 우리의 의무를 분명히 알고 있다. 단순히 규제 때문이 아니다. CEO 역시 윤리적 경영과 의무를 기대하고 있다고 분명히 밝힌 적이 있다. 우리는 원칙을 따르는 발전을 이루기 위해 노력하고 있다.

시티는 세계적인 조직이다. 이는 우리가 가진 강점 중 하나로, 그 때문에 영향력이 매우 크고 혁신할 역량도 상당하다. 시티의 목표는 고객의 역량을 키워주고 고객이 꿈을 이루는 과정을 도와주는 것이다. 이 목표를 달성하기 위해 계속 노력하는 한, 소비자, 고객과의 연관성은 유지될 것이고, 우리의 혁신은 계속될 것이다. 지금까지는 효과가 있었다. 예를 들어, 시티 모바일 스냅숏Citi Mobile Snapshot은 모바일 기기에서 매번 로그인하지 않아도 간단하고 빠르고 쉽게 계정 정보에 접근할 수 있게 해준다. 시티 프라이스 리와인드Citi Price Rewind 역시 대표적인 예다. 사용자가 구매 후 상세 정보를 확인하도록 해주고, 더 낮은 가격이 있을 때에는 차액을 환불해주는 서비스다.

혁신이 고객과 연관성이 있고 차별화되어 있다면 시티 브랜드에도 좋은 일이다. 서비스 대부분은 소비자들이 더 큰 역량을 개발할 수 있도록 돕는 것이다. 시티는 이런 방향으로 발전하기 위해 더 많이 노력할 것이다.

우리는 스마트한 은행 지점을 만들기 위해 노력을 기울였다. 아시아에서 처음 시작했는데 이제는 미국에 상당히 넓게 퍼져 있다. 원래는 종이 사용을 되도록 줄이고, 터치스크린을 이용한 서비스를 제공하는 것이었다. 마치 〈스타트렉Star Trek〉처럼 혁신적 방법이었다. 연구에 따르면 34세 이하의 사람들은 지점보다는 앱을 선호하고, 35세 이상은 편리한 지점을 원한다고 한다. 게다가 시티 브랜드의 이미지에 맞는 최첨단 기술을 갖춘 지점을 원한다고 한다. 그래서 우리는 앱과 홈페이지 경험, 기술적으로 뛰어난 지점을 모두 통합하는 선도적 디지털 경험을 만들어 내기 위해 노력하고 있다.

디지털 기술과 세계화는 시티의 비즈니스와 브랜드 전략을 어떻게 발전시키고 있는가?

우리는 가장 글로벌한 은행이다. 우리 힘을 모두 활용할 때, 시티의 글로벌한 비즈니스는 중요한 요소가 된다. 우리 전략에서 정보를 제공하는 세 가지 중요한 트렌드는 세계화, 도시화, 디지털화이다.

글로벌 관점에서 보았을 때, 시티만큼 시장 입지가 확실한 은행은 없다. 우리는 어떤 은행보다 더 많은 국가에서 더 오랫동안 비즈니스를 해왔다. 어떤 곳에서는 100년 이상 금융 서비스를 제공했다. 예를 들어 싱가포르에서는 1902년부터 금융 서비스를 제공했는데, 심지어 싱가포르 사람들보다 더 일찍 은행을 만들었다. 또 1만 명을 고용했는데 그들 중 상당수가 싱가포르 사람이었다. 이런 이유 때문에 성장, 기술, 혁신, 지역사회 차원에서 시티는 중요한 시장에서 매우 강력한 위치를 차지할 수 있었다.

전 세계에서 진행되는 급격한 도시화에서도 놀라운 기회를 확인하고 있다. 세계적으로 주요한 도시를 100곳 남짓 파악해 그중 대부분에서 우리는 금융 서비스를 제공하고 있다. 이 주요 도시들이 전 세계 GDP의 약 30%를 차지할 것으로 예측되며, 따라서 이들 도시에서의 입지는 매우 중요하다.

전체 산업에 가장 큰 변화를 가져올 추세는 디지털화다. 소비자를 위한 휴대전화 앱뿐 아니라 우리가 다른 기관과 연계하는 방법까지 완전히 달라질 것이다. 시티는 어떤 방식으로 기업 고객들이 비즈니스 과정에서 더 많은 가치를 얻을 수 있게 돕는가?

우리는 전 세계 여러 도시에서 시티 혁신연구소Citi Innovation Lab를 운영하고 있다. 예를 들어 마이애미의 혁신연구소는 우리 고객들이 데이터를 더욱 잘 활용하여 각자의 비즈니스 모델을 통해 더 큰 경제적 가치를 얻을 수 있도록 돕고 있다.

우리는 지난 몇 년 동안 빅데이터를 준비해왔다. 이제는 더 많은 데이터를 고려하고, 의미 있는 정보를 얻는 능력을 갖췄다. 아무것도 없는 무에서 시작하는 단계가 아니다. 혁신연구소는 세계적인 거래 흐름을 돕고 있고, 그 때문에 고객들은 이런 흐름에서 더 큰 가치를 얻을 수 있게 되었다. 이는 시티의 전 세계 고객들에게 매우 큰 도움을 제공할 수 있게 했다.

혁신연구소에서 얻어 낸 성과는 무엇인가? 특징적인 것이 있는가? 아니면 단순히 더 나은 고객 경험과 풍부한 접점을 제공하는 것인가?

두 가지 모두다. 혁신연구소는 고객의 요구에 귀를 기울이면서 데이터를 탐구할 수 있는 기회를 만들어 낸다. 시티의 역할은 고객들이 지금 하는 일을 최대한 잘할 수 있도록 돕는 것이다. 결국 고객들은 각자의 비전을 가지고, 각자의 삶을 살아간다. 우리가 하는 일은 고객의 요구를 만족시키는 것이다. 시티는 고객들, 각 개인, 지역사회, 그 가족의 발전을 가능하게 만든다.

시티는 브랜드 경험의 개인화와 최적화를 어떻게 만들고 있는가?

앞에서 시티 프라이스 리와인드와 시티 모바일 스냅숏을 설명했다. 시티 월릿Citi Wallet은 더욱 개인적이면서 사용자 친화적인 브랜드 경험의 또 한 가지 예이다. 시티 카드 회원들은 더 빠른 온라인 쇼핑을 원한다. 시티는 미국에서 유명 브랜드를 이용한 디지털 월릿 서비스를 처음으로 선보였다.

우리는 전 세계 소비자들의 특징이 서로 다르다는 사실을 이해하며, 그에 따라 최적화된 옵션을 제공하려고 노력한다. 예를 들어 미국 고객들에 비해 아시아와 라틴아메리카 고객들은 여행을 더 많이 하고, 금융에 관해 다양한 요구를 가지고 있다. 시티는 발전을 돕겠다는 브랜드 약속을 지키면서 세계화, 도시화, 디지털화 이 세 가지 요소를 바탕으로 더욱 성장하고 있다.

애플처럼 유형의 제품을 제공하지 않는 시티 같은 은행들은 소비자가 원하는 것을 어떻게 제공하는가?

혁신은 점진적 혁신과 신기원 같은 갑작스런 혁신으로 나뉜다. 가끔은 혁신의 연관성이 제대로 이해되지 못한다. 우리가 처음 ATM을 선보였을 때 사람들은 어처구니없다고 생각했다. 그런데 뉴욕 시가 눈보라로 마비되자 모든 은행이 문을 닫았다. 하지만 시티 고객들은 ATM 덕분에 현금을 찾을 수 있었다. 그때가 24시간 뱅킹과 '시티는 잠들지 않아요the Citi never sleeps.' 캠페인을 하게 된 출발점이다. 당시에는 혁신이라고 생각하지 않았다. 지금 돌아보면 대단한 혁신이다. 하지만 ATM을 처음 선보였을 때에는 그 영향력과 연관성을 제대로 이해하지 못했다.

우리는 지금 하는 일이 최첨단이며 상당히 차별화되었다고 믿는다. 곧 스마트 은행 지점 경험과 같은 새로운 앱과 혁신이 이어질 것이다.

택시 타는 경험을 변화시키고 있는 우버^{Uber}처럼 세계시장을 움직이고 변화시키는 대표 브랜드로는 어떤 것이 있는가?

애플이라고 분명히 말할 수 있다. 애플은 제품뿐 아니라 쇼핑 경험도 완전히 새롭다. 애플은 제품을 통해서 시장에 가져온 변화에서부터 스스로를 차별화하는 방법까지 전체 소비자 경험을 완전히 바꾸었다. 이제 애플은 기대에 부응해야 한다는 도전 과제에 직면해 있다. 아마도 우리 중 가장 큰 도전 과제에 직면한 기업이 애플일 것이다.

시티의 시각에서 보았을 때, 우리의 가장 큰 장점은 200년 동안 기업의 유산인 혁신적 사고로 우리 고객들의 성장에 불을 지필 수 있다는 것이다. 그것이 바로 시티의 근본이다. 고객들이 우리 은행을 이용하고, 우리를 믿고 안심할 수 있는 이유가 바로 이 때문이다. 여기에 뿌리가 있고, 끊임없이 미래를 내다보는 오랜 역사가 담겨 있다. 어떤 특정 국가에서나 세계적으로나 이 점이 중요하다. 지난 200년 동안 시티는 혁신을 이끌었다. 아무도 생각한 적 없는 신기원과 같은 혁신이든 점진적 개선이든, 혁신적 아이디어를 실행에 옮기는 열정을 지니고 있는 한, 우리는 계속 고객의 성장을 도울 것이다.

시티의 아주 큰 강점이 다양한 시장에 진출했다는 것과 빅데이터에 대해 혜안을 가졌다는 것이다. 다양한 시장과 분야에서 만나는 고객들의 차이점에 관해 알려 달라. 또 연령이나 지역 차이에도 소비자의 요구가 겹치는 부분을 알려 달라.

우리가 '성장을 일구는 사람들Progress Maker'이라고 부르는 그룹이 있다. 그들은 시티가 성장의 밑거름이 되어주고 싶은, 담대한 아이디어를 가진 지도자이자 생각의 폭이 넓은 사람들이다. 그들은 시티가 목표로 하는 거의 모든 분야를 초월한 사람들이다. 그들은 공통적으로 회복력과 의지, 낙관적 사고, 관대함, 애타주의 등의 특징을 명확히 가지고 있다. 더 나은 미래를 보고, 남에게 도움을 주길 바라며, 새로운 영향력에 개방적이다.

최근 시티에서는 〈성장을 일구는 사람들 이야기〉라는 60초에서 90초 분량의 영화를 만들었다. 영화에서 우리 고객들은 자신만의 목소리를 들려준다. 그들은 시티와 함께해서 무엇을 얻었고, 또 시티에는 어떤 이득이 되었는지, 가장 중요하게는 그들이 사는 지역사회에 어떻게 이로웠는지 설명한다. 그중에는 로스앤젤레스 스트리트라인Streetline 주차장 앱을 개발한 조너선 로즈Jonathan Rose, 영양이 풍부한 식사를 할 수 없는 아이들에게 음식을 제공하는 레볼루션 푸드Revolution Foods 관계자가 있다. 그들은 성장을 일구는 사람들로, 낙천적이고 의지가 강하며 관대하다. 그들은 나름의 결과를 얻기까지 부딪친 여러 장애물을 극복했는데, 우리가 그 과정에서 도움을 주었다. 그들의 삶과 가치는 시티와 일맥상통한다. 세상에는 그런 사람이 정말 많다. 미국과 신흥 시장에서 흔히 찾아볼 수 있는데, 우리 협력사 직원인 경우가 많다. 그만큼 시티는 미래에 대한 준비가 되었다. 우리는 지역사회를 구성하는 한 부분이 되고자 한다. 신흥 시장과 미국 도시에 집중해 도시의 번영과 성장을 돕고 있다.

또한 시티의 기업시민 의식이나 시티 재단의 노력 역시 자랑스러운 부분이다. 우리가 진출한 세계 모든 지역에서 건설적이면서 긍정적인 힘이 되어주고 싶다. 2013년, 시티는 지역사회 개발 활동에 6000만 달러를 지원했고, 시티 재단에서 7800만 달러를 투자했다. 이런 노력은 유대 관계를 형성하는 것이 목적인데, '지역사회 공헌의 날Global Community Day' 과 같은 프로그램이 도움이 된다. 2014년에는 전 세계 479개 도시에서 7만 4000명이 넘는 시티의 구성원들이 여기에 참여했다. 그 과정에서 주인 의식이 형성되었고, 모두 도시 공동체의 일원이라는 유대감을 갖게 되었다. 대학 캠퍼스 채용 설명회에서 시티에 관해 설명하는 이들이 바로 시티의 친구이자 가족이다. 또 커뮤니티 회원들은 고객들과 상호작용한다.

202년 전 처음 설립된 이후 이름이 바뀌지 않은 미국의 유일한 글로벌 은행 브랜드는 시티밖에 없다는 사실은 주목할 만한 가치가 있으며, 그 점에는 시티 브랜드의 진실성과 회복력이 한몫한다고 생각한다.

이타우, 사람들이 브랜드에게 하는 말에 귀 기울여라

페르난도 차콘 Fernando Chacon

2009년에 이타우 유니방코의 마케팅 책임자이자 공개 · 무역위원회Disclosure and Trading Committee의 회원이다. 차콘은 서비스와 소매 식품 등 다양한 분야에서 기술, 비즈니스, 금융 관리 관련 경력을 쌓았다.

이타우Itaú는 브라질에서 가장 가치 있는 브랜드다. 이타우의 전략은 무엇인가?

이타우의 전략을 공유할 수 있어서 기쁘게 생각한다. 우리 DNA에서 빼놓을 수 없는 요소가 기술이다. 지금까지 이타우는 줄곧 온라인 은행으로 인식되었고, 가장 현대적인 은행이라는 인식을 심어주었다. 우리는 디지털 미디어와 그 관계를 가장 최우선으로 생각하기 때문에 고객들에게 더 가까이 다가갈 수 있다.

가상공간에 관해 묻고 싶은데 이타우가 어떻게 소셜미디어에 대응하는지 알려 달라.

우리는 콘텐츠 팩토리를 설계하려 한다. 콘텐츠 팩토리란 무엇일까? 디지털 세계에서는 콘텐츠의 연관성이 중요하다. 브랜드가 사람들에게 무슨 말을 하고 싶은지가 아니라, 사람들이 브랜드에 관해 무슨 말을 하는지가 중요하다. 사람들을 향해 말해도 반응이 없다면, 이미 끝난 이야기이고 투자도 제대로 되지 않는다. 사람들 반응을 끌어내는 콘텐츠를 만든다면 사람들은 서로에게, 또 브랜드에게 말을 하게 될 것이다. 그러면 조직은 놀라운 목표를 이룰 수 있고, 소비자들 세계에서 연관성을 가질 수 있다. 월드컵 기간에 우리는 조회 수 6000만 건을 기록했다. 우리는 디지털 세계를 자극하기 위해 모든 콘텐츠를 만든다. 우리가 만든 월드컵 응원가는 2000만 번의 조회 수를 기록했다. 은행은 소비 지향 사회의 필요악이라고 생각되곤 한다. 그런데 우리는 사람들 생각과 마음속에 자리를 차지하고 있다. 이런 이성과 감정의 균형이 바로 우리가 바라는 것이다. 전통적인 미디어는 양방향 관계를 허용하지 않고 일방적이기 때문에 특히 디지털 미디어를 활용한다.

혼다, 사고 팔고 만드는 기쁨의 힘

테츠오 이와무라 Tetsuo Iwamura

혼다의 부사장이자 기업 브랜드 책임자인 이와무라는 글로벌 브랜드 전략과 관리를 개발하고 실행해 왔다. 남아메리카와 북아메리카 지역의 운영 책임자였으며, 자동차 부서 운영 책임자로 일했다. 2007년부터 2014년까지는 미국 혼다 자동차 사장직을 역임했다. 혼다에 처음 합류한 것은 1978년이다.

'꿈의 힘 The Power of Dreams'은 혼다 Honda 브랜드의 핵심 가치로 알려져 있다. 이 아이디어를 어떻게 실현하고, 어떤 브랜드 경험을 제공하는가?

'꿈의 힘'은 글로벌 혼다 브랜드의 슬로건이다. 전 세계에서 꿈을 좇고 실현하려는 우리의 열망을 나타낸다. 이 슬로건에는 우리의 기본 신념과 기업 원칙, 경영 정책을 관통하는 혼다의 철학이 담겨 있다.

기본 신념은 두 가지 개념을 포함하는데 하나는 개인 존중이고, 또 하나는 세 가지 기쁨, 즉 사고 팔고 만드는 기쁨이다.

혼다는 다양한 비즈니스 분야를 아우르기 때문에, 브랜드 개발에 독립적으로 일익을 담당하는 나라별 조직의 운영에는 유연하게 접근한다. 그러나 넓은 의미에서 우리는 '혼다'라는 단일 기업 브랜드이고, 고객이 찾는 것이 사륜 차량이든 이륜 차량이든, 아니면 동력 장치든 고객의 욕구를 충족시키는 무언가를 만드는 것이 우리의 공동 목표다. 우리는 혼다가 뛰어난 브랜드가 되고, 전통적인 사고에서 벗어나 진정한 꿈을 좇기를 바란다.

최근의 예로는 '혼다제트HondaJet'가 있다. 혼다제트는 전통적인 항공기와는 완전히 다르다. 제트 비행기 시장에 뛰어들기 전, 우리는 지금보다 더 넓고 안락하며, 규모가 작으면서도 가벼운 비행기를 원했다. 그래서 혼다는 항공기 디자인에 대한 전통적 사고를 재검토하는 것에서 시작했다. 그다음에 혼다의 독자적 기술을 적용해 목적을 이룰 수 있었다. 예를 들면 엔진을 주 날개 위쪽에 장착하는 것인데, 지금까지 한번도 시도된 적이 없는 일이다. 전통적인 사고방식에서는 엔진을 날개 위쪽에 장착하면 바람저항이 커지고, 특히 고속 비행 시에 공기역학 기능이 감소되는 것으로 알려져 있다. 하지만 혼다는 광범위한 연구를 통해 주 날개 위에 엔진을 장착해도 전혀 문제가 없을 뿐 아니라 오히려 공기역학 기능을 배가하는 지점을 찾아냈다. 그 결과 최고 속도와 연료 효율성을 개선해 혼다제트를 최고로 만들 수 있었으며, 내부가 눈에 띄게 넓어졌다.

또 다른 대표적인 예는 발전기 제품인 에네포Enepo이다. 에네포는 부탄가스로 작동하는 가정용 발전기이다. 동일본 대지진 이후, 많은 기업이 식량, 커뮤니케이션 수단, 원조를 제공하는 방법을 찾기 시작했다. 재해가 발생했을 때 가장 중요한 것이 에너지원이다. 에네포의 성능은 정전 시 불을 켜는 것 그 이상이다. 컴퓨터를 사용하고 휴대전화를 충전할 수 있다. 전기 주전자로 물을 끓일 수도 있다. 에네포 하나의 가격이 11

만 엔이다. 10층 건물에 층마다 에네포를 하나씩 설치하는 데 드는 비용은 100만 엔이다. 혼다가 추구하는 삶의 방식과 기업 의도를 에네포와 같은 제품으로 표현하고 싶었다. 우리가 맨 먼저 생각하는 것은 고객의 행복이다.

혼다 그룹은 세계시장에서 어떻게 경쟁력을 확보하고 있는가?

1952년 대만으로 혼다 커브 F$^{Honda\ Cub\ F}$를 수출하면서 혼다는 일찍이 글로벌 시장에 뛰어들었다. 1963년에는 벨기에에서 모페드(moped, 모터가 달린 자전거-옮긴이)를 생산했다. 혼다 글로벌 전략의 기준은 사람, 제품, 수익의 현지화이다. 해외에서 벌어들인 돈은 일본으로 가져오지 않고 해당 지역의 비즈니스를 위해 재투자하고 고용을 늘리며, 고객들에게 더 많은 혜택을 제공하는 데 사용했다. 혼다는 다른 기업들보다 훨씬 먼저 현지화에 성공했다. 일례로 우리는 북아메리카 지역에 193만 대의 사륜 자동차 생산 시설을 보유하고 있다. 이런 노력의 결과가 현재 미국에서 개발, 생산되는 차세대 슈퍼카 NSX이다. 완전히 새로운 하이브리드 시스템이다. 이 슈퍼카는 미국 내 우리 제휴 회사에서 개발하고 생산했고, 우리는 그 차를 전 세계에서 판매할 계획이다. 이것이 미국이 우리에게 해준 모든 것을 갚아가는 혼다의 방식이자 사회에 되돌려주는 방법이다.

글로벌화 추세에 맞춰 혼다는 무엇에 집중하고 있는가?

원칙적으로는 혼다의 철학에 집중한다. 우리는 어떤 시장에서든 먼저, 그 지역의 기업과 협력하는 형태로 일한다. 따라서 단결력을 유지하면서 정체성을 잃지 않는 것이 매우 중요하다. 단결력을 유지하기 위해서는 각 지역에서 혼다에 대한 이해를 얻어 내야 하는데, 지금까지 '이게 바로 혼다'라는 핵심을 보여준 것이 주효했다. 혼다의 철학이란 바로 그런 것이다.

우리 철학의 근본 요소 중 하나는 개인 존중이다. 여기에는 자주성과 평등, 신뢰가 포함된다. 개인 존중은 지금 우리가 다양성이라고 부르는 것이다.

'세 가지 기쁨'도 마찬가지이다. 좋은 물건을 구매하면 국적에 상관없이 누구나 행복하다. 고객의 행복한 얼굴은 물건을 파는 사람, 개발한 사람, 만든 사람, 조립한 사람 모두를 행복하게 만든다. 이는 세계 어디에서나 통하는 개념이고, 혼다가 가진 기본 신념의 바탕이 되었다.

혼다는 자동차 산업에서 일어나는 기술혁명 속에서 드라이빙, 그러니까 운전의 미래를 어떻게 개척하고 있는가?

드라이빙은 중요하지 않다. 소비자가 운전을 하면서 무엇을 얻는지가 중요하다. NSX의 첫 모델을 만들면서 오토매틱 모델을 출시한 이유가 바로 그 때문이다. 다른 슈퍼카와 달리 NSX는 운전자가 안전하다는 기분을 언제나 느낄 수 있도록 만들었다. 누구나 운전의 기쁨을 누릴 수 있는 슈퍼카를 만들길 바랐고, 그 결과 차세대 NSX가 탄생했다. NSX의 양쪽 타이어는 모터로 통제되기 때문에 커브를 돌 때에도 이상적인 회전력을 유지하고, 빠른 속도에서도 안정성이 뛰어나다.

혼다는 지속 가능한 성장을 위해 어떻게 노력하고 있는가?

사이타마 현의 요리이에 있는 사륜 자동차 생산 공장을 대표적인 예로 꼽을 수 있다. 출력이 2.6메가와트인 태양열발전 시스템으로 연간 이산화탄소 배출량을 약 1,200톤이나 줄였다. 혼다는 EV[전기차]와 FCV[연료전지차] 개발에 박차를 가하고 있다. 단거리를 주행할 수 있는 콤팩트 전기차 MC-β 모델을 개발했고, 구마모토 현, 사이타마 시, 미야코지마 시에서 시운전을 시작했다. FCV가 무엇보다 중요하다는 것이 우리 생각이다. 수소 전지가 최종 종착지라고 생각하는 이유는 효율성 때문이다. 수소 전지는 EV 배터리보다 에너지 저장률이 훨씬 높다. FCV는 혼다가 추구하는 '꿈의 힘'과 정확하게 일맥상통한다. 우리가 FCV를 현실화하기 위해 많은 노력을 기울이는 이유가 바로 이 때문이다. 연료전지 개발을 위해서 혼다는 GM과 업무 제휴를 맺었다. 혼다와 GM은 모두 연료전지의 연구, 개발에 많은 시간을 쏟았다. 두 기업은 2020년까지 연료전지 시스템을 개발하기 위해 함께 노력할 것이고, 협력의 결과는 놀라운 변화를 일으킬 것으로 기대하고 있다.

지멘스,
디지털은 소비자를 이해하는
비즈니스의 중심

비르기트 베르롤트-크렘저 Birgit Berthold-Kremser

지멘스 부사장이면서 브랜드·캠페인의 최고 책임자이다. 2001년부터 지멘스에서 일한 그녀는 오스트리아 비엔나에서 마케팅 커뮤니케이션 담당자, 지멘스 클러스터 센트럴 동유럽 산업 커뮤니케이션 담당자 등 다양한 임원직을 역임했다. 2009년에는 뮌헨 본사의 글로벌 이벤트와 스폰서 부서 책임자로 임명되었다. 지멘스에서 일하기 전에는 홍보업체에서 관광, IT, 인터넷 비즈니스, 수석 고문 등의 업무를 담당했다. 비르기트는 현재 지멘스 브랜드에 목적과 새로운 에너지를 불어넣는 데 전념하고 있다.

앞으로 몇 십 년에 걸쳐 전 세계는 중요한 도전 과제에 직면할 것이다. 지멘스Siemens는 여기에 어떻게 대응하고 있는가?

지멘스는 어느 기업보다도 먼저 디지털 변화, 세계화, 도시화, 인구 통계학적 변동, 기후변화 등 거대한 흐름에서 기회를 발견했고 그에 따라 비즈니스 활동을 조율한 기업이다. 전기 공급망을 따라 시장의 입지를 구축했던 지멘스는 발전에서부터 송전, 전력 배급, 전력망, 전기에너지의 효율적 적용까지 광범위한 노하우를 가지고 있다. 또 디지털 시대와 미래를 대비해 뛰어난 자동화 기술을 갖췄다.

지멘스 브랜드의 성장 기회는 무엇인가?

우리 브랜드가 이미 잘 알려지긴 했지만 올바른 목적을 위해 노력함으로써 브랜드를 더 널리 알릴 수 있다. 사람들이 우리가 하는 일과 추구하는 바를 더 잘 알게 되면, 소비자가 구매를 결정할 때 우리 브랜드를 더 많이 고려하게 되고, 이는 우리의 성장으로 이어질 것이다. 지금까지 지멘스는 기업 안팎의 이해관계자들과 광범위하게 협력하며 일하고, 지멘스의 본질과 목적, 세계에서 우리가 할 역할을 분명히 밝혀왔다. 우리는 역사와 문화, 가치로 빚어진 새로운 의무이자 브랜드 프러포지션을 바탕으로 우리 자신을 이해한다. 그것은 우리의 포부이고, 고객과의 상호작용에서 지침이 된다. 이것에 대한 커뮤니케이션과 그 결과물이 기업 내부적으로 확인되고 있고, 그중 일부는 곧 외부에도 공개될 것이다.

디지털은 비즈니스를 변화시키는 효과가 있다. 지멘스에 디지털은 어떤 의미인가?

디지털 커뮤니케이션과 디지털의 의미를 구분하는 것이 중요하다. 특히 지멘스의 비즈니스 방식 면에서는 더욱 그렇다. 지멘스는 다양한 방면에서 이해관계자와 접촉하고 있다. 우리의 홈페이지, 유튜브, 페이스북, 트위터는 상당한 트래픽을 기록 중이다. 우리 광고는 디지털 콘텐츠에 대한 관심을 더욱 불러일으킨다. 이벤트가 있을 경우, 디지털은 이벤트가 시작되기 전과 끝난 후에 이루어지는 주요 접촉 방식이다. 우리의 앱은 계속 늘고 있고, 거기에서 수천 가지 제품과 서비스를 소개한다. 하지만 우리에게 디지털은 그보다 더 심오한 의미가 있다. 우리 비즈니스의 중심이다. 우리는 디지털이 제공하는 기회를 충분히 활용하기 위해 노력 중이다. 우리는 오늘날 이미 형성되어 있는 방대한 데이터를 고객들을 위한 가치로 바꾸는 노하우를 충분히 가지고 있다. 지멘스의 솔루션은 고객들이 시뮬레이션을 해보고, 예측하고, 스마트하게 자동화해 생산성과 효율성, 유연성 면에서 놀라운 발전을 이룰 수 있게 해준다.

내부적으로는 브랜드 경험을 어떻게 실현하는가?

우리에게 가장 중요한 자산은 우리 임직원들이다. 독일은 중요한 시장 중 하나로, 지멘스 본사가 있으며 직원의 절반 이상이 거주하고 일하는 곳이다. 하지만 우리에게는 세계적으로 입지를 강화하는 것이 중요하다. 지멘스는 190개국이 넘는 국가에서 비즈니스를 진행하고, 수익의 86%가 독일 이외 지역에서 발생하는 글로벌 기업이다. 브랜드 관점에서 보았을 때, 고객들에게 경험을 전달하는 과정에서 직원들은 매우 중요하다. 일단 기업의 과제를 중심으로 직원들을 결집하는 일이 마무리되면, 브랜드 수립 활동과 투자를 위한 굳건한 기반을 마련하고 우리의 모든 기능을 강화할 것이다.

걸스카우트, 친구를 위해서라면 SNS도 끊겠다고?

세라 곰리 Sarah Gormley

미국 걸스카우트의 최고 마케팅 책임자로, 걸스카우트를 21세기에 맞게 발전시키고 입지를 다지는 데 노력을 집중하면서 모든 마케팅 프로그램을 담당하고 있다. 2012년 미국 걸스카우트에 합류했고, 소녀와 자원봉사자들에게 더 나은 서비스를 제공하기 위해 내부 기관을 구축했다. 걸스카우트의 목표 중 우선순위를 정하고, 그 목표를 달성하기 위해 노력할 뿐 아니라 그 결과와 캠페인의 효율성을 측정하는 새로운 방식을 정립하는 데 전념하고 있다. 걸스카우트에서 일하기 전에는 마샤 스튜어트의 리빙 옴니미디어에서 커뮤니케이션과 마케팅 부사장직을 역임했다. 그 이전에는 아이맥스에서 기업 커뮤니케이션을 담당했다. 곰리는 아이맥스가 미국 안팎에서 세 배로 성장하던 중요한 시기에 비즈니스 모델을 수정했다. CEO와 긴밀하게 협력해 당시 곰리의 역할은 아이맥스 브랜딩을 관리하고 새로운 소비자 대상 캠페인을 개발하는 것이었다. 또한 아시아 시장 확장을 중심으로 이뤄진 전 세계 아이맥스 극장 네트워크의 유례없는 성장과 관련된 모든 커뮤니케이션을 담당했다. 경력 초기에는 내셔널 파이낸셜 파트너스National Financial Partners, 플레시먼−힐러드Fleishman-Hillard, 에델만 PREdelman Public Relations에서 고위직을 지냈다.

급속한 기술 발달, 인구 통계학적 변동, 소비자의 기대 변화 등 새로운 시대로의 이동이 더욱 빨라지고 있음은 부정할 수 없는 사실이다. 이 중대한 시점에서 걸스카우트가 직면한 핵심 과제는 무엇인가?

걸스카우트GSUSA는 100년이 넘는 동안 하나의 상징이자 사랑받는 브랜드였다. 그 점은 지금의 우리에게도 영감을 준다. 우리의 도전 과제는 우리의 오랜 역사를 활용하고 존중하는 방법 그리고 소녀, 자원봉사자, 부모 등과 연관성을 유지하는 방법을 찾는 것이다. 연구 조사에 따르면 여느 과외활동보다 걸스카우트에 참여하는 소녀들이 더 행복하고, 자신감 넘치며, 친구를 많이 사귀고, 더 재미있는 삶을 사는 것으로 나타났다. 우리가 실현 가능한 훌륭한 도전 과제와 기회를 가지고 있다는 사실

"

에는 의심의 여지가 없다.

도전 과제와 관련해 걸스카우트는 우리 조직의 심장이자 영혼인 자원봉사자들을 위해 최고의 경험을 창조하고 제공하고자 변화하고 있다. 그래야만 그들이 소녀들을 더 잘 보살필 수 있기 때문이다. 우리는 소녀들을 위한 조직이니까!

날마다 소녀와 부모는 끊임없이 수많은 선택에 직면한다. 그렇다면 우리는 어떻게 이런 선택에서 살아남을 수 있을까? 걸스카우트는 일관된 경험을 제공하고, 결과를 측정하며, 걸스카우트 브랜드의 가치를 더욱 명확하게 나타낼 수 있는 능력을 갈고닦아야 한다. 풍부한 역사와 광범위한 회원 네트워크, 세계적 입지, 소녀들의 모든 것에 관해 전문 지식을 갖춘 걸스카우트 브랜드는 소녀들의 삶을 변화시키고 싶어 하는 사람들의 열망에 충분히 다가갈 수 있는 입지를 가지고 있다. 소녀의 삶이 바뀌면 지역사회와 세계도 변한다.

여태껏 우리가 본 적 없는 새로운 세계가 도래하고 있다. 하루 24시간 내내 매우 효율적이고, 긴밀히 연결되어 있으며 고도로 통합된 세계, 사용자가 정의 내리는 영역이 늘고 있는 세계다. 걸스카우트 브랜드는 소녀들의 참여, 부모, 자원봉사자들의 변화하는 요구, 압력, 선호에 어떻게 대응하고 있는가? 걸스카우트가 미래를 대비하는 가장 큰 '베팅'은 무엇인가?

2013년부터 걸스카우트는 상당한 규모의 기술 투자를 해왔다. 우리는 112개 사무소에 새로운 운영 모델을 실현하고자 노력했다. 자원봉사자와 소녀들을 모집하고 돕는 이 사무소들의 활동 영역과 능력을 현대화하고, 간소화하고, 확장하도록 도움을 주기 위해서다. 회원을 더욱 늘리기 위해서는 자원봉사자들을 도와야 한다. 자원과 물자 보급 면에서 최고의 경험을 하고, 심리적으로는 걸스카우트 임무에 깊이 관계하고 있다고 느낄 수 있도록 해야 한다. 그래서 우리는 여자 또는 남자—현재 걸스카우트에는 남자 자원봉사자가 40만 명이나 된다!—자원봉사자나 걸스카우트 대장이 휴대전화를 몇 번 조작하면 콘텐츠와 계획 툴을 활용해 연간 회의와 활동을 관리할 수 있도록 만들었다.

걸스카우트 조직은 사람들의 삶을 위해서 걸스카우트 경험을 어떻게 더 개인화하고 연관성을 유지하고 있는가? 특히 자랑스럽게 생각하는 중요한 예를 몇 가지 들어 달라.

부모나 양육자는 열의가 상당하다. 그들에게 자원봉사하는 데 수월하고 만족스러우며 풍부한 기회를 제공하지 못하면, 소녀들은 걸스카우트를 빠져나갈 것이다. 실제로 우리 대기자 명단에 이름을 올린 소녀가 3만 명이 넘는다. 뭔가 빠른 변화가 필요하다는 뜻이다. 또 걸스카우트 경험의 핵심은—이 점은 지난 캠페인에서 간과되었을 수도 있다—새롭고 재미있는 경험이다. 연구에 따르면 소녀와 성인 모두 그 점을 걸스카우트의 매력으로 꼽았다고 한다. 최근 실시한 '정말 기대돼…… I can't wait to…' 모집 캠페인에서부터 브랜드의 새로운 플랫폼과 특성을 창작하는 일에 이르기까지, 우리는 개인적, 사회적 차원에서 영향력과 성과를 잃지 않으면서도 재미있는 거리를 만드는 데 전념하고 있다.

지난 1년 동안 소비자가 원하는 것을 확실하게 제공한다는 점을 입증한 브랜드들이 있었다. 요즘에는 어떤 브랜드가 이런 점에서 뛰어나다고 생각하는가?

요즘 개인 경험을 창조하고 구성하는 브랜드에 전보다 더 큰 흥미와 놀라움을 갖는다. 소셜미디어의 상호작용으로 물밀 듯한 변화가 일고 있다. 하지만 직접 만나 시간을 함께 보내고 이야기를 공유하는 것을 대체할 수는 없다. 우리가 실시한 조사 결과에서 대부분의 소녀들이 직접 얼굴을 맞대고 소통하는 것을 선호한다는 사실을 알 수 있다. 응답자 중 90% 이상이 절친한 친구를 위해서라면 소셜네트워크를 포기하겠다고 대답했다! 아이맥스IMAX, 터프 머더Tough Mudder, 버진 에어라인Virgin Airlines, 그리고 우리 걸스카우트 같은 브랜드를 보면, 직접 사람과 만나는 경험이 무엇보다 중요하다는 것을 알 수 있다. 함께 공유하는 경험의 가치를 이해하고 평가하며, 소비자가 무엇을 원하는지 알아내는 브랜드가 성공 가능성이 높다는 것이 내 믿음이다.

AIG,
고객의 사생활 vs.
효율적인 서비스

데이비드 메이 David May

2013년 마케팅 책임자로 AIG에 합류했다. 그는 브랜드 마케팅 전략, 1차 시장과 2차 시장에 대한 연구, 광고, 스포츠 후원, 고객 프로그램에 대한 기업의 의견 등을 포함해 다양한 국제 업무를 담당하고 있다. 그 전에는 골드만삭스에서 상무이사로 재직했는데, 1996년부터 일하면서 브랜드 마케팅 그룹을 설립했다. 2008년에는 골드만삭스의 투자관리 부서에 합류해 개인 재산, 자산 관리와 관련된 글로벌 마케팅과 커뮤니케이션 프로그램을 이끌었다. 영 & 루비캠Young & Rubicam에서 경력을 쌓기 시작했으며, J. 월터 톰프슨 뉴욕J. Walter Thompson New York의 경영위원회에서 일한 경험이 있다.

크리스티나 프레토 Christina Pretto

AIG의 부사장이자 커뮤니케이션 담당자이다. 그는 AIG 브랜드와 미디어, 기업 내 커뮤니케이션, 철학, 커뮤니티 관계, 디지털 미디어, 광고를 감독하고 있다. 2009년 1월, 미디어 관계 부사장으로 AIG에 합류한 프레토는 9개월 뒤 지금의 직위로 승진했다. 지난 5년 동안, 2008년 금융 위기로 미국 정부로부터 1820억 달러의 공적자금을 받았던 AIG의 명성을 회복하기 위한 커뮤니케이션 활동에 앞장섰다. 2012년 AIG는 공적자금을 모두 상환하고, 227억 달러의 수익을 남겼다. 새로운 로고와 '내일까지Bring on tomorrow'라는 광고 문구를 포함해 세계적인 AIG 브랜드를 재창조하는 일을 감독하기도 했다. AIG에 합류하기 전에는 시티그룹에서 상무이사와 글로벌 공공사업부서 담당자 등을 역임하면서 커뮤니케이션 분야 고위 간부로 근무했다. 그 전에는 세계적인 평가 기관인 스탠더드앤드푸어스에서 커뮤니케이션 담당자로 일했다. 전 세계 대출 시장과 미국의 공공 재정 분야의 기자로 일한 경험이 있다.

급속한 기술 발달, 인구 통계학적 변동, 소비자의 기대 변화 등 새로운 시대로의 이동이 더욱 빨라지고 있음은 부정할 수 없는 사실이다. 이 중대한 시점에 AIG가 직면한 핵심 과제는 무엇인가? 상품에서 서비스까지, 소비자들이 AIG 비즈니스를 바라보는 시각은 어떻게 변하고 있는가? 소비자들이 활발하게 구매하거나 상대적으로 덜 구매하는 상품 또는 서비스는 무엇인가?

우리가 직면한 도전 과제는 중요하지 않다. 모든 기업이 동일한 환경에 있기 때문이다. 그보다는 우리가 가진 자산 중 무엇이 도전 과제와 관련이 있는가 하는 것이 더 흥미로운 문제이다. 그런 점에서 AIG는 다르다. 일부 상품 시장과 지역 시장에서 직면하는 다양한 도전 과제에 대응하기 위해 우리가 유지하고 적용하려는 중요한 자산이 몇 가지 있다.

그중 하나는 글로벌 기업임을 타고났다는 점이다. 상하이에 AIG가 설립된 것은 95년 전이다. 그만큼 우리는 초창기부터 국제적 감각을 가지고 있었다. 이런 기업적인 추진력 덕분에 AIG는 유기적인 성장과 인수를 통해서 130개국에 진출했다. 지금은 기업 고객부터 은퇴자까지 모두에게 서비스를 제공하고 있다.

보험은 상품으로서 판매되지만, 흔히 보험을 하나의 경험으로 여긴다. 그래서 보험회사는 다양한 경험에 품질의 일관성을 약속하고 제공해야 한다. 어떤 사람들은 AIG나 협력 업체 컨설턴트의 전문적 조언을 듣고서야 보험을 선택한다. 하지만 어떤 사람들은 인터넷에서 직접 비교하고, 가능한 빨리 효율적으로 보험을 구매한다. 물론 사업하는 고객들은 보험 중개인과 일하는 것에 익숙하다. 그래서 우리는 풍부한 지식과 분별력을 갖춘 전문 구매자들을 위해서 뛰어난 가치를 제안할 수 있어야 한다.

우리 약속에서 AIG 브랜드는 중요한 요소이다. AIG 직원들을 최고의 통찰력과 자원으로 무장시키고 기업의 목표를 고객 관리의 핵심으로 삼는 직원에게 보상을 하고 있다. 그 결과 우리는 새롭고 민첩한 비즈니스를 유지할 수 있고, 한편으로는 브랜드 가치를 만들어갈 수 있다.

여전히 많은 브랜드가 과거의 마케팅 전략에 기반을 두고 있는 가운데, 여태껏 우리가 본 적 없는 새로운 세계가 도래하고 있다. 하루 24시간 내내 매우 효율적이고 긴밀히 연결되어 있으며 고도로 통합된 세계, 사용자가 정의 내리는 영역이 늘고 있는 세계다. AIG는 변화하는 비즈니스 요구와 압력, 선호에 어떻게 대응하는가? AIG 브랜드의 미래를 위한 '베팅' 중 가장 중요한 것은 무엇인가? 글로벌 시장에서 브랜드의 일관성을 어떻게 유지하며, 하나의 브랜드로 인식되는 일이 얼마나 중요하다고 생각하는가?

AIG는 우리 직원, 소비자, 브랜드에 가장 큰 베팅을 한다. 좀 전에 말한 새로운 세상에서 경쟁하기 위해서는 그들 모두가 필요하다. AIG에는 직원이 6만 4000명 있고, 그들이 8800만 고객을 위해 일한다. 매일 우리는 고객들에게 한 브랜드 약속을 지키려고 노력한다. 얼마 전에는 미국 납세자들에게 수익을 제공했다(미국 금융 위기 당시 AIG에 투입된 공적 자금을 모두 상환한 일을 가리킴-옮긴이). 미국 기업이 한 약속 중 가장 큰 약속을 지킨 것이다.

이 세 가지 베팅의 핵심은 '귀 기울여 듣는 것'이다. 피터 핸콕^{Peter Hancock}은 CEO 자리에 오르자마자 '경청 여행'에 나섰다. 2010년부터 그는 AIG의 CEO로 일했고, 이제는 직원들을 아주 잘 알고 있다. 전혀 문제

없다. CEO는 남들과 다르게 새로운 시각에 귀를 기울여야 한다.

동시에 우리는 소비자 경험과 고객의 소리[VOC], 순수 추천고객 지수[NPS]를 통해 고객들에게 귀를 기울이고 있다. 그리고 고객을 포함해 사람들이 보험과 AIG에 대해 어떻게 생각하고 느끼는지 새로운 조사 기법을 이용해 재차 확인한다.

우리의 이런 노력에서 AIG 브랜드에 대한 의지를 분명히 볼 수 있다. 지난 몇 년 동안 우리는 미국과 전 세계 모든 곳에서 브랜드에 상당히 큰 베팅을 했다. 비즈니스적으로는 글로벌 사업을 차티스[Chartis]에서 AIG로 새롭게 브랜딩했다. 또한 미국에서는 2013년 봄에 생명보험과 연금보험 상품 다수를 AIG로 브랜딩했다. 이런 노력은 자원의 집중과 브랜드에 대한 신뢰로 이어질 것이다.

디지털 기술로 인해 가능해진 양방향 투명성의 세상은 우리 시대의 특징이라 할 수 있다. AIG는 빅데이터의 통찰력에서 무엇을 얻는가? 정보 수집과 사생활 보호 사이에서 어떻게 균형을 잡고 있는가? AIG 고객들은 간접적이 아닌, 브랜드와 직접 관계 맺기를 얼마나 중요하게 생각하는가?

사람들은 보험을 구매하는 과정에서 우리에게 개인 또는 기업의 민감한 정보를 들려주곤 한다. 그들은 우리가 그런 정보를 세심하게 다뤄주길 바란다. 법이나 규제 면에서뿐 아니라, 우리 자신의 정보인 것처럼 생각해주길 바란다. 신문을 대략만 훑어봐도 요즘 기업들이 정보를 지키는 것이 얼마나 어려운지 알 수 있다. 그래서 우리는 사이버에지 CyberEdge 라는 상품을 제공한다. 기업들의 데이터 보안을 위한 보험이다. 한편 고객들은 우리가 데이터를 활용해서 자신들이 어떤 사람인지를 파악하고 그에 따라 대우해주길 바란다. 따라서 기본적으로, 고객들을 위해 우리가 알고 있는 데이터를 어떻게 보호하고 활용하는지에 대한 고객의 신뢰가 무엇보다 중요하다.

AIG 브랜드와 브랜드를 대표하는 직원들은 우리의 모든 일을 설명할 수 있어야 한다. 데이터 활용도 마찬가지다. 우리는 고객 데이터를 이용해 기업 운영을 개선하고, 상품과 서비스를 개발하고 제공하는 과정에서 좀 더 효율성을 높이고 비용을 절약한다. 데이터를 활용해 고객이 일상생활과 비즈니스에서 감당하는 위험을 이해하고 관리하는 데 더 많은 도움을 제공하기도 한다. 그 과정에서 고객들은 우리가 서비스를 어떻게 제공하는지, 왜 비용이 그 정도인지를 더욱 잘 이해할 수 있게 된다. 또한 고객들이 가장 우려하는 리스크 보호와 관련해서 믿음을 심어줄 수 있다. 이러한 브랜드 약속은 AIG 상품, 서비스와 관련된 직간접적 경험 전반에 걸쳐 지켜진다.

AIG는 고객들을 위해 브랜드 경험과 서비스, 제품 제안을 어떻게 개인화하고 최적화하는가? 특히 자랑스럽게 생각하는 중요한 사례가 무엇인가? 고객이 브랜드와 접촉하는 빈도가 매우 낮다면 고객 경험이 지속적으로 제공되기가 쉽겠는가?

AIG는 시장에 따라 고객들과 상당히 정기적으로 접촉한다. 예를 들어 미국은 상대적으로 이동이 잦은 사회이다. 그래서 고객들에게 새집 관련 보험을 제공할 기회가 많다. 물론 고객 한 명이 추가적인 의료보험, 자동차보험, 여행보험, 연금 투자, 생명보험 등에 가입하는 경우가 상당히 많다. 또 작은 사업체를 운영하면서 보험에 가입했을 경우도 있고, AIG 주식에 투자하는 경우도 있다.

우리는 현재 디지털 영역에서 상품, 시장, 고객, 플랫폼을 다시 확인하고 있다. 이는 AIG에 대한 고객 참여를 더 수월하게 하고, 결과적으로는 우리 상품을 더 많이 판매하기 위해서다. 우리 브랜드 약속과 경험은 고객과의 관계와 다양한 상품 전반에 걸쳐 상호 보완적이어야 한다. 그런데 이게 쉬울까? 그렇지 않다. 정말 어려운 일이다. 판매, 마케팅, 상품 개발, 운영, 기술 등 생각할 수 있는 모든 기능 면에서 조율이 필요한데, 어떤 순서로 조율할지는 상관없다.

소비자 경험을 높이는 훌륭한 아이디어가 어디에서 생겨나는지 짐작도 못할 것이다. 이것은 우리 기업 문화의 장점 중 하나다. 뛰어난 브랜드 아이디어는 에너지가 될 수 있다. 최근 AIG 중국 팀은 '안전한 여행 Road Safety Tour'을 소개했다. 이것은 초보 운전자와 그 가족을 위해 관련 경험과 도로 안전 정보를 혼합한 것이다. 물론 이 모든 것이 소셜미디어 플랫폼 덕분에 보다 가능해졌다.

지난 1년 동안 소비자가 원하는 것을 확실하게 제공한다는 점을 입증한 브랜드들이 있었다. 요즘에는 어떤 브랜드가 이런 점에서 뛰어나다고 생각하는가?

다른 기업의 사례에서 많은 것을 배울 수 있지만, 역동적으로 변하는 산업 자체가 더 흥미롭다. 모든 면에서 큰 변화를 겪고 있는 출판 산업이 분명한 예다. 지금의 출판 산업은 구성 방식부터 배급, 소비까지 완전히 달라지고 있다. 광고 활동 외에도 보험 산업이 출판업에서 교훈을 얻을 수 있을까? 휴대전화 산업의 유통 채널 구조는 우리에게 교훈을 줄까? 물론이다. 다양한 산업에 걸쳐 있는 우리 협력 업체와 기업 고객이 개인 고객들의 일을 처리하는 방식은 우리에게 놀라운 통찰력을 제공하는 소중한 자원이다.

날마다 우리 브랜드 전략과 역량 변화에 관한 새로운 소식이 있다. 그 전략들은 효과가 있을 때도 있고, 그렇지 않을 때도 있다. 하지만 효과와 상관없이 우리는 교훈을 얻는다. 하나의 브랜드와 활동에 집중하다 보면 나무를 보느라 숲을 보지 못할 수도 있다. AIG는 산업의 종류와 관계없이 다양한 산업과 사람들 사이에서 계속 발전하는 유연한 브랜드 플랫폼을 가진 기업을 예의 주시한다. 물론 그들 중 상당수가 우리 고객이고, 우리는 고객을 통해 배운다.

반얀트리,
더욱 직관적인 메시지
전달을 위하여

데이비드 스푸너 David Spooner

2012년 9월 반얀트리 호텔 & 리조트의 판매 · 마케팅 부사장으로 임명되었다. 그는 1991년 쉐라톤 럭셔리 호텔Sheraton Luxury Collection에 합류하면서 호텔 경력을 쌓기 시작했다. 1995년에는 포시즌 호텔 & 리조트Four Seasons Hotels and Resorts로 이직했고, 2000년에는 만다린 오리엔탈Mandarin Oriental의 판매 · 마케팅 부사장으로 임명되었다. 2008년부터 반얀트리에서 일하기 전까지는 원 & 온리 리조트One & Only Resorts와 생크추어리 리트리츠Sanctuary Retreats에서 판매 · 마케팅 담당 부사장직을 역임했다. 반얀트리에서는 20주년을 맞은 반얀트리 그룹 전체의 판매와 마케팅을 담당하며, 향후 4년 동안 35개에서 65개 호텔로 확장될 반얀트리의 새로운 성장을 준비하고 있다.

급속한 기술 발달, 인구 통계학적 변동, 소비자의 기대 변화, 게다가 2015년 아세안경제공동체AEC, ASEAN Economic Community 회의를 앞둔 현재, 새로운 시대로의 이동이 더욱 빨라지고 있음은 부정할 수 없는 사실이다. 이 중대한 시점에서 반얀트리Banyan Tree가 직면한 핵심 과제는 무엇인가?

다양한 방법으로 동시에 정보를 찾는 옴니채널 소비자가 늘고 있다. 현재 우리 소비자의 65%는 휴대폰을 사용해서 정보를 찾는다. 이는 PC 25%, 테블릿PC 11%보다 훨씬 높은 수준이다. 매일 24시간 내내 다양한 기기에서 일관된 브랜드 경험을 빠르게 제공하는 것은 아주 중요하다. 이것이 우리에게는 특히 중요한 도전 과제이다. 디지털 공간 중 소비자들이 가장 오래 시간을 보내는 곳에서 영향력을 행사할 필요가 있기 때문이다. 그래서 우리는 영감을 제공하는 콘텐츠와 크라우드소스드 콘텐츠(crowd-sourced content, 소비자를 비롯해 여타 인터넷 사용자들이 만든 콘텐츠-옮긴이)를 활용해서 경쟁 업체와 달리 최첨단이면서도 고객의 니즈에 빠르게 반응하도록 디자인한 홈페이지 두 개를 개발하기로 했다. 또 모든 디지털 서비스는 반얀트리의 글로벌 콜센터와 바로 연결되어 여행객들이 원하는 시간에 편리하게 직접 예약할 수 있다.

매일 다양한 시장에서 브랜드 약속을 일관되게 전달하는 일은 또 하나의 도전 과제이다. 게다가 우리는 향후 4년 동안 35개 호텔을 65개로 늘릴 생각이다. 우리의 모토 '영혼의 안식처Sanctuary for the Senses'는 전 세계 어디에서나 기억에 남을 만한 뛰어난 경험을 한결같이 제공한다는 의미이다. 이를 위해서는 직원을 훈련하고 육성하려는 굳은 의지가 필요하다. 그래서 직원들이 특별한 브랜드 경험인 반얀트리의 서비스를 제공할 수 있어야 한다. 반얀트리 직원들은 그 국적이 50여 개국에 이르지만, 모든 고객에게 기억에 남을 만한 경험을 일관되게 제공하겠다는 한 가지 목적을 가지고 있다.

아시아 브랜드는 세계적인 공감을 끌어내는 것이 어려운 일처럼 보인다. 그 이유가 무엇이며, 반얀트리는 미래의 글로벌 브랜드로 성장하기 위해 어떤 방향을 설정했는가?

우리는 서비스 업종으로서, 몸과 마음, 영혼에 새로운 활기를 불어넣을 휴식처를 원하는 전 세계 여행객들을 환영한다. 우리 고객들의 국적은 다양하다. 덕분에 우리는 1994년 태국 푸껫에 반얀트리 리조트를 처음 선보인 이후 약 20년 동안 세계적으로 브랜드 인지도를 높여왔다.

진정한 글로벌 브랜드로 거듭나기 위해 우리는 네트워크를 세계적으로 확대하고, 전 세계 모든 대륙에 진출할 필요가 있다. 더 많은 고객을 만나기 위해서이다. 지난 5년 동안 반얀트리는 중국, 북아프리카, 유럽, 아메리카 대륙으로의 확장을 통해 포트폴리오를 발전시키는 공격적인 전략을 추구했다. 또 2014년에는 주거형 호텔 분야에 진출하기 위해 카시아Cassia라는 브랜드를 새로 만들었고, 2015년에는 또 다른 브랜드를 론칭할 계획이다.

이와 같은 성장에 힘입어 우리는 세계에서 가장 빠르게 성장하는 지역인 아시아의 유명 브랜드에서 품질, 유산, 혁신을 중점에 두는 진정한 글로벌 브랜드로 거듭나야 하는 정점tipping point에 이르렀다.

여전히 많은 브랜드가 과거의 마케팅 전략에 기반을 두고 있는 가운데, 여태껏 우리가 본 적 없는 새로운 세계가 도래하고 있다. AEC의 주제에서도 확인할 수 있는 것처럼 지금의 세계는 매우 효율적이고 긴밀히 연결되어 있으며 고도로 통합되어 있다. 반얀트리는 변화하는 비즈니스 요구와 압력, 선호에 어떻게 대응하고 있는가?

서비스 업계에 혁신적인 기업들이 출현하면서 우리 산업은 지난 몇 년 동안 급격한 변화를 겪었다. 그중 하나가 여행자 리뷰 사이트인 트립

어드바이저TripAdvisor이다. 그 사이트를 통해 사람들은 숙소를 직접 확인하고 선택할 수 있을 뿐 아니라 비행기 예약에 걸리는 시간을 줄이고 출발 직전에 항공기를 선택할 수도 있게 되었다.

이런 변화에 대응하고 옴니채널 소비자들을 끌어오기 위해서 우리는 온라인 청중이 많은 시간을 보내는 다양한 채널을 모두 활용하고 있다. 새롭게 리뉴얼한 반얀트리와 앙사나Angsana 홈페이지는 새롭고 대응적인 플랫폼responsive platform을 사용한다. 이 플랫폼은 고객이 사용하는 기기에서 최고의 시각적 경험을 제공하기 위해 자동으로 크기가 조절된다. 여행 상품을 알아보고 구매하는 과정에서 휴대전화를 사용하는 일이 늘면서, 이런 기능은 우리 브랜드 생태계의 중심이 될 것이다.

고객은 홈페이지, 페이스북, 인스타그램, 위챗, 웨이보 같은 소셜미디어, 통합 광고, PR, 마케팅 등 어떤 접점에서 우리 브랜드를 접하든, 반얀트리의 경험에 완전히 빠져들 것이다. 또한 새로 디자인한 잡지와 호텔 용품을 포함해 온·오프라인의 모든 물품이 전보다 더 일관된 모습을 갖추게 했다.

글로벌 브랜드를 꿈꾸는 아시아 브랜드들에게 어떤 조언을 하겠는가?

브랜드를 명확히 정의하고 확실한 차별화를 만들어 내라고 말하고 싶다. 브랜드의 중심과 입지를 확인하고, 그것들이 조직에서 확실하게 윤곽을 잡고, 소비자와 만나는 모든 접점에서 전달되게 해야 한다. 무엇보다 중요한 것은 핵심 소비자 시장을 이해할 때 세계적인 안목을 가지고, 각 시장의 미묘한 문화적 차이에 집중한 세분화 전략을 개발하는 것이다.

반얀트리는 소비자들 기억에 남을 만한 브랜드 경험을 어떻게 만들고 있는가? 특히 자랑스럽게 생각하는 사례를 몇 가지 알려 달라.

반얀트리의 철학은 언제나 고객을 위한 개인적 경험 창조와 관계있다. 반얀트리의 빌라 지배인들은 모든 고객을 파악하고, 그들이 반얀트리에 머무는 동안 즐길 만한 활동과 경험을 계획할 수 있게 돕는다. 리조트마다 우리 직원들이 반얀트리의 정신을 전파한다. 직원들의 진정성 있는 서비스가 우리 브랜드 경험의 핵심이다.

'여행지에서 하는 정찬Destination Dining'은 언제나 반얀트리가 선사하는 대표적인 경험이었고, 지금도 그렇다. 우리는 고객에게 잊을 수 없는 추억을 만들어준다. 사랑하는 사람과 바다를 배경 삼아 모래사장에서 식사할 수도 있고, 새들이 노래하는 천연 습지 사이를 한가로이 떠다니는 배에서 식사할 수도 있다.

'오래도록 머무르도록Stay for Good'은 반얀트리 그룹 전체가 참여하는 지속 가능한 플랫폼이자 지속 가능성에 대한 우리 의지이기도 하다. 또한 고객들은 리조트에서 산호초 청소부터 환경 연구 프로젝트까지 다양한 활동에 참여할 수 있다.

2014년 6월, 우리는 '지역사회를 푸르게Greening Communities Together' 캠페인을 통해서 1주일 동안 2만 그루의 나무를 심었다. 그다음 글로벌 프로그램은 10월 13일에 시작하는 '지역사회에 식량을Feeding Communities Together'이다.

이 모든 프로그램은 자원 보호, 생물 다양성 보호, 지역 특색 보호 등 지속 가능성을 위한 세 가지 중요한 접근 방식을 강조하는 노력이다.

지난 1년 동안 소비자가 원하는 것을 확실하게 제공한다는 점을 입증한 브랜드들이 있다. 반얀트리의 약속은 무엇이며, 아시아 여타 지역과 전 세계로 빠르게 비즈니스를 확대하는 동시에 소비자들에게 한 약속을 확실히 지킬 수 있는 방법은 무엇인가?

우리 브랜드의 약속은 마음과 몸, 영혼에 새롭게 활기를 불어넣는 휴식처를 제공하는 것이다. 반얀트리는 지난 20년 동안 우리 호텔과 리조트, 사무실 어디에서든 반얀트리만의 특별한 정신과 열정을 자랑스럽게 유지해왔다. 우리 조직 내에는 다양한 반얀트리 시설과 국가에서 일하고 훈련을 받는 모든 직원 사이의 *끈끈한 유대감*이 배어 있다. 그들은 매일, 모든 고객을 위해 굉장한 추억을 만들어 내겠다는 목표를 가지고, IDEALS(Innovation혁신, Diversity다양성, Empowerment권한, Accountability책임, Learning배움, Synergy시너지)를 지키면서 협력하고 있다.

다이와 하우스,
적절한 타이밍이 기회다

케이스케 이즈모토 Keisuke Izumoto

다이와 하우스 광고 담당자로 고객과 팀원, 이해관계자들을 위해 기업 브랜드에 활력을 불어넣는 일을 담당하고 있다. 이즈모토는 2005년 4월 다이와 하우스 인더스트리 설립 50주년을 맞아 최고 경영진의 정책을 기반으로 새로운 브랜드 상징인 '엔들러스 하트'를 개발해 모회사와 모든 자회사의 그룹 경영에 새로운 추진력을 도입했다.

창립 50주년이 되던 해인 2005년 다이와 하우스 그룹 Daiwa House Group 은 더 크게 성장하겠다는 의지의 표현으로서 '엔들러스 하트 Endless Heart'라는 그룹 상징을 도입했다. 그 후 다이와는 정말 놀라울 정도로 성장했다. 다이와 하우스 그룹에 엔들러스 하트는 어떤 의미인가?

엔들러스 하트는 그룹 전체를 단결시킨다. 과거를 존중하고, 현재의 이슈를 늘 확인하며, 미래를 함께 만들어가는 다이와의 가치를 상징한다. 개인적으로는 다이와 하우스 인더스트리 Daiwa House Industry 와 다이와 하우스 그룹이 동일한 상징을 도입해 모회사·자회사라는 관계를 청산하고 브랜드의 새로운 조직적 출발을 의미하는 수평적 관계를 창조했다고 생각한다.

다이와 창업자인 노부오 이시바시 Nobuo Ishibashi 는 창립 100주년인 2055년에 10조 엔 가치의 기업으로 키우겠다는 꿈을 갖고 있었다. 그 꿈을

이루려면 무엇이 필요하다고 생각하는가?

이번에는 일본 각 지역에서 진행하는 비즈니스마다 최고의 점유율을 차지할 필요가 있다. 해외시장은 진입하는 것만으로도 큰 도전이었는데, 그래도 좋은 진전을 보이고 있다. 중국의 다롄, 쑤저우, 우시, 창저우에서는 콘도와 비즈니스 시설의 개발 프로젝트에 참여하고 있고 이를 위해 합작회사도 만들었다. 베트남과 인도네시아에서는 공업단지를 개발 중이다. 미국 텍사스의 포트워스Fort Worth에서는 임대주택을 개발하기 시작했다. 지난해 우리는 후지타Fujita 기업을 인수했다. 후지타의 놀라운 성과와 방대한 해외 네트워크는 우리 그룹 내 해당 비즈니스의 발전을 촉진할 것이다.

다이와 하우스 그룹의 브랜드 구조는 매우 성공적인 것으로 입증되었다. 그 배경을 설명해 달라.

우리는 다이와 하우스 그룹이 현재 세계에서 어떻게 인정받는지, 앞으로는 어떻게 인정받고자 하는지에 관한 개요가 담긴 제안서를 만들었다. 보고서 내용과 최고 경영진의 생각은 정확히 일치했다. 우리는 각 분야의 영역을 뛰어넘는 기업브랜드위원회Corporate Brand Committee를 만들었다. 여러 활동 중에서 가장 어려웠던 일은 내부의 다양한 의견을 한 가지 방향으로 정리하고 밝은 미래를 이끌어 내는 상징 마크와 메시지를 만드는 것이었다. 목숨까지 걸었다고 하면 좀 과하지만, 어쨌거나 막중한 책임을 갖게 되었다. 또 짐을 함께 짊어질 신뢰할 만한 파트너를 고르는 것이 중요하다는 생각이 들었다. 그 결과 만들어진 것이 다이와 하우스 그룹의 비전을 나타내는 엔들러스 하트, 그리고 '함께 창조하고, 함께 살아가자Create Together, Live Together.'는 메시지이다. 원대한 프로젝트를 시작하기 위해서는 타이밍이 매우 중요하다.

운 좋게도 우리가 그룹 경영으로 전환한 시기가 설립 50주년과 맞아떨어졌다. 하지만 기회는 찰나의 순간일 뿐이다. 중요한 것은 그 순간을 제때 잡아채는 것이다. 그러기 위해서는 민감해야 하고 시대정신의 변화를 읽는 능력이 필요하다. 내가 말하는 민감성은 디자인과 관련된 의미가 아니다. 더 넓은 범위의 사회 상황에 민감해야 하며, 경영진이 무슨 생각을 하는지 읽을 수 있어야 한다는 뜻이다. 설립자의 교훈 중에 '기회는 잠깐 머무르다가 사라진다'는 말이 있다. 우리는 프로젝트를 진행하면서 물러서지 않고 적절한 순간에 기회를 잡았다고 생각한다.

많은 사람이 다이와 하우스 그룹의 브랜드 활동에 관해 알고 싶어 한다.

먼저 우리는 기업 내에 브랜드가 잘 스며들도록 노력을 쏟았다. 우리는 지점과 공장 등 주요 거점 100곳을 돌면서 모두에게 엔들러스 하트와 '함께 창조하고, 함께 살아가자Build Together, Live Together'는 메시지를 설명했다. 동시에 브랜드 지침에 관한 설명서도 만들었다. 운영자를 위한 설명서가 아니라 엔들러스 하트와 관련된 생각을 담은 것으로, 우리 기업의 상징인 엔들러스 하트가 기업의 등대로서 영원히 빛나게 만들어주는 문서이다. 지금은 모방 방지를 위해 더 강력한 조치가 필요한 시기이다. 브랜드 관리 부서에서는 엔들러스 하트에 대해 상표 보호를 진행했다. 현재 엔들러스 하트는 세계 71개국에서 상표등록을 했고, 이것을 법적으로 보호하기 위해 다이와의 지역 대리점들은 최고의 전략을 실행하고 있다. 또 하나의 중요한 임무는 기업의 메시지를 바깥에 전하는 것이다. 그 일에는 연례 보고서 등 브랜드 도구를 만드는 일이 포함된다. 연례 보고서는 우리 기업의 브랜드를 상징하는 책으로 자리 잡았다. 유럽과 미국에서는 연례 보고서를 매우 중요시하는데, 우리는 매년 상당히 좋은 평가를 받고 있다. 연례 보고서 콘테스트 중 최고인 국제 ARC 어워즈International ARC Awards에서는 다양한 분야에서 높은 순위를 차지해왔다. 2013년에는 세 번째로 '최고의 CEO 인사'로 선정되었고, 이런 성과 덕분에 ARC 시상식의 심사위원으로 임명되기도 했다.

브랜드를 향상하기 위해서는 기업 외부 기관과의 조율이나 협업이 필요하다고 생각하는가?

브랜드 구성과 향상은 우리뿐 아니라 브랜드가 적용되는 모든 대상에 의해 이루어져야 한다. 또 견고하고 확실한 아이디어를 기반으로 실행할 필요가 있다. 물론 신뢰할 수 있는 파트너를 고르는 것도 매우 중요하다.

최근 어떤 브랜드를 주목하고 있는가?

제너럴 일렉트릭GE이다. GE는 사회의 여러 변화에 부응해 변화, 발전하면서도 설립자의 정신을 견지하고, 복합기업으로 운영되면서도 비즈니스 분야마다 최고의 시장점유율을 달성하는 등 배울 것이 많다고 생각한다. 또한 애플에 주목하고 있다. 윈도Windows가 기세등등하던 시절, 애플은 사면초가였다. 애플이 앞선 생각으로 모든 것을 연결하는 제품을 만들 수 있었던 것은 분명 카리스마 넘치는 리더 스티브 잡스 덕분이다.

마지막으로 다이와 하우스 그룹의 브랜드 활동이 기업 안팎에 미치는 효과를 알려 달라.

최근 몇 년 동안 다이와 하우스 그룹은 특히 M&A에 적극적이었다. 새로운 그룹의 상징인 엔들러스 하트는 고객 경영에서뿐 아니라 우리 직원들을 위해서도 긍정적 요소다. 엔들러스 하트는 우리 모두의 마음이 하나인 것처럼 느끼게 해주며, 하나의 목표 아래 협력할 수 있게 도와준다.

스바루,
결과로 말하는 원칙으로
승부하기

타케시 타치모리|Takeshi Tachimori

2014년 4월부터 스바루 그룹 마케팅 부서의 부사장이자 최고 담당자로 일했다. 그 전인 2011년부터는 스바루 미국 지사의 회장, 사장, CEO 직을 역임하며 비즈니스를 이끌었고, 연속으로 매출 기록을 달성했다. 1977년 도쿄대학을 졸업한 뒤 스바루의 모회사인 후지중공업에 합류했다.

어느 기업의 브랜드 전략을 주목하고 높게 평가하는가?

사람들은 최근 스바루Subaru가 훌륭한 성과를 내고 있다고 말하지만, 자본 집약적인 자동차 산업의 특성상 스바루 같은 작은 기업은 살아남기가 어렵다. 우리는 BMW의 생산 라인과 목표 고객에 대한 집중, 마츠다Mazda 고유의 생존 전략을 주시하고 있다.

브랜드가 무형의 자산이라는 측면에서 스바루의 비즈니스를 어떻게 부각하고 있는가?

스바루의 시장점유율은 매우 낮다. 물론 브랜드 인지도도 낮다. 스바루가 최근 안정적인 매출을 기록하는 이유는 아마 '사륜구동' 하면 스바루가 생각나기 때문인 것 같다. 스바루의 브랜드 인지도는 폭넓은 편은 아니지만, 사륜구동 하면 스바루를 떠올리는 사람들이 많다. 다시 말해, 스바루 브랜드는 소비자들의 머릿속에 최대한 명확한 이미지를 만들어내는 것이 중요하다고 생각한다.

사륜구동보다 더 강조하고 싶은 것이 있는가?

기능적인 요소는 아니지만 고객이 원하는 것을 정확하게 해낸다는, 제품의 심리적인 가치를 강조하려고 노력한다. 그래서 고객은 위험한 상황에 있지 않을 때도 우리 자동차를 운전하면 안전하다고 느낀다. 그것은 자동차 기능에서 느끼는 안전이 아니라 안전한 상태에 있다는 전체적 느낌이다. '매일 안전하고 즐겁게' 이것이 우리가 강조하는 가치다. 고객이 우리 자동차 안에서 그런 기분을 느낄 수 있다면 스바루를 스바루답게 만든 것이다.

북미 시장에서 소비자의 요구에 어떤 변화가 있는가?

전보다 자동차 모델이 훨씬 많아졌다. 시장은 다변화되었고, 동시에 소비자가 차에 기대하는 가치도 달라졌다. 고객들은 각자의 라이프스타일에 맞는 자동차를 구매한다. 고객들은 자신의 라이프스타일을 매우 중요하게 생각한다. 예전에는 표준 생산 모델 중 하나를 선택했다. 그것만으로도 충분했다. 하지만 요즘은 각자 특정 모델을 선택하는 합리적 이유가 있다. 인터넷상에서 많은 정보를 얻을 수 있고, 정보의 양도 무궁무진하다. 특히 베이비부머 이후 세대는 대중매체에서 제공하는 정보를 믿지 않는다. 인터넷 정보는 종종 질이 낮을 수는 있지만, 파급력이 크고 지속적으로 유입된다. 고객과 커뮤니케이션하는 방법이 완전히 달라졌고 자동차를 평가하는 경우도 전보다 훨씬 늘었다. 이제는 자동차 잡지

뿐 아니라 개인들도 자동차에 평가 등급을 매긴다.

그런 정보에 어떻게 대응하는가?

페이스북이나 다른 SNS에서 개인 사용자는 거대 자동차 기업과 동등한 위치에 있다. 기업이나 브랜드가 마치 한 개인이 되어버린 것 같다. 따라서 문제는 동등한 입장의 고객에게 우리가 어떻게 대응하느냐 하는 것이다.

스바루 비즈니스에서 중국 시장은 매우 중요하다. 중국 내 환경적 요구와 브랜딩에 어떤 노력을 하는가?

스바루는 프리미엄 브랜드가 아니고 시장점유율도 매우 낮다. 수입 차량을 판매하려면 관세 제약이 있는데, 스바루의 비즈니스 구조로는 매우 어렵다. 프리미엄 브랜드로 변화한다고 해도 수익을 보장할 수 없기 때문에 고객이 브랜드 가치를 이해하도록 만들어야 한다.

중국 시장에서도 마찬가지로 소비자들이 매일 안전함을 느끼며 평화로운 마음으로 자동차를 이용할 수 있다는 점을 홍보할 생각인가?

그렇다. 예를 들어서 어떤 고객이 세단을 가지고 있지만 레저 생활을 위해 다른 차량을 원한다고 가정해보자. 이때 우리가 고객과 어떻게 커뮤니케이션하는지가 중요하다. 우리에게 중국은 새롭고 성장 가능성이 있는 시장이다. 그래서 철저하고 신중한 커뮤니케이션을 통해 스바루만의 적절한 비즈니스 방식을 확보했다.

어떻게 고객들이 스바루를 자신의 브랜드로 느끼게 만드는가?

스바루의 핵심 브랜드 가치는 '즐거움과 마음의 평화'다. 요즘 젊은 사람들을 보면 자신의 선호에 따라 행동한다. 따라서 우리의 도전 과제는 젊은이들과 스바루의 가치를 공유하는 것이다. 신문이나 TV에서는 자동차 기업을 제조업체로 여긴다. 좋은 차를 디자인하고 생산하고 판매하면, 누구나 좋은 제품이라면서 기쁜 마음으로 구매한다. 하지만 우리 경우는 다르다. 고객들이 일상을 즐기는 매개체로 우리 자동차를 사용하는 것이 중요하다. 결국 고객이 모든 것을 결정한다. 브랜드를 구축할 때, 우리는 고객과 동일한 인식을 가져야 한다. '고객을 먼저 생각하는 원칙'이란 똑같은 느낌을 공유하는 것이다. 그것이 즐거움이든 불편함이든 말이다. 고객이 직접 말로 표현하게 하는 커뮤니케이션보다 우리가 고객의 기분을 이해하는 커뮤니케이션이 중요하다. 그렇지 않은가?

스마트폰과 같은 새로운 매체를 어떻게 생각하는가?

인터넷에서 정보를 널리 퍼뜨릴 수 있으면서, 우리는 그렇게 커뮤니케이션할 수 있다. 어떤 면에서는 효율성이 훨씬 증대되었다. 사실상 고객들 요구에 신속하게 대응하는 것이 불가피해졌다. 고객들은 정보를 얻기 위해 스바루의 페이스북 페이지에 접속한다. 우리가 무엇을 제공하는지 알아보기 위해서, 마치 스바루가 사람인 것처럼 페이스북에 접속한다. 전에는 없던 매우 중요한 활동이다.

페이스북 페이지, 트위터 계정, 그 외 디지털 미디어를 어떻게 관리하는가?

디지털 미디어의 특성을 십분 활용해서 그것들을 관리하는 특정 부서들이 있다. 가치 있는 방식으로 고객과 소통하는 방법을 적절하게 이해하는 한, 그 부서들에서 각자 맡은 일을 훌륭하게 해낼 수 있을 것이다.

브랜드의 역할과 관련해서 기업에 어떤 변화나 개선이 있었는가?

브랜드는 소비자가 만든다. 따라서 브랜드는 일종의 결과물이라는 것이 우리의 시각이다. 우리는 이런 시각에서 마케팅 활동을 전개하고, 시장을 개척하고, 입지를 구축한다. 고객의 마음속으로 파고들어야 한다. 우리 계획은 매력적인 자동차, 안전한 제품을 만들거나 광고와 홈페이지를 멋지게 개발하는 것이 아니다. 그보다는 고객들에게 스바루의 콘셉트를 이해시키고, 특정 조건에서 그들이 우리 제품을 찾게 만드는 것이다. 이것이 바로 우리가 고객에게 원하는 방식이며 각 부서는 이 개념을 이해해야 한다.

우리의 원칙과 사고방식에 근거해 각 부서에 향후 행동에 관한 메모
를 전달한다. 그러면 각 부서에서는 일을 시작할 때 그 메모 내용을 논의
한다.

그건 아마도 5년 전, 우리 기업이 적자를 기록했기 때문일 것이다. 살
아남기 위해 우리는 해결책을 찾아내야 했다. 그리고 찾아냈다. 우리가
찾아낸 시장은 전 세계 시장의 1%에 불과했지만, 입지를 구축하면 다른
브랜드와 경쟁할 필요가 없다고 판단했다. 그렇게 해서 지금의 시장을
찾아냈다. 그다음에는 '어떻게 해야 자동차 산업에서 작은 브랜드가 살
아남을 수 있을까?', '어떻게 해야 고객들이 스바루 브랜드에 매료될까?'
라고 자문했다. 비즈니스 관점에서 우리는 스바루 브랜드를 재정립하
고, 스바루 브랜드가 존재할 수 있는 시장을 재창조했다.

타다미츠 마쓰이 | Tadamitsu Matsui

1992년 료힌 케이카쿠Ryohin Keikaku에 합류했고, 1999년에 기업의 상무이사로 임명되었다. 2001년부터는 대표이사로 재직했고, 2008년부터 회장직을 맡고 있다. 마쓰이는 1973년부터 세이유Seiyu Store에서 경력을 쌓았다.

특별히 혁신적이거나 매력적인 브랜드 하면 가장 먼저 생각나는 브랜드가 무엇인가?

유니클로Uniqlo다. 정말 혁신적이다. 날마다 비즈니스를 변화시키는 능력이 있다. 아마 일본 브랜드 중 거대 매장으로 성공한 최초의 브랜드일 것이다. 유니클로는 일단 새로운 생산 라인의 상품을 적응시킨 다음, 그 후 널리 유통시킨다. 예컨대, 매장 안에 란제리 상품 매장을 만들고, 그 후 개별 매장에서 판매할 란제리를 개발해 비즈니스를 발전시켜 나갈 수 있었다. 그런 방식으로 2000제곱미터에서 3000제곱미터에 이르는 란제리 파트를 만들었다. 그것이 유니클로의 비즈니스 방식이다.

무지MUJI는 현재 중국에 약 110개 매장을 가지고 있다. H&M과 자라는 각 130개와 150개 매장을 가지고 있다. 유니클로 매장은 250개나 된다. 이 새로운 시장에서 혁신을 이뤄내는 유니클로의 능력은 세계적인 브랜드들보다도 앞서 있다. 유니클로는 혁신적인 능력을 유지하면서 거대한 시장에서 인지도가 높은 브랜드를 적절하게 활용한다. 이러한 유니클로의 능력을, 더욱이 중국은 미래에 최대 시장이 될 것이므로, 우리는 예의 주시하고 있다.

구찌와 샤넬 같은 슈퍼 브랜드에서도 영감을 얻는다. 구찌 상품은 이탈리아에 있는 공장에서만 생산된다. 꼼꼼한 품질관리로 자랑할 만한 제품만 판매한다. 에르메스Hermes도 마찬가지이다. 이 브랜드들은 유럽의 고귀함에 부응해왔다. 그와 같은 수요에 대응할 수 있는 기업은 전 세계에서도 그다지 많지 않다.

더욱이 구찌와 에르메스는 공방을 육성하고 있다. 특화된 기술학교를 졸업한 최고의 엘리트만 이들 기업에 채용된다. 에르메스에서는 매년 200명을 채용하고, 100명이 은퇴한다. 늘어난 100명이 증가된 생산량을 감당한다.

이런 비즈니스 모델로 하나의 브랜드를 100년, 200년 유지하기란 매우 어렵다. 그래서 이런 브랜드를 특별히 언급하는 것이다. 몇 세대에 걸쳐 그 브랜드들은 시장에서 제자리를 지켜왔고 지금도 지키고 있다. 살아남기 위해 미래에도 그러할 것이다. 이런 점에서 그 기업들은 브랜드를 원칙principle으로 만들 수 있는 역사와 본질을 가졌다고 할 수 있다.

무지 브랜드는 향후 무지 기업, 비즈니스와 기본적으로 어떤 연관성이 있을까?

브랜드는 신뢰를 유지하는 것이 매우 중요하다. 변해야 하는 것이 있는 반면 변하지 말아야 할 것이 있다. 이것이 바로 브랜드를 살리는 중요한 아이디어다. 바꿔야 할 것과 바꾸지 말아야 할 것 사이에서 균형을 유지해야 시간이 흐르면서 브랜드의 가치를 극대화할 수 있다. 최첨단 기술이 필요하지 않은 제품의 경우, 그것을 구매하는 고객의 선택이 중요하다. 무지 브랜드는 제품과 서비스를 만들기 위해서 반드시 보호되어야 하는 문화와 시스템을 대표한다. 이 두 바퀴가 함께 굴러가지 않으면 힘들다.

해외시장에서 브랜드를 신장하기 위해 무엇을 하고 있는가?

우리 매장이 해외에 약 250개 있다. 대부분이 아시아 지역이다. 유럽 경제는 여전히 침체 상태여서 수요에 변화가 있다. 자라와 H&M도 철수하고 있다. 이처럼 시장이 포화 상태이다 보니 우리 브랜드 역시 약간 부진한 상태이다. 우리는 현재 기록 중인 수익에 맞춰 브랜드를 확대해야 한다. 이것이 유럽 시장에서 우리의 화두다. 미국 시장에서는 무조건 싸고 품질이 좋은 것을 선호한다.

무지는 1991년 유럽에 처음 진출했다. 20여 년이 지난 지금, 브랜드 인지도가 예전만 못하다. 다시 인지도를 높이기 위해서 250제곱미터와 330제곱미터 규모의 매장을 열었지만 무지 브랜드 세계는 아직 확대되지 않았다. 그래서 영국과 프랑스, 독일에도 플래그십 스토어가 필요하다. 지금까지는 흑자를 기록하고 있는데, 플래그십 스토어들을 더 개장해 우리 브랜드 세계를 넓혀야 한다.

대도시 외곽에 위치한 새로운 매장들은 성과가 그다지 좋지 않다. 고객 수는 많은 편인데 방문이 제품 구매로 이어지는 경우가 많지 않다. 인지도가 높은 편이니 소비자의 선호를 고려해 좀 더 세심한 입지 선정을 계획해야 한다. 브랜드 취향이나 가격 면에서 우리 목표에 가까운 수치를 기록하는 매장들을 더 연구할 필요가 있다.

지역성 면에서는 시장의 특성을 고려해야 한다. 하지만 시장은 단일하고 포괄적인 경우가 많은데, 하나의 브랜드로 세계시장에서 비즈니스를 진행할 수 있다면 유용할 것이다. 특정 제품을 소개할 때에는 타이밍에 주의해야 한다. 현지화가 중요한데 매장을 열기로 결정하면 특히 더 중요해진다. 반드시 지역의 표준을 따라야 한다. 핵심은 빠른 진출이다. 일단 무지 제품을 살 만한 고객들이 있는 곳에 매장을 여는 것이다. 이런 점에서 개발도상국이나 그보다 좀 더 발전된 국가가 더 나은 시장이 될 것이다.

전자 상거래나 모바일 거래가 확대되고 있다. 무지는 개발 계획 측면에서 최근 선호하는 이 쇼핑·거래 방식에 어떻게 대응하는가?

무엇보다 제품을 구매한 고객들에게 보상을 제공하는 무지 카드에 집중하고 있다. 또 매장 방문과 구매를 통해 쇼핑 포인트와 무지 마일리지를 쌓을 수 있는 패스포트Passport라는 앱을 개발 중이다. 우리는 해외시장에서 온라인 판매를 늘리기 위해 노력하고 있다. 오프라인 매장이 증가하면 브랜드 인지도와 판매가 증가한다. 하지만 온라인 쇼핑을 선호하는 사람들이 있다. 시간을 절약할 수 있기 때문인데 수요가 상당하다. 지금은 시장 진출과 수익을 위해서 매장을 늘리려고 노력 중이다.

운영은 일본 전역에 적용 중인 무지그램Mujigram과 같은 시스템에 포함될 것이다. 나라마다 규제가 다르기 때문에, 어느 국가에서나 사용할 수 있는 자원을 활용하고 동시에 새로운 매장을 여는 한편 온라인 매출을 늘려나갈 계획이다.

어떻게 브랜드 콘셉트를 직원들에게 전달하고 공유하는가?

콘셉트는 매우 중요하다. 우리가 중요하게 생각하는 콘셉트는, 무인양품Mujirushi Ryohin은 다음을 지양한다는 것이다.

· 제품에 브랜드 이름을 넣는다.

· 불필요한 기능을 추가한다.

· 무인양품의 디자인이 아닌 제품을 판매한다.

· 무인양품의 디자인을 다른 매장에서 판매한다.

· 강렬한 색깔을 사용한다.

· 과도한 포장을 사용한다.

· 유명인을 광고 모델로 쓴다.

"And most importantly our employees should understand in their bones what Mujirushi means. We buy our own products and use them."

무엇보다 직원들이 '무인'의 의미를 가슴 깊이 이해해야 한다.
우리는 우리가 만든 제품을 직접 구매하고 사용한다.

· 유명 디자이너와의 협업을 홍보한다.

· 데커레이션과 레이아웃, 제품군을 통제할 수 없는 장소에서 물건을 판매한다.

· 손님을 끌어모으려고 할인한다.

· 매장에서 소비자에게 대응하는 것보다 재고 처리에 더 신경을 쓴다.

· 방이 두세 칸 있는 아파트에 맞지 않을 정도로 크고, 사용 빈도가 낮은 물건을 판매한다.

· 인구통계 자료를 기반으로 소비자를 공략한다.

· 준비가 안 된 매장을 열거나 제품 수준이 만족스럽지 못하다.

기본에 충실하기 위해 불필요한 기능을 제거하는 것은 일본의 선(일본식 불교-옮긴이)과 다도의 기본이다. 소박함을 추구하고 품질과 기능을 강화하기 위해서 그 외의 것은 모두 줄인다. 제품 자체가 라이프스타일이자 가치이며, 그 점이 우리 브랜드의 가장 큰 특징이다. 계절에 맞춰 구매 동기를 유발하는 시스템도 우리 브랜드의 특징이다. 역사, 브랜드 콘셉트, 시간의 흐름 등이 제품에 스며드는 것이 중요하다. 무엇보다 직원들이 '무인'의 의미를 가슴 깊이 이해해야 한다. 우리는 우리가 만든 제품을 직접 구매하고 사용한다.

브랜드를 어떻게 확대하고 판매할 계획인가?

브랜드를 확대하는 최선의 방법은 매일 사용하는 제품을 개발하는 것이다. 무인양품의 기본 콘셉트는 바뀌지 않겠지만, 시간이 흐르면 일부 콘셉트는 변화할 것이다. 그중 하나가 전 세계 어디에서나 매일 쓰는 간편하고 내구성이 강한 값싼 제품을 판매하는 콘셉트 매장인 파운드 무지Found MUJI이다. 무지가 현대적인 라이프스타일에 맞게 재탄생한 것이다.

과거 무인양품의 목표는 매출 증대였다. 매장을 늘리는 방법으로 목표를 달성하려면 매장 안을 상품으로 채워야 한다. 제품이 개발되지 않으면 매장에 상품을 채우기가 어렵다. 매출이 늘어날수록 무인의 제품과 그 개발 방식은 진화한다.

UEFA,
일관성 안에서 창조성 꽃피우기

피터 윌렘스 Peter Willems

2005년 6월 UEFA의 마케팅 부서에 마케팅 활동·스폰서 담당자로 합류했고, UEFA 리그의 마케팅 전략을 담당했다. UEFA에서 일하기 전에는 6년(1999~2005년) 동안 벨기에 워털루Waterloo에 있는 마스터카드MasterCard 유럽 지사에서 옥타곤Octagon과 함께 일했다. 이곳에서 마스터카드 고객과 그들의 국제 축구 경기 참여 및 활동을 관리했는데, 여기에는 FIFA 월드컵, UEFA 유럽챔피언십, UEFA 챔피언스리그의 스폰서가 포함되었다. 1997년부터 1999년까지는 리복Reebok에서 벨기에 시장 스포츠 마케팅 담당자로 근무했다.

급속한 기술 발달, 인구 통계학적 변동, 변화하는 소비자의 기대 등 새로운 시대로의 이동이 더욱 빨라지고 있다는 사실은 부정할 수 없다. 이 중대한 시점에 유럽축구연맹UEFA 브랜드가 직면한 핵심 과제는 무엇인가?

대부분의 스포츠 라이선스 연맹이 그렇듯 TV 이외의 채널에서 팬들이 참여할 수 있는 방법을 지속적으로 찾고 있다. 하지만 스포츠 라이선스의 구조가 달라지면서 새로운 유형의 참여가 가능해졌고, 그에 따른 새로운 도전 과제가 생겼다. 이제는 팬들이 콘텐츠를 구성하지만, 통제권은 여전히 우리가 가질 필요가 있다. 2014년 여름 FIFA 월드컵 이후, 트위터에서 운영하는 바인Vine 등의 소셜미디어에 팬들이 올린 축구 동영상 때문에 논란이 상당했다. 오랫동안 우리는 콘텐츠 독점권을 소유하면서 비즈니스 파트너들에게 판매했고, 그들은 우리가 경쟁에서 브랜드 품질과 일관성을 최고로 유지하도록 도와주었다. 팬들이 경기 동영상과 골 장면을 네트워크에서 자랑스럽게 공유하고, 친구들과 팔로어들이 그것들을 보며 리트위트하는 것은 긍정적인 신호다. 이런 사회적 행동의 변화는 팬들의 참여를 유발하는 유례없는 기회이다. 하지만 우리 팬과 파트너를 위해 그런 행동이 브랜드 일관성에 어떤 영향을 주는지 고려할 필요가 있다.

UEFA 챔피언스리그는 꽤 짧은 기간에 뛰어난 스포츠 브랜드로 자리 잡았다. 브랜드를 수립하는 것과 지속적으로 브랜드를 성공으로 이끄는 것은 어떻게 다른가? 동일한 모델을 적용할 수 있을까?

첫 번째 질문에 대한 답은 '다르지 않다'이다. 브랜드 개발과 성공에는 에이전시 팀도 포함해 조직 전체의 헌신이 필요하다. 브랜드 개발과 보호는 우리 업무의 핵심이고, 세심한 관리가 필요한 일이다. 우리는 리그 경기를 어떻게 보여주고 홍보해야 하는지의 문제를 두고 파트너와 지속적으로 긴밀하게 협력한다. 브랜드를 보호할 지침을 따르는 동시에 유연성과 창의성을 발휘할 여지를 남겨둔다. 우리 브랜드가 강하다고 믿지만, 끊임없이 발전하기 위해 노력한다. 리그 브랜드를 연구하는 동안 우리는 '최고 위치에 오르는 것보다 유지하는 것이 더 어렵다'는 미아 햄(Mia Hamm, 미국 전직 여자 축구 선수-옮긴이)의 말을 인용해 적용시켰다. 브랜드 연구는 브랜드의 성과와 리그를 혁신적으로 평가하는 기회가 되었다. 이를 통해 리그의 강점과 약점에 관한 막대한 정보와 통찰력을 얻었다.

두 번째 질문에 대한 답은 챔피언스리그 모델을 적용하려는 다양한 시도가 있었고, 여러 수준의 성공을 얻어 냈다는 것이다. 어떤 경기든 마케팅 원칙은 동일하기 때문에 보편적인 모델은 반복해서 적용할 수 있다. 브랜드는 보편적인 모델 개발에 막대한 노력과 자원을 투자할 수 있다. 하지만 우리가 처음 리그 경기를 선보였을 때에 비해 시장이 변했다고 생각한다. 그때는 유럽의 다양한 스포츠 시장에서 축구가 막 변하기 시작하던 때이고 미디어가 분산되기 전이었다. 그 점이 우리에게 유리했다. 이제는 채널과 소비 방법이 다양해져 새로운 브랜드가 파고들기 더 힘들어진 것 같다.

UEFA 챔피언스리그 브랜드는 소중한 자산이다. 이 브랜드가 일상적인 비즈니스를 통해 가치를 창조하는 방법을 소개해 달라.

한 가지 중요한 점은 UEFA 챔피언스리그와 관련해 균형을 잡기 어렵다는 것이다. 먼저 챔피언스리그가 너무 자주 열려서는 안 된다는 생각이다. 희소성이 좀 있어야 시장에서 프리미엄을 유지할 수 있다. 하지만 경기가 없는 동안에도 팬들의 참여를 높일 수 있는 플랫폼을 더 많이 제공하고 싶다. 팬들은 리그의 숨은 뒷이야기를 알고 싶어 한다. 결승전의 매력을 충분히 느끼고 싶어 한다. 리스본에서 2014년 챔피언스리그 결승전이 열릴 때까지 UEFA의 여러 채널을 통해 '좀 더 가까이Get Closer' 마케팅을 실시했는데 기존 미디어와 스폰서, 방송사와 협력해 홍보도 충분히 했다. 또 '트로피 캠Trophy Cam'과 같은 혁신적인 요소를 활용했다. 소형 카메라 트로피 캠이 부착된 트로피가 UEFA 본사를 출발해 세계를 순회하고 마침내 리스본에 도착해, 트로피의 시선을 통해 리그를 바라보는 경험을 팬들에게 선사했다. 또 '트로피 셀피trophy selfie' 앱과 같은 디지털 혁신을 활용해, 시즌 동안 페이스북 팔로어가 1100만에서 3100만(현재는 3800만) 명으로 늘어났다. 2014/2015 시즌을 론칭하면서 시즌 캠페인의 일환으로 전 세계 팬들이 참여할 수 있게 고안된 다양한 디지털 혁신을 또다시 사용하고 있다. 우리는 다양한 활동과 훌륭한 품질의 독특한 콘텐츠(뒷이야기와 멋진 순간을 포착한 동영상)를 혼합해 경기가 없는 동안 리그에 대한 접근성을 높이고 참여를 늘릴 계획이다.

브랜드들은 공동 브랜딩co-branding으로 가치를 높일 수 있음을 알아가고 있다. 이제 공동 브랜딩은 제로섬 게임이 아닌 일종의 윈윈 전략이다. 다른 글로벌 브랜드와 협력해서 얻을 수 있는 가장 중요한 소득은 무엇인가?

방송, 스폰서, 라이선스 파트너 등 우리 파트너들은 챔피언스리그 브랜드 홍보의 핵심이다. 팬들 중 다수는 그 파트너들을 통해 리그 경기를 보고 참여한다. 즉 TV나 온라인, 마케팅 캠페인이나 소매점 등이 우리 브랜드를 대표한다. 우리는 파트너들에게 브랜드를 최대한 많이 이용할 것을 권한다. 다시 말해 파트너들이 저마다 목적을 이루는 데 리그에 대한 권리를 창의적으로 이용하는 유연성을 발휘하기 바란다. 무엇보다 파트너들에게 자유를 주는 브랜드 체계를 세우는 것이 기본임을 우리는 배웠다. 게다가 자유를 허용하면 오히려 우리 브랜드의 진실성을 유지하는 데 도움을 받을 수 있다. 우리는 파트너의 활동과 브랜드 홍보 및 보호 사이에서 최적의 배열을 찾을 수 있기 때문이다. 또한 우리는 브랜드 기반을 개선하기 위해서 파트너와 긴밀하게 지속적으로 협력한다. 고객 관리팀Account Management Team을 통해 파트너들의 피드백을 듣고, 그들과 협력해 새로운 아이디어를 시험한다.

전 세계 브랜드 관리자들이 UEFA 챔피언스리그의 스토리에서 무엇을 배울 수 있을까? 주요하게는 어떤 조언을 하겠는가?

메시지와 브랜드를 전파하는 방법에서 일관성을 유지하고, 그 접근법을 조직에 속한 누구나 이해하고 지지해야 한다. 우리는 언제나 브랜드의 일관성을 전달하려고 노력했다. TV나 온라인에서 리그 경기를 표현하는 방법에서도 그랬고, 공동 마케팅 캠페인과 생중계에서도 마찬가지이다. 애초부터 챔피언스리그의 주된 장점은 바로 이것이었다. 그 결과 축구 팬들이 화요일이나 수요일 오후 8시 45분쯤 TV를 보면 언제나 경기장 모습이나 TV 제작, 스타볼Starball 로고 등을 보게 되었다. 챔피언스리그 경기를 볼 때는 두말할 필요도 없다.

호텔 오쿠라,
고객의 편의를 연결하다

토시히로 오기타 Toshihiro Ogita

1958년 도쿄에 설립된 호텔 오쿠라의 사장이다. 코넬 대학교Cornell University 호텔경영학과에서 MBA를 받았다. 1987년 일본 도쿄의 게이오기주쿠 대학 경영학과에서 학사 학위를 받은 뒤 호텔 오쿠라에 입사했다.

비즈니스 성장을 위해서 호텔 오쿠라Hotel Okura의 브랜드 포지셔닝을 어떻게 결정했는가?

오쿠라 그룹의 전략은 JAL 호텔JAL Hotels 투자 이후 크게 달라졌다. 우리 목표는 중간급 규모의 세계적인 고급 호텔 체인이었다. 그래서 해외 시장에 5성 호텔과 4성 호텔을 모두 개발해야 했다. 여기에는 니코Nikko 브랜드 인수가 상당히 도움이 됐다. 니코에 호텔 JAL 시티Hotel JAL City 같은 3성과 5성 호텔이 있었기 때문이다. 우리는 5성급 이상인 '헤리티지Heritage'와 '프레스티지Prestige' 등 새로운 브랜드도 개발했다. 오쿠라의 헤리티지와 프레스티지, 호텔 오쿠라Hotel Okura, JAL 호텔의 그랜드 니코Grand Nikko, 니코Nikko, 호텔 JAL 시티 등 6개 브랜드를 활용해 객실 3만 개의 100개 호텔을 만들어 낼 수 있었다.

글로벌 시장에서 어떻게 브랜드를 차별화할 생각인가?

뉴욕, 런던, 파리, 싱가포르, 홍콩 등의 시장에 새 호텔을 여는 것이 목표다. 일본 이외의 아시아 시장, 즉 대만, 베트남, 태국, 인도네시아, 터키에도 호텔을 세우려고 한다. 우리가 글로벌 브랜드로 발전할 수 있는 이유는 고객들이 우리 브랜드를 알고 있고, 우리 브랜드의 입지가 일본에서 매우 강하기 때문이다. 일부 시장에서만 성공해도 입지는 더욱 강해질 것이다.

우리를 특별하게 만드는 세 가지 콘셉트가 있다. 첫 번째는 '환대와 조화hospitality and harmony'를 실현하는 것이다. 이는 우리가 설립 이후부터 강조해온 '최고의 A.C.S.Best A.C.S.' 즉 숙소Accommodation, 요리Cuisine, 서비스Service의 기본이다. 두 번째 콘셉트는 식당과 연회 비즈니스의 확대다. 외국의 많은 호텔들은 외주를 주는 데 반해 우리는 일본, 중국, 여타 지역의 레스토랑을 직접 관리한다. 호텔 비즈니스를 확대하면서, 오쿠라 브랜드의 레스토랑 비즈니스도 지속적으로 확대할 계획이다. 연회 서비스는 일본 비즈니스의 상당 부분을 차지하는데, 이 전문성을 십분 활용할 생각이다. 새로운 호텔 개장과 관련해 가장 우선적인 목표 지역은 높은 소득과 경제성장률, 외식률을 기록하고 있는 아시아 지역이다. 세 번째 콘셉트는 지역에서 최고의 호텔이 되는 것이다. 대개 호텔은 잠시 머무르는 숙박객에게만 서비스를 집중하고, 지역 고객들은 도외시한다. 우리는 지역 고객들에게 호텔, 레스토랑, 연회 시설을 단골로 활용할 수 있는 기회를 제공해 최고의 A.C.S.를 확인해주고 싶다.

고객들과 연계하는 열쇠, 즉 고객들을 브랜드에 연결하는 비결이 무엇인가?

지역 고객들과 더욱 연계해서 우리 호텔 체인이 고객의 브랜드인 것처럼 느끼게 하고 싶다. 새로운 고객 보상 프로그램인 '단 하나의 조화 One Harmony'는 호텔 오쿠라와 JAL 호텔의 프로그램을 통합한 것이다. 이는 우리 고객층을 호텔 투숙객뿐 아니라 레스토랑 이용자로 확대하는 방법이다. 우리는 지역 고객들을 위한 보상 프로그램을 호텔이 위치한 지역 고객들에게 특별한 서비스를 제공하는 프로그램, 그중에서도 특히 레스토랑 서비스에 집중된 프로그램으로 통합하려고 한다. 또한 우리는 지역의 문화와 전통을 존중하는 한편 일본의 독특한 감각을 덧붙인다. 브랜드마다 서비스와 객실 규모는 다양하지만 어디에나 침대맡에 종이학을 놓아두어서 일본식 환대와 모든 투숙객에 대한 정성을 표현한다. 브랜드 경험은 좋은 서비스와 나쁜 서비스로 분명하게 나뉜다. 고객들을 주의 깊게 관찰해서 그들의 요구를 이해하고 고려하며 주목하는 것이 중요하다. 우리는 다양한 훈련 절차와 안내서를 가지고 있고 품질을 관리한다. 가장 중요한 것은 그 절차를 날마다 실행하는 것이다. 언제나 더 나은 개선책을 추구해야 한다.

2020년 도쿄 올림픽을 위해서 리모델링하는 플래그십 스토어인 호텔 오쿠라 도쿄에 대해서는 어떻게 생각하는가?

일본 최고의 럭셔리 호텔이 되기를 바란다. 이는 우리가 시설, 상품, 서비스를 최고로 제공한다는 뜻이다. 관리도 물론 최고이고. 리모델링은 우리 글로벌 비즈니스의 확장을 효과적으로 보여준다.

시장과 고객의 요구가 어떻게 변화했는가?

고객의 요구는 언제나 변한다. 우리는 브랜드를 다변화해왔다. 호텔 오쿠라 도쿄에서도 마찬가지이다. 고객 중에는 사생활 보장과 서비스를 중요시하는 사람도 있고, 현대적 감각의 럭셔리를 원하는 사람도 있다. 리모델링은 두 가지 요구를 모두 만족시키는 기회다. 특히 앞에서 말한 헤리티지와 프레스티지 브랜드를 충분히 활용할 생각이다. 프레스티지는 단순함과 우아함이 묻어나는 매력적이고 현대적인 공간이고, 헤리티지는 체크인부터 체크아웃까지 사생활을 보장한다. 이는 투숙객들의 다양한 특성을 고려한 방침으로, 고객 한 명 한 명에게 특별한 여행을 약속하는 것이기도 하다.

착한 마케팅,
기업과 소비자에게 명분을 주다

케빈 레인 켈러 Kevin Lane Keller

미국 다트머스 대학교에 재직 중인 케빈 레인 켈러 교수는 데이비드 아커, 장노엘 캐퍼러와 함께 브랜드 분야 세계 3대 석학으로 불리며 글로벌 브랜드와의 협업을 통해 글로벌 브랜딩 업계를 리드하고 있다. 그의 대표 저서인 『전략적 브랜드 관리|Strategic Brand Management』는 브랜드와 마케팅을 공부하는 학생들의 필독서로 꼽히고 있다. 이 글은 인터브랜드의 브랜드 매거진 〈브랜드 레터〉 Vol. 30 'Digital Experience' 제작을 위해 진행한 인터뷰의 일부 내용을 발췌한 것이다.

최근 들어 기업에 대한 사람들의 기대 수준이 높아지고, 기업의 사회적 책임이 강조되면서 착한 마케팅이라고 일컫는 '코즈마케팅Cause Marketing'에 대한 관심이 늘고 있는데 그 이유는 무엇인가? 왜 중요해지고 있는가?

코즈마케팅이 관심 받고 중요해지는 이유는 코즈마케팅만의 기능 때문이다. 즉, 다른 방식으로는 달성할 수 없는 차별성을 부여하고 소비자들에게 감성적 반응을 불러일으키며 브랜드와 소통하는 방법을 제공한다. 브랜드를 차별화하고, 소비자가 의미 있고 좀 더 개인적으로 다가올 수 있게 하는 것이다. 또 기업 내부적으로는 임직원들에게 동기를 부여하고 일에서 얻는 만족감을 높여 적극적인 참여를 독려한다. 기업 브랜드 차원에서는 기업의 코즈Cause, 대의명분를 브랜드만의 스토리에 자연스럽게 적용할 수 있다. 코즈마케팅은 브랜드를 구매하는 소비자와 기업 임직원 모두에게 좋은 활동을 할 수 있는 기회를 주며 그 외 다른 이익도 제공한다.

코즈마케팅 커뮤니케이션을 하는 데 디지털 접점이 상당히 중요할 텐데 어떤 식으로 활용하는가?

요즘에는 코즈마케팅 커뮤니케이션에서도 디지털 접점을 적극 활용하고 있다. 하지만 여전히 좋은 코즈를 선정하고 그에 적합한 활동을 하는 것이 가장 중요하다. 디지털 접점의 활용 여지가 많아졌을 뿐 근본은 바뀌지 않았기 때문이다. 또 다른 변화는 전보다 훨씬 많은 마케팅 활동이 이뤄지고 있다는 점이다. 새로운 세대millennial generation는 코즈가 있으면서도 진정성 있는 투명한 브랜드에 관심을 보인다. 인터넷과 신세대로 인해 코즈마케팅의 영향력이 더 커졌다고 생각한다.

2014년 최고의 마케팅 활동 중 하나로 아이스버킷 챌린지Ice Bucket Challenge 캠페인을 꼽는 사람이 많다. 그 캠페인 역시 코즈마케팅으로 볼 수 있는가?

엄밀히 말하자면 코즈마케팅보다는 소셜 디지털 마케팅에 더 가까운 사례다. 그래도 일부분은 코즈마케팅에 해당한다고 할 수 있다. 기본적으로 'Cause'의 사전적 정의는 기업의 특정 활동을 전제하고 있으며, 약간의 외부 코즈를 포함할 뿐이다. 아이스버킷 챌린지 캠페인은 소셜 코즈를 통한 소셜마케팅이라고 본다. 몇몇 브랜드가 후원하긴 했지만 전형적인 코즈마케팅과는 조금 다른 사례였다. 아이스버킷 챌린지 캠페인 같은 사례는 흔치 않으며 운이 좋았다고 생각한다. 보통은 기업들이 그런 프로그램을 후원할 수 있는 자원, 필요성과 책임감을 가지고 있다.

인터브랜드에서는 2014년 베스트 글로벌 브랜드를 발표하면서 앞으로 다가올 미래를 '당신의 시대'라 선포하고 디지털 경험의 중요성을 이야기하고 있다. 이에 대해서 어떻게 생각하는가?

예전에 비해 훨씬 많은 디지털 접점과 채널이 발달했다. 마케팅 관점에서 디지털 경험이 소비자들의 쇼핑과 구매 방식, 그리고 특정 브랜드를 알아가는 방법을 바꿔놓았다고 생각한다. 또한 기업들도 바꿔놓았다고 생각한다. 소비자는 기업을 더 많이 알게 되었으며 마찬가지로 기업도 소비자를 좀 더 많이 알게 되었다.

개인적으로 요즘 가장 중요하게 생각하는 세 가지 키워드는 디지털, 글로벌, CSR 트렌드인데 이는 디지털을 통해 바뀐 점도 있지만 모든 것이 달라진 것은 아니라고 생각한다. 오래된 관습과 새로운 것의 조화가 늘 필요하다고 생각하며 조화를 이뤄나가는 것이 무척 중요하다. 조금 다른 얘기지만 페이스북이나 링크드인^{LinkedIn} 같은 SNS를 통한 개개인의 퍼스널 브랜딩도 몹시 중요해졌다고 생각한다. 다르게 생각하면 마케터 입장에서는 좀 더 개인화된 마케팅을 할 수 있는 기회이다. 그 점은 인터브랜드에서 말하는 '당신의 시대'에 어울리는 트렌드라 할 수 있을 것이다.

하지만 브랜드들이 소비자와 긍정적 관계를 유지하는 것이 결코 쉬운 일이 아니다. 예를 들어 아마존의 소비자 맞춤 추천 알고리즘은 그다지 인상적이지 않다. 예전에 선물하려고, 나와 상관없는 물건을 아마존에서 구입한 적이 있는데 그 뒤로 접속할 때마다 항상 그 선물과 관련된 품목을 추천했던 기억이 난다. 개인화가 중요한 트렌드인 것은 확실하지만 제대로 실현하기는 아직까지 한계가 있다는 의미이다.

최근 디지털 경험에서 새롭게 주목받는 현상이 있다면 무엇인가?

소비자들이 브랜드를 소유하고 관리하고 싶어 한다는 의견이 많은데 그 주장에 대해 나는 반대 의견을 가지고 있다. 정확히 말하면 소비자들이 브랜드를 소유하고 싶어 하지 않기 때문이다. 소비자들은 이미 충분히 많은 브랜드에 휩싸여 살아가며, 그중 일부 몇몇 사람만이 특정 브랜드와 관계를 형성하고 싶어 할 뿐이다.

소비자와 소통하는 것은 중요하지만 모든 소비자가 그것을 바란다고 생각해서는 안 된다. 나 역시 소비자와 브랜드가 관계를 형성하는 참여 마케팅participation marketing에 관해 자주 이야기하지만 소비자는 일반적으로 브랜드와 관계를 형성하고 싶어 하지는 않는다. 모든 소비자가 브랜드와 적극적으로 소통하고 싶어 하는 것은 아니라는 점을 브랜드들이 알아야 한다. 그렇기 때문에 잡지, TV, 신문 등 전통적 채널을 이용한 커뮤니케이션 역시 게을리해서는 안 된다.

디지털 시대에도 브랜드가 여전히 중요한가?

요즘 강력한 포털사이트의 등장으로 일반 대중 역시 상세 정보를 찾아 비교한 다음에 제품을 구입하는 경우가 늘고 있다. 하지만 여전히 그런 과정을 귀찮아하거나 불필요하다고 생각하는 사람이 많다. 그런 사람들에게는 당연히 브랜드가 중요한데, 제품에 관한 상세 정보를 찾는 사람들에게도 브랜드는 여전히 중요하다고 생각한다. 산업 분야와 제품에 따라 다르겠지만 요즘 시대에 기능적 특성만 찾는 사람은 거의 없기 때문이다. 경쟁이 치열해짐에 따라 감성적 측면 역시 중요해지고 감성을 표현하는 데 브랜드가 가장 강력한 수단이기 때문이다. 또한 브랜드가 갖는 신뢰 역시 무시할 수 없으며 세상에 너무 많은 물건이 쏟아지는 상황인지라 복잡한 검색 과정을 거치는 대신 익히 들어본 브랜드를 구매하는 경향이 늘어날 것이다.

브랜드가 중요하다는 말은 많이 하지만 실제 회사 내에서 브랜드에 대한 투자를 설득하기 어려운 경우가 적지 않다. 브랜드의 중요성을 가볍게 여기는 CEO를 설득하려면 어떻게 해야 하는가?

브랜드의 중요성을 잘 모르는 CEO는 브랜드에 관한 이해의 폭이 좁으며 브랜드로 가치를 창출하는 법을 이해하지 못하는 사람이 대부분이기에 그것에 관해 설명하는 과정이 필요하다. 브랜드가 어떤 구실을 하는지, 왜 중요한지를 지속적으로 강조해야 한다. 아울러 내부 임직원의 만족도나 성장의 원동력으로서 브랜드가 중요하다는 점 역시 전달해야 한다. 다른 기업들의 성공 사례나 예시를 들어 설명하면 좋다. 나이키 같은 경우 미국에서 주로 남성 신발을 판매하던 회사였지만 25년이 지난 지금 다양한 사람을 대상으로 다양한 종류의 옷과 신발, 장비 등을 판매하는 글로벌 기업으로 성장했다. 그것은 명확한 브랜드 정의와 약속이 있었기 때문에 가능했다. 강력한 브랜드는 성장의 원동력이며, 강력한 브랜드 없이 영업하기는 어려울 것이다.

데이비드 아커, 장노엘 캐퍼러 교수와 함께 브랜드 분야의 세계 3대 석학으로 꼽히는데, 평생의 과제로 브랜드를 선택한 이유는 무엇인가?

1980년에 박사 논문을 쓰면서 구매 시점에 광고가 얼마나 영향을 미치는지 조사한 적이 있다. '라이프'라는 시리얼 브랜드가 있는데 미키라는 소년이 모델로 등장한 광고 캠페인이 한때 미국 전역에서 큰 인기를 끌었다. 하지만 사람들이 미키는 기억했지만 정작 라이프 시리얼은 기억하지 못했다. 결국 미키 얼굴을 시리얼 박스에 인쇄한 뒤에야 매출이 두 배로 늘어난 사례가 있는데, 이는 브랜드 네임이 광고와 어떻게 연결되는지 공부하는 기회가 되었고 그 일을 계기로 브랜딩을 접하게 되었다. 그 후 1985년 캘리포니아 주립대학 버클리 캠퍼스에서 데이비드 아커 교수를 만났다. 그는 기업 전략을 공부했고 나는 광고와 커뮤니케이션에 좀 더 중점을 두고 있었는데, 브랜드 확장brand extension에 관해 같이 연구하고 공동으로 저술한 첫 논문이 반응이 좋았다. 둘이 서로 다른 분야에 관심이 있었지만 공동 연구를 계기로 브랜드 분야에 몸담게 되었다.

살아남을 기업과 개인의
열 가지 조건

'당신의 시대'가 왔다. 원하든 원하지 않든 간에 당신의 시대가 시작된 것이다. 언제부터인지 정확하게 기억조차 못할 정도로 빠르게 디지털 세상이 되었고, 모바일로 하루를 시작하고, 직접 만나는 것보다 SNS를 통해 친구를 만나는 것에 더 익숙해졌다. 공유경제라는 낯선 단어가 등장했고, 해외에서 직접 구매하는 일에 특별한 노력이 들지 않게 되었다.

디지털로 인한 변화. 그 속도가 너무 빠르고 놀라워서 무엇이 어떻게 변해가는지 정신 차리기 힘들다. 인류 역사에서 가장 혁신적인 변화 중 하나인 운송 수단의 변화 즉, 자동차가 마차를 대체한 속도보다 훨씬 빠른 것이 사실이다. 지금의 변화가 속도뿐 아니라 그 폭도 훨씬 방대하지만, 사람들이 변화를 느끼는 체감온도는 예전이나 지금이나 크게 다르지 않을 것이다.

'마차와 자동차'가 공존했던 20세기 초와 마찬가지로 '아날로그와 디지털'이 공존하는 지금의 시대를 글로벌 브랜드 컨설팅 회사인 인터브랜드에서는 '당신의 시대'라고 정의 내렸다. 그리고 이 시대를 이끌어가는, '당신의 시대'를 열어가는 주체들인 브랜드들의 이야기를 이 책에서는 기사와 인터뷰를 빌어 소개했다.

전 세계 브랜드들을 대표하는 100대 브랜드의 숨은 이야기에서, 그들이 소개하는 빅데이터를 움직이는 작은 패턴들에서 우리는 어떤 노하우를 얻을 것인가. 우리는 무엇을 배우고 경험할 것인가. 어쩌면 모든 사람에게 공통으로 적용되는 특별한 노하우는 없을지도 모른다. 하지만 그 브랜드들을 지금의 자리에 있게 해준 열가지 조건을 우리 자신에게도 적용해보면 어떨까. 위대한 브랜드라면 반드시 갖춰야 하는 조건들을 '나'라는 브랜드에 적용하다 보면 이 새로운 시대에서 살아남는 노하우나 미코시스템에 적응하는 데 도움 되는 가르침을 얻을 수 있을 것이다. 또한 그 과정에서 얻는 작은 깨달음은 한 개인이 퍼스널 브랜드로서 자기만의 브랜드를 만들고, 스스로 강력한 브랜드로 살아남는 데 지표로 삼을 만할 것이다.

당신의 시대에 살아남기 위한 나만의 열 가지 조건

- 명확성Clarity : 브랜드가 무엇을 의미하는지 명확하게 이해하는가

- 신념Commitment : 브랜드의 중요성을 믿는가, 얼마나 브랜드에 투자하는가

- 보호Protection : 브랜드가 안전하게 보호되고 있는가

- 대응성Responsiveness : 브랜드가 시장의 변화에 얼마나 잘 대응하는가

- 진정성Authenticity : 브랜드가 조직 내부의 능력과 진정성에 기반을 두는가

- 적절성Relevance : 브랜드가 고객이나 시장의 니즈에 부합하는가

- 차별화Differentiation : 브랜드가 차별화된 포지셔닝을 보유하는가

- 일관성^{Consistency} : 브랜드가 모든 접점과 형식에서 일관된 경험을 전달하는가
- 존재감^{Presence} : 브랜드가 널리 퍼져 있으며 긍정적으로 회자되는가
- 이해성^{Understanding} : 브랜드가 고객들에게 제대로 이해되는가

인터브랜드에서는 열 가지 조건을 기준으로 브랜드를 평가하고 있다. 이 기준을 바탕으로 글로벌 브랜드를 대표하는 브랜드들의 가치를 평가하고, 베스트 글로벌 브랜드 100개를 선정, 발표한다. 즉, 열 가지 조건은 좋은 브랜드라면 반드시 갖춰야 할 항목으로, 기업이나 제품 브랜드뿐 아니라 이 시대를 살아가는 개인의 퍼스널 브랜드까지도 적용할 수 있을 것이다.

정리하자면, '나'라는 사람을 다른 사람들과 차별화^{differentiation}할 수 있는 역량, 자기만이 보여줄 수 있는 콘텐츠가 무엇인지를 찾아내서 누구나 명확하게 이해할 수 있도록 정의하고^{clarity}, 오랫동안 흔들리지 않는 믿음으로 일관성 있게^{consistency} 커뮤니케이션해야 한다. 이를 위해 시장이나 사람들이 나에게 기대하는 것을 적절하게 잘 반영해야 하며^{relevance}, 자신의 역량과 특·장점을 바탕으로 진정성^{authenticity}을 담보해야 한다. SNS의 확산으로 인해 어설픈 흉내 내기나 거짓, 단시간의 속임수가 통하지 않는 사회가 됨에 따라, 과거의 그릇된 행동이나 작은 말실수로 큰 위기가 닥칠 수 있는 시대에 살고 있기 때문에 자기만의 콘텐

츠와 노하우로 보호하는protection 것 역시 상당히 중요하다. 또한 시대 변화에 맞게responsiveness 자기만의 아이덴티티에 지속적으로 투자하고 관심을 기울여야commitment 한다. 이를 기반으로 다양한 채널과 네트워크를 통해 일정 수준 이상으로 널리 알려야presence 한다. 이런 모든 과정이 종합되었을 때 나와 관계 맺는 사람들에게 나만의 아이덴티티를 정확하게 이해understanding시킬 수 있으며 이는 곧 '당신의 시대'를 살아가는 출발점이 된다.

즉, 이런 기준을 바탕으로 자기 스스로 브랜드가 되어야 한다는 의미다. 명확한 것이라고는 아무것도 없는, 영속적인 것은 아무것도 없는 '당신의 시대'에서 살아남기 위해서는 나만의 브랜드를 만들어야 하고, 내가 곧 브랜드가 되어야 한다.

자기 이름을 구글이나 네이버에서 검색해보자. 무엇이 나오는가. 아무것도 검색되지 않는다면 앞으로 어떤 키워드로 검색할 때 내 이름이 나오길 바라는가. 지금의 직장, 지금의 학교를 제외하고 내 이름만을 검색했을 때 사람들이 무엇을 보길 원하는가.

걱정하지 말자. 걱정한다고 해결될 일이 아니다. 다만 마차를 타던 사람들이 처음 자동차를 보고 두려워했지만 곧바로 자동차에 익숙해졌다는 점을 기억하자. 인터넷이 처음 등장했을 때, 휴대전화가 처음 나왔을 때 우리는 매우 당황했고 적응할 수 있을까 하는 의문도 가졌다. 그런데 어느덧 우리는 태어날 때부터 사용한 것처럼 잘 적응하고 있지 않는가. 하지만 분명 노력해야 한다. '당신의 시대'가 반드시 '나의 시대'를 의미하지는 않을 테니까.

인터브랜드 코리아 수석부장 우승우

빅데이터를 움직이는 개인들이 온다

당신의 시대가 온다

| 펴낸날 | 초판 1쇄 | 2015년 2월 16일 |
| | 2쇄 | 2015년 3월 10일 |

지은이	인터브랜드
옮긴이	박준형
펴낸이	심만수
펴낸곳	(주)살림출판사
출판등록	1989년 11월 1일 제9-210호

주소	경기도 파주시 광인사길 30
전화	031-955-1350　　팩스　031-624-1356
기획 · 편집	031-955-4662
홈페이지	http://www.sallimbooks.com
이메일	book@sallimbooks.com

ISBN 978-89-522-3080-5　13320

※ 값은 뒤표지에 있습니다.
※ 잘못 만들어진 책은 구입하신 서점에서 바꾸어 드립니다.

이 도서의 국립중앙도서관 출판예정도서목록(CIP)은 서지정보유통지원시스템 홈페이지(http://
seoji.nl.go.kr)와 국가자료공동목록시스템(http://www.nl.go.kr/kolisnet)에서 이용하실 수 있습니
다.(CIP제어번호:CIP2015003029)

책임편집 · 교정교열　선우지운